HANS BANKL

Wie oft fluchte der Pharao?

D1924624

Buch

Was hat der Fluch des Pharao mit einem Leserbrief der „New York Times" zu tun? Und was ist ein Triangel, wenn kein Musikinstrument? Was hat es mit den blutigen Hostien auf sich? Jane Goodall, die große Dame der Schimpansenforschung, war in Tarzan verliebt! Hätten Sie's gewusst? Welcher weltberühmte Filmemacher verdiente sein Geld als Gigolo? Von Beruf Eintänzer drehte er „schwergewichtige Damen mit dem Rhythmusgefühl eines Nilpferds" übers Großstadtparkett. Albert Einstein hielt im Übrigen wenig von Etikette, erfahren wir. Zu einem offiziellen Empfang, für den festliche Kleidung vorgeschrieben war, erschien Einstein im Drillich, denn im Festanzug fühlte er sich wie ein brasilianischer Admiral. Man hielt ihn für den Elektriker. Hans Bankl beleuchtet einmal mehr die andere Seite der Geschichte. Mit Entdeckerlust, Witz und Esprit spürt er auf, was uns Lehrbücher und große Biografien bisher vorenthielten und präsentiert ein erfrischendes Potpourri aus amüsanten Anekdoten, Skurrilitäten und Merkwürdigkeiten, das unser Wissen um historische Persönlichkeiten, Wahrheiten und Zusammenhänge hintergründig belebt.

Autor

Hans Bankl, Jahrgang 1940, wurde mit 31 Jahren der jüngste Pathologiedozent Österreichs und war eine international anerkannte Kapazität auf seinem Gebiet. An der Wiener Kunsthochschule unterrichtete er „Anatomie für Künstler". Über seine 120 wissenschaftlichen Publikationen hinaus hat er sich mit Bestsellern wie „Die kranken Habsburger" und „Im Rücken steckt das Messer" einen Namen gemacht. Hans Bankl starb im Dezember 2004.

Von Hans Bankl sind im Goldmann Verlag außerdem erschienen:

Der Pathologe weiß alles … aber zu spät (15216)
Im Rücken steckt das Messer (15203)
Kolumbus brachte nicht nur die Tomaten (15292)

Hans Bankl

Wie oft fluchte der Pharao?

Von Leuten, die Geschichte machten

Mit Illustrationen
von Dieter Zehentmayr

GOLDMANN

FSC
Mix
Produktgruppe aus vorbildlich bewirtschafteten Wäldern und anderen kontrollierten Herkünften

Zert.-Nr. SGS-COC-1940
www.fsc.org
© 1996 Forest Stewardship Council

Verlagsgruppe Random House FSC-DEU-0100
Das FSC-zertifizierte Papier *München Super* für Taschenbücher aus dem Goldmann Verlag liefert Mochenwangen Papier.

1. Auflage
Vollständige Taschenbuchausgabe August 2005
Wilhelm Goldmann Verlag, München,
in der Verlagsgruppe Random House GmbH
Copyright © 2003 der Originalausgabe Seifert Verlag, Wien
Umschlaggestaltung: Design Team München
Covergrafik: © Rudi Aigelsreiter
KF · Herstellung: Str.
Druck und Bindung: GGP Media GmbH, Pößneck
Printed in Germany
ISBN 3 442 15332 8

www.goldmann-verlag.de

Inhalt

Das große Pharaonensuchen

Innerhalb kürzester Zeit nach Bekanntwerden der Entdeckung des Grabes von Tutenchamun stürzte sich nicht nur die gesamte Weltpresse auf dieses Thema, es wurde sogar der Geschmack der Zeit dadurch geprägt. Mode, Architektur, Automobildesign und Haushaltsprodukte à la „Pharao" entstanden, Reisen nach Ägypten waren der letzte Schrei. Was damals ausgebrochen ist, würde man heute „Tut-Mania" nennen. Die vergoldete Königsmaske fand sich auf Damenhandtaschen, Keksdosen und Limonadeflaschen, die geflügelte Sphinx schmückte die Singer-Nähmaschinen. Lady Elisabeth Bowes-Lyon, die jungverheiratete Herzogin von York, spätere Königin von England und schließlich „Queen Mum" besaß in ihrer Aussteuer ein ägyptisches Kleid.

Ein völlig unbekannter Archäologe und sein aristokratischer Geldgeber wurden 1922 schlagartig die bekanntesten Männer der Zeit.

– Wer waren die handelnden Personen? –

Howard Carter (1873–1939)

Als elftes und jüngstes Kind seiner Eltern wuchs Howard in Swaffham (Norfolk) in einer bäuerlichen Großfamilie auf. Sein Vater war ein erfolgreicher Künstler, spezialisiert auf Tierporträts. Das zeichnerische Talent hatte er dem Sohn vererbt, und auf diesem Wege begann auch dessen Laufbahn. Als Siebzehnjähriger erhielt Carter eine feste Anstellung bei der Familie Tyssen-Amhurst, die bereits eine umfassende Sammlung altägyptischer Fundstücke besaß. Von dort kam er an das Britische

Museum in London und 1891 zum ersten Mal nach Ägypten. Das Land war damals vom britischen Militär besetzt und wurde später (1914) zu einem „Protektorat".

Ägypten stellte zu jener Zeit eine riesige Schatzkammer von antiken Kunstwerken dar, die erst geborgen und interpretiert werden mussten. Die Archäologie erlebte eine Blütezeit, verständnisvoll geleitet von Gaston Maspero, einem anglophilen Franzosen, der die Stelle des Generaldirektors der ägyptischen Altertümerverwaltung innehatte. Der bedeutendste Ausgräber und Wissenschaftler dieser Epoche war der Engländer William Flinders Petrie (1853–1942), er wurde Carters Lehrer und Vorbild. Von Petrie erfuhr er von der Bedeutung von Keramikbruchstücken für die Datierung, er lernte aber auch, niemals eine Konservendose wegzuwerfen, denn diese benötigte man zum Sammeln von archäologischem Kleinmaterial. Da Petrie niemals etwas wegwarf und alles aufbewahrte, nannten ihn seine arabischen Mitarbeiter den „Vater der Töpfe".

Acht Jahre dauerte Carters Lehrzeit, dann wurde ihm von Maspero der Posten eines Inspektors für die Denkmäler in Oberägypten angeboten. Er trat diese Stelle am 1. Januar 1900 an, sein Amtssitz war Luxor am Ostufer des Nil. Am gegenüberliegenden Flussufer begann der Weg zum „Tal der Könige", der alten Begräbnisstätte der Pharaonen. Über einen Zeitraum von annähernd 400 Jahren wurden die Könige der 18. bis 16. Dynastie (etwa 1520 bis 1190 v. Chr.) hier in Felsgräbern bestattet, die Eingänge zugeschüttet und die als Bauarbeiter eingesetzten Kriegsgefangenen häufig umgebracht, damit sie nichts verraten konnten. Trotz aller Vorsichtsmaßnahmen wurden die Gräber dennoch geplündert, alle bis auf eines – aber das wusste man damals noch nicht.

1902 erhielt der amerikanische Rechtsanwalt und Großfinanzier Theodore Davis eine Lizenz für Ausgrabungen im Tal der Könige „unter Regierungsaufsicht". Aufsichtsverantwortlicher wurde Howard Carter. Die Grabungskampagne von Davis sollte fünf Jahre später die entscheidenden Hinweise auf das Grab des Tutenchamun liefern.

Während dieser Jahre verbrachte Carter die heißen Sommermonate meist in England, jeden Herbst aber setzte er seine Grabungen im Tal der Könige fort. Er entdeckte die Gräber von Thutmosis I. und IV. sowie den Sarkophag der Königin Hatschepsut. Alle geplündert und leer. Dennoch wurde Carter eine bekannte Persönlichkeit in Ägypten, seine fachliche Reputation wuchs, ebenso sein Selbstbewusstsein. 1905 kam es zum Eklat: Eine Gruppe betrunkener französischer Touristen begann einen Streit mit dem Aufsichtspersonal, es kam zu einer Schlägerei, Carter griff ein und ließ die Franzosen von seiner Wachmannschaft verprügeln. Die Angelegenheit kam in die Zeitungen und wurde offiziell. Nach einigem Hin und Her zwischen Maspero, den Franzosen und Carter zog Letzterer die Konsequenzen und trat von seinem Amt zurück. Offiziell arbeitslos, wohnte er bei einem Hauptmann seines ehemaligen Wachpersonals in Luxor und betätigte sich als freischaffender Zeichner und Konsulent. Daneben handelte er mit antiken Stücken, natürlich auf dem Schwarzmarkt, und im Übrigen wartete er auf seine Chance.

George Edward Stanhope Molyneux Herbert, Lord Porchester, fünfter Earl of Carnarvon (1866–1923)

„Porchy", wie er von seinen Freunden genannt wurde, war sieben Jahre älter als Carter und eine gänzlich andere Persönlichkeit. Er führte das Leben eines aristokratischen Playboys, der keinen Gedanken an finanzielle Dinge verschwenden musste. Seine bevorzugten Hobbys waren die Pferdezucht, die Fotografie und das Golfspiel, außerdem war er einer der ersten Automobilisten. An seinem neunundzwanzigsten Geburtstag heiratete er Almina Wombwell, deren Vater allerdings nicht Sir Frederic

Wombwell war, sondern Baron Alfred de Rothschild. Dieser schenkte dem Paar zur Hochzeit 250.000 Pfund, das entsprach damals einer Million Dollar und war zu jener Zeit sehr viel Geld. Der ungefähre Wert dieser Summe entspräche heute etwa 13 Millionen Euro, d. h. rund 25 Millionen DM oder 175 Millionen österreichische Schilling. Vater Rothschild ließ sich nicht lumpen. Bald kamen zwei Kinder zur Welt, Sohn Henry und Tochter Evelyn. Ein Autounfall bestimmte das weitere Schicksal des Lords. Im Sommer 1903 fuhr er in Süddeutschland mit hoher Geschwindigkeit auf einer Waldstraße, übersah ein Ochsengespann, stieß beim Ausweichmanöver gegen einen Steinhaufen und der offene Wagen überschlug sich. Carnarvon lag unter dem Auto, erlitt eine Brustkorbquetschung und musste wegen eines Herzstillstandes reanimiert werden.

Die Folgen dieses Unfalles bereiteten ihm während seines weiteren Lebens große körperliche Beschwerden, vor allem hatte er Probleme mit der Atmung und der Lunge. Er wurde nie mehr ganz gesund. Die Ärzte rieten ihm, die kalte Jahreszeit außerhalb Englands zu verbringen, und so reiste er im Winter 1903 nach Ägypten. Er war auf der Stelle von der Archäologie fasziniert, wollte sofort selbst etwas tun, aber erst 1906 erhielt er eine Grabungslizenz. Da der Lord ja ein ahnungsloser Amateur war, empfahl ihm Maspero die Hilfe eines erfahrenen Ausgräbers und schlug Howard Carter vor. Gegenseitige Sympathie und Begeisterung für dieselbe Sache schufen vom ersten Tag an ein gutes Arbeitsklima zwischen den beiden doch so ungleichen Engländern. Man hatte ihnen allerdings einen bekannt unergiebigen Grabungsplatz zugewiesen, sodass die Ausbeute zunächst gering war. Außerdem wäre die Zusammenarbeit durch einen weiteren Autounfall des Lords im Jahre 1909 beinahe zu einem abrupten Ende gekommen. Carnarvon fuhr gegen einen Baum und verbrachte eine Woche im Krankenhaus.

Der gesuchte Pharao wird gefunden

Seit 1902 hatte Theodore Davis riesige Summen seines Vermögens aufgewendet, um im Tal der Könige die Gräber noch vermisster Pharaonen zu finden. Er war in seinen Methoden sehr eigensinnig und vertrat die Meinung, dass er, da er die Rechnungen bezahle, auch anschaffen könne, was zu geschehen habe. Also grub man einmal da und einmal dort, fand leere Gräber, aber auch zahlreiche mehr oder weniger bedeutende kleine Gegenstände.

Über den Pharao Tutenchamun wusste man zu dieser Zeit praktisch nichts, außer dass es ihn gegeben hat und man sein Grab noch nicht gefunden hatte. Er gehörte zur 18. Dynastie, war irgendwie ein Verwandter von Echnaton und höchstwahrscheinlich dessen Nachfolger. Tutenchamun war bei seiner Thronbesteigung noch ein Kind, etwa sieben Jahre alt. Vizekönige führten für ihn die Geschäfte, er selbst starb noch vor seinem 20. Lebensjahr. Im Zusammenhang mit diesem „verschollenen Pharao" machte Theodore Davis drei entscheidende Funde, ohne deren Bedeutung wirklich zu erfassen:

1. *Der blaue Becher* Im Frühjahr 1906 wurde ein kleines, glasiertes Gefäß aus Fayence entdeckt, ein Becher jenes Typs, wie er bei Bestattungen verwendet wurde. Aufgemalt war der Name Tutenchamuns. Es war das erste Fundstück mit seinem Namen, das im Tal der Könige gefunden wurde, und somit ein Hinweis, dass sich die Grabstätte in der Nähe befinden könnte. Also suchte Davis weiter.
2. *Reste eines Totenmahles* Im Januar 1907 wurden acht Tongefäße mit Resten einer Mahlzeit ausgegraben, außerdem acht Blütenkragen. Dies war ein Halsschmuck aus Papyrus, auf dem Blüten, Blätter und Beeren aufgenäht waren. Außerdem fand man Abfälle von Mumienbinden, Konservierungsmaterial sowie Reinigungsgerät. Davis war überzeugt,

damit das Grab Tutenchamuns gefunden zu haben. Er wusste nicht, dass bei einer Konservierung verwendete Gegenstände als unrein galten und in gewisser Entfernung von der eigentlichen Gruft vergraben werden mussten.

3. *Das Grab Nummer 55* Ebenfalls im Januar 1907 wurde eine Gruft gefunden und darin eine Mumie. Davis erklärte, es handle sich um Teje, die Mutter Echnatons, später stellte sich allerdings heraus, dass es ein junger Mann war. Die Identität von KV 55, d. h. „Kings Valley Nr. 55", ist bis heute ungeklärt.

Für Davis war die Suche nach Tutenchamun damit abgeschlossen, für Carter hingegen fing sie jetzt erst an. Er war überzeugt, dass die drei Fundorte – von Becher, Totenmahl, Grab –, wenn man sie zu einem Dreieck verband, einen Hinweis geben würden, in welchem Areal nach Tutenchamuns Grab gesucht werden müsste.

Anfang 1914 legte Davis die Grabungskonzession zurück, und im Juli desselben Jahres erhielt sie Lord Carnarvon. Jetzt konnte Carter endlich an jener Stelle graben, wo er eigentlich schon immer graben wollte, doch da brach der Erste Weltkrieg aus. Carnarvon reiste nach England zurück, wo das Familienschloss in ein Erholungsheim für verwundete Offiziere umgewandelt wurde. Carter blieb in Ägypten und hielt sich mit Antikenhandel über Wasser.

1919 begann er wieder zu graben und stieß auf eine Reihe von Arbeiterhütten aus der Zeit von Ramses VI. Dies war ein Hinweis, dass der Boden darunter seit der 20. Dynastie (11. und 12. Jahrhundert v. Chr.), also seit einer Zeit rund 200 Jahre nach Tutenchamuns Tod bis zur Gegenwart unberührt geblieben sein musste. Wenn etwas existierte, das mit Tutenchamun zu tun hatte, dann konnte dies nur unter jenen uralten Bauhütten liegen. Wer glaubt, jetzt hätte das große Graben begonnen, der irrt. Genau das Gegenteil trat ein. Carter errichtete eine Stützmauer, damit der Sand vom Eingang zum Grabe Ramses' VI. nicht abrutschte, und grub an anderen Stellen weiter. Inzwischen hatten sich seine Beziehungen zur Familie Carnarvon drastisch verschlechtert. Lady Evelyn, die Tochter des Lords, begann einen harmlos-schwärmerischen Flirt mit Carter, diesem interessanten älteren Herrn und erfolgreichen Ägyptologen. Carters Erscheinung war auch ungewöhnlich. Am Grabungsplatz trat er im Flanellanzug mit Weste und Uhrkette auf, dazu trug er Fliege und Homburg – mitten in der Wüste. Er imitierte einfach den Lord. Carter war damals 45 Jahre alt, Evelyn 18. Da das Mädchen eine gute Partie in England machen sollte, musste sie von Carter fern gehalten werden. Im Oktober 1922 teilte Carnarvon seinem Grabungsleiter mit, dass er die Finanzierung der Ausgrabungen einstellen werde. Da Carter sicher war, etwas zu finden, bot er an, auf eigene Kosten weiterzuarbeiten, nur damit Carnarvon die Konzession behielt. Irgendwie gelang es Carter, den Lord zu überreden, noch eine letzte Saison anzuhängen. Diese Verhandlungen fanden in England statt; Ende Oktober 1922 kehrte Carter nach Ägypten zurück und ließ am 3. November die Arbeiterhütten wegreißen, genau an jener Stelle, wo er vor drei Jahren zu graben aufgehört hatte. Nun stand der größten archäologischen Entdeckung des 20. Jahrhunderts nichts mehr im Wege.

3. November 1922: Freilegung und Abräumung der Bauhüttenreste, Aufgraben des Bodens unter diesen Hütten.

4. November: In der Tiefe von einem Meter wurde die in Stein gehauene erste Stufe einer Treppe gefunden, die nach unten führte. Der Gang war durch alten Bauschutt verlegt.

5. November: Nach der letzten Stufe erreichten die Ausgräber eine verschlossene und versiegelte Tür. Die obere linke Ecke der Tür war allerdings aufgebrochen, ein schlechtes Zeichen, denn es bedeutete, dass Grabräuber hier gewesen waren. Hinter der Tür lag ein vom Boden bis zur Decke mit Steinen und Geröll gefüllter Gang. Das wiederum war ein gutes Zeichen, denn die Grabräuber konnten keine größeren Stücke entwendet haben. Carter war überzeugt, auf das unversehrte Grab eines Pharao zu stoßen.

6. November: Am Abend dieses Tages schickte Carter aus Luxor das berühmt gewordene Telegramm an Lord Carnarvon: „Habe endlich wunderbare Entdeckung im Tal gemacht. Großartiges Grab mit unbeschädigten Siegeln. Bis zu Ihrer Ankunft alles wieder zugeschüttet. Gratuliere."

23. November: Lord Carnarvon traf mit Frau und Tochter in Luxor ein.

24. November: Der Treppengang war wieder freigelegt, die Tür geöffnet und der dahinter liegende Gang von dem Geröll befreit worden.

26. November: Eine zweite Tür wurde erreicht und ein Loch herausgeschnitten, durch das Carter in die später so genannte „Vorkammer" blickte.

27. November: Die Tür zunächst der Vorkammer und anschließend jene der Sargkammer wurden geöffnet, man sah den unversehrten Sarg des Tutenchamun.

30. November: In der Londoner *Times* erschien der erste Artikel über die „sensationellste Entdeckung des Jahrhunderts". Eine Invasion von Journalisten überschwemmte das Tal der Könige, Carter verschloss das Grab.

Februar 1923: Die Wand zur Grabkammer wurde abgebaut. Carter, Carnarvon und viele andere standen vor einem großen, hölzernen Schrein, der von einer dicken Goldschicht überzogen war. Erst im nächsten Jahr konnte der Schrein abgebaut werden; man stieß auf einen Steinsarkophag und erst als dieser – wieder ein Jahr später – geöffnet wurde, kam der vergoldete Sarg des Tutenchamun zum Vorschein. Das war im Oktober 1925, aber da waren Lord Carnarvon und einige andere Leute schon tot.

Der Fluch des Pharao

Die unangenehme Nachricht zuerst: Es gibt keinen Fluch des Pharao und daher leider auch keine geheimnisumwitterten Todesfälle. Die Geschichte war ganz anders, als oft kolportiert wird, aber nichtsdestoweniger spannend.

Angefangen hat alles Anfang 1923 mit einem Leserbrief an die *New York Times*. Darin erklärte Marie Corelli, eine amerikanische Schriftstellerin mit dem Spezialgebiet Schauerromane, im Besitz eines alten ägyptischen Schriftstückes zu sein, worin stehe: „Der Tod kommt auf Flügeln zu dem, der das Grab eines Pharaos betritt." Marie Corelli (1855–1924) hieß eigentlich Marie Mackay und zählte zu den beliebtesten Erzählerinnen ihrer Zeit. Wie viele andere Autoren interessierte sie sich für Spiritismus und Okkultismus und ließ dies auch in ihren Werken durchblicken. Das von ihr angesprochene ägyptische Dokument konnte niemals vorgewiesen werden, und es fanden sich auch keine diesbezüglichen Bemerkungen in altägyptischen Totenbüchern oder Inschriften. Das störte Frau Corelli nicht, sie prophezeite Carter und Carnarvon jedenfalls einen frühen Tod. Und dann geschah das Unglaubliche und Unerwartete: Lord Carnarvon starb am 6. April 1923 in Kairo, auf den Tag genau sechs Monate nachdem er das Telegramm Carters erhalten hatte. In England bestätigte Sir Arthur Conan Doyle, der Autor der Sherlock-Holmes-Geschichten, einem Reporter der *Times*, dass es durchaus einen Fluch des Pharao geben könnte. Der Schriftsteller war, was weniger bekannt ist, ein begeisterter und überzeugter Spiritist und Okkultist. Nach diesen zwei Zeitungsmeldungen und Carnarvons Tod brach in den Printmedien der Teufel los. Eine fantastische Geschichte folgte auf die andere, es wurden blanke Unwahrheiten kolportiert. So behauptete man etwa, der Satz: „Der Tod kommt auf Flügeln" stehe auf einer Tür des Pharaonengrabes sowie auf magischen Ziegeln bzw. Tontäfelchen. Nichts dergleichen hat je existiert, aber das nützte gar nichts, die Lawine, die der angebliche Fluch auslöste, wurde nur noch größer.

Lord Carnarvon war, im Gegensatz zu dem rational denkenden Carter, dem Okkulten sehr zugetan gewesen und hatte sich aus der Hand lesen lassen. Seine persönliche Wahrsagerin „Velma" schrieb nach seinem Tod einen Bericht, worin natürlich stand, dass sie das alles bereits vorausgesehen habe.

Noch ein letztes Beispiel für den Unsinn, der in diesem Zusammenhang verlautbart wurde. Über die beiden Wissenschaftler, die 1925 die Mumie Tutenchamuns untersucht hatten, wurde später berichtet: „Alfred Lucas erlag bald darauf einem Herzanfall, wenig später starb Professor Douglas Derry an Kreislaufversagen." Wie verhielt es sich wirklich? Lucas starb zwar an einem Herzanfall, aber erst im Jahre 1950, Derry wurde 80 Jahre alt und starb 1939.

– Woran starb Lord Carnarvon wirklich? –

Seit dem schweren Autounfall im Jahre 1903 hatte Carnarvon mit gesundheitlichen Problemen zu kämpfen. Sein geschädigtes und empfindliches Organ war die Lunge, und das durch 20 Jahre hindurch. Jetzt war er 57 Jahre alt, körperlich frühzeitig verbraucht und stark geschwächt. Alle wussten, dass er bereits krank zur Graböffnung nach Ägypten gekommen war, er sah elend aus. Die turbulenten Ereignisse seit der Entdeckung des Grabes brachten ungeahnte Belastungen. Es musste laufend verhandelt, entschieden und gestritten werden. Die Journalisten, die ägyptische Altertümerverwaltung, die mehr oder weniger prominenten Besucher sowie Verkaufsverhandlungen mit amerikanischen Museen setzten dem Lord beträchtlich zu. Schließlich war er einen geruhsamen Lebensstil gewohnt. Bei diesen Entscheidungen waren der Lord und der eigenwillig-störrische Carter keineswegs immer einer Meinung. Es kam zu Streitigkeiten, die derart eskalierten, dass Carter den Lord aus seinem

Haus in Luxor hinauswarf. Das war der Bruch, der letztlich auch noch durch die Episode zwischen Lady Evelyn und Carter besiegelt wurde. Lord Carnarvon hat das alles nicht verkraftet, er war mit seiner Widerstandskraft am Ende. Und dazu kam jetzt eine akute Krankheit.

Am 6. März 1923 wurde der Lord in Luxor von einem Insekt im Gesicht gebissen oder gestochen. Es ist nicht überliefert, was für ein Tier es tatsächlich war. Beim Rasieren kratzte Carnarvon die kleine Hautwunde auf, sie blutete stark. Angeblich setzte sich eine „unsagbar dreckige ägyptische Fliege" auf die offene Stelle. Wie auch immer, Lord Carnarvon wurde krank, bekam Fieber, war ans Bett gefesselt und fast unfähig, sich zu bewegen. Am 18. März informierte Lady Evelyn den im Grab arbeitenden Carter, der Lord wurde nach Kairo gebracht. Vor dem Abtransport haben Carter und Carnarvon einander noch die Hände geschüttelt und sich versöhnt.

Am 26. März zeigte der Lord die typischen Symptome einer Sepsis, also einer Blutvergiftung. Rasch entwickelte sich jetzt eine Lungenentzündung. Am 5. April starb Lord Carnarvon in Kairo. Er war einen Monat lang krank gewesen, die Lungenentzündung hatte fünf Tage gedauert, das ist typisch. Man muss aus heutiger Sicht bedenken, dass es damals noch keine Antibiotika gab. Die Sulfonamide wurden 1935 entdeckt und das Penicillin erst während des Zweiten Weltkriegs als Medikament eingesetzt.

Für die Weltpresse war der Tod Carnarvons kein großes Ereignis, es gab nur kurze Nachrufe. Dafür entstand jetzt eine Legende.

Wie oft fluchte der Pharao?

Tutenchamun hätte Gründe genug gehabt zu fluchen.

Erstens: Dass man bei seiner Mumifizierung gepfuscht hat.

Einerseits findet sich in seiner Schädelhöhle erstarrtes Harz. Das gehört sich so. Das Harz wurde nach dem Herausspülen des verflüssigten Gehirns durch die Nasenlöcher hineingegossen. Andererseits zeigen Röntgenbilder aber auch einen losgelösten Knochensplitter, der unter dem Schädeldach liegt. Dieses Knochenbruchstück ist wahrscheinlich bei den Manipulationen der

Mumifizierung abgebrochen. Ferner fehlen das Brustbein und einige Rippen. Das gehört sich nicht.

Zweitens: Dass Howard Carter bei der ersten Untersuchung seines Körpers diesen in mehrere Teile zerschnitten hat.

Da die Mumie infolge festklebender Harze nicht aus dem Sarg zu lösen war, versuchte man, dieselbe herauszumeißeln. Schon das verursachte beträchtliche Beschädigungen. Schließlich wurde die Mumie im Bereich der Lendenwirbelsäule quer in zwei Hälften zerschnitten. Auch die Arme und Beine wurden an Hüft- und Schultergelenken abgetrennt. Letztlich wurde der Schädel von der Halswirbelsäule abgebrochen. Der Körper wurde aber wieder zusammengesetzt, auf Sand gebettet, mit einer Glasplatte abgedeckt und liegt im Granitsarkophag des Originalsarges. Tutenchamun ist demnach der einzige Pharao, der bis heute in seiner ursprünglichen Grabkammer ruht.

Drittens: Dass Tutenchamuns Todesursache Gegenstand wilder Spekulationen ist.

Da der Pharao nur etwa 19 Jahre alt geworden war, wurde immer über einen gewaltsamen Tod diskutiert. Unfall oder besser noch Mord. Als „Beweis" für Letzteres wurde an der Schädelbasis auf Röntgenbildern eine verdünnte Knochenstelle demonstriert und behauptet, hier wäre ein Schlag erfolgt und der entstehende Bluterguss hätte so lange auf den Knochen gedrückt, bis dieser dünner wurde. Das ist gerichtsmedizinisch absurd, denn wenn im Schädelinneren etwas drückt, dann zuerst auf das weiche Gehirn und nicht auf den harten Knochen. Die Mordtheorie rund um Tutenchamuns Tod wird durch kein ernsthaftes Argument gestützt.

Viertens: Dass Howard Carter dem Pharao alle Grabbeigaben weggenommen und ihm so den bequemen Weg ins Jenseits vereitelt hat.

Für die Räumung des Grabes benötigte Carter zehn Jahre, er arbeitete von 1922 bis 1932 daran. Dann aber war wirklich alles besenrein und sämtliche Fundstücke wissenschaftlich dokumentiert. Vom Blickpunkt Tutenchamuns aus war Carter zweifellos der Hauptschuldige. Er hat bei seiner Suche nie aufgegeben, er hat das Grab entdeckt, er war der Erste, der es betreten hat, er hat sich jahrelang darin aufgehalten. Aber Howard Carter ist nichts passiert. Bis zu seinem Tod pendelte er zwischen England und Ägypten hin und her, ein erfolgreicher und angesehener Archäologe. Schließlich erkrankte er an einem Tumorleiden des lymphatischen Gewebes, der Lymphogranulomatose, die auch Morbus Hodgkin genannt wird. Damals gab es – im Gegensatz zu heute, wo diese Krankheit vielfach sogar heilbar ist – keine Behandlungsmöglichkeit. Howard Carter starb am 2. März 1939 in London, er wurde 66 Jahre alt. Dass sich der Fluch des Pharao so lange Zeit ließ und dann noch eine ausgefallene Krankheit hervorrief, ist sehr unwahrscheinlich. Carter selbst gab auf alle Bemerkungen zum Fluch des Pharao immer nur eine Antwort: „Absoluter Quatsch."

Die Gruft

– Warum hat Carter zehn Jahre
am Grab gearbeitet? –

Ein Archäologe hat eine ähnliche Methode wie ein Pathologe: Er muss streng zwischen Befund und Diagnose unterscheiden. Zuerst ist das aufgefundene Material exakt zu untersuchen und zu beschreiben. Jedes kleinste Bruchstück muss vor Ort fotografiert, dann katalogisiert und schließlich mit der Umgebung in Beziehung gesetzt werden. Darauf folgt eine detaillierte Beschreibung, sozusagen eine „Fotografie mit Worten". Das dauert. Erst wenn alles dokumentarisch festgehalten ist, beginnt die

Deutung des Befundes, die Interpretation, die Diagnose. Diese ist von der Erfahrung und dem Wissen des Untersuchers abhängig, denn eine Deutung kann primär falsch sein oder auch später revidiert werden. Auch dieser Prozess dauert und kann im Laufe der Zeit Änderungen erfahren.

Der Archäologe gleicht also dem Pathologen. Der eine gräbt, der andere schneidet. Was umgegraben bzw. zerschnitten wurde, ist verloren. Daher Vorsicht. Ein treffender Vergleich besagt: Der Ausgräber unterscheidet sich vom Grabräuber nur dadurch, dass er seine Entdeckungen publiziert.

Ist also eine Interpretation wirklich so schwierig? Die Ägyptologin Christine El Mahdy aus Liverpool hat eindrucksvolle Beispiele gebracht: Man stelle sich vor, dass in einigen tausend Jahren von unserer mitteleuropäischen Kultur nur noch ein paar Inschriften und mit Figuren versehene Steine erhalten sind. Die Städte sind verschwunden, die Dokumente, die ausgegraben werden, sind ein Konvolut von Abiturientenaufsätzen, in einem anderen Keller findet man abgelegte Steuererklärungen. Um mehr an Material zu gewinnen, wird ein Feld umgegraben; man trifft auf einen ehemaligen Garten mit den Fundamenten eines Gewächshauses und eine Sammlung von Gartenzwergen. Die Interpretation der Finder könnte lauten: Hier war eine Stätte religiöser Zeremonien, die Zwerge stellen Lokalgötter dar, das Gewächshaus den Tempel. Der größte Zwerg, der mit dem Schubkarren, wird zum Opfergott erklärt, dem Speise- und Trankopfer in seinen Karren gelegt wurden. Die Aufsätze werden als typische Beispiele der damaligen Dichtkunst angesehen, die Steuererklärungen sind Verzeichnisse von verschlüsselten Geldverstecken. Sagen Sie nicht, das sei zu primitiv! Werden nämlich noch Videoaufnahmen gefunden, die das Training einer Fußballmannschaft und den Gesang eines Gospel-Chores zeigen, so kann die Interpretation lauten: Beide Gruppen von Menschen tragen einheitliche Kleidung in bestimmten Farben, sie bewegen sich einheitlich und rhythmisch, die einen laufen, die anderen singen, alle sind leidenschaftlich bei der Sache. Es handelt sich also um religiöse Kulthandlungen, allerdings von Anhängern verschiedener Glaubensvorstellungen.

– Was hat Howard Carter im Grab gefunden? –

Schauplatz der aufregenden archäologischen Entdeckung war das „Tal der Könige". Heute fliegt man zunächst nach Luxor, setzt auf das Westufer des Nils über und gelangt mit dem Bus in zehn Minuten zum Eingang des Tales. Ab dann wird es schwierig, denn man muss sich erst durch Souvenirläden und fliegende Händler kämpfen, bis man zu den etwa ein Dutzend Gräbern gelangt, die für Touristen geöffnet sind. Carter kam seinerzeit mit dem Esel angeritten.

Luxor liegt siebenhundert Kilometer südlich von Kairo an der Stelle der alten ägyptischen Residenz Theben, zu der auch die weiter nördlich gelegene Tempelstadt Karnak gehörte. Seit der Antike kannte man die Pharaonengräber im Tal, aber sie waren alle leer, restlos ausgeplündert. Auch die Mumien waren verschwunden. Die meisten von ihnen wurden 1881 in einer versteckten Höhle gefunden, welche die berüchtigte Grabräuberfamilie Abdel-Rassul entdeckt hatte. Seit damals begann man nachzuzählen, welche Mumien man kannte und welche noch fehlten. So stießen die Ägyptologen auf den sonst völlig unbedeutenden Pharao Tutenchamun. Man wusste nur, dass er gegen Ende der 18. Dynastie einzuordnen war, etwa 1330 v. Chr., aber sonst hatte man von ihm noch nichts entdeckt. Und da hakte Howard Carter 1914 ein, also mehr als 3.200 Jahre später. Er war überzeugt, dass sich das Grab im Tal der Könige befand, und begann, gezielt danach zu suchen. Am 3. November 1922 fand er es. Die Entdeckung war kein Zufall, sondern ein sorgfältig geplantes Unternehmen. Aber selbst Carter konnte nicht ahnen, was er finden würde.

Zugang

Sechzehn in den Fels geschlagene Stufen führten hin zu einer Gipswand, die in der oberen linken Ecke aufgebrochen, aber später wieder versiegelt worden war. Es war das offizielle Siegel der Grabwächter: ein Schakal, der über den neun gefesselten Feinden Ägyptens steht. Hinter dieser Wand befand sich ein Gang, der schräg abfallend in die Tiefe führte. Dieser war mit Steinbrocken ausgefüllt, dazwischen lagen zerbrochene Gegenstände. Deutlich zu erkennen war ein schmaler Durchschlupf, der zu einer zweiten Gipswand führte. Als Carter hier ein Loch hineinbohrte und eine Kerze durchschob, strahlten ihm goldene Gegenstände entgegen. Er soll nur zwei Worte herausgebrachthaben: „Wundervolle Sachen." Was er gesehen hat, war der Inhalt der Vorkammer, durcheinander liegende Teile zerlegter Wagen, Totenbahren und vergoldete Wächterstatuen.

Vorkammer

Dies ist der größte Raum des Grabes, von Räubern teilweise geplündert. Da die Eindringlinge nur einen ganz schmalen Zugang gegraben hatten, war es nicht möglich gewesen, größere Gegenstände herauszuholen. Diese waren als wirres Sammelsurium zurückgelassen worden. An der Rückseite der Vorkammer gab es eine weitere, durch eine Gipswand verschlossene Tür, die in die Seitenkammer führte.

Seitenkammer

Auch dieser Raum war aufgebrochen und durchwühlt worden, es fand sich ein wüstes Durcheinander: Betten, Stühle, Hocker, Schränke, ein Thronsessel, Spielzeug, Waffen, Amulette, Salbengefäße, Parfumbehälter, Nahrungsmittel und 26 Weinkrüge.

Sargkammer

In der rechten Wand der Vorkammer befand sich die Tür zur Sargkammer. In diesem Raum lagen vier übereinander geschachtelte vergoldete Holzschreine und erst darin der Steinsarkophag. Alles war unversehrt, die Grabräuber waren nicht bis hierher vorgedrungen. Die Mumie selbst lag schließlich in einem Sarg aus reinem Gold, Kopf und Gesicht von der bekannten goldenen Maske bedeckt, die heute im ägyptischen Museum in Kairo zu sehen ist.

Schatzkammer

In diesem an die Sargkammer anschließenden Raum befanden sich Kultgegenstände, Schmuck, Kleider sowie der Kanopenschrein mit den Eingeweiden des Pharao. Weiterhin gab es dort zwei vergoldete hölzerne Miniatursärge, die einen fünf respektive sieben Monate alten, mumifizierten Fötus enthielten. Als man sich 1971 entschloss, medizinische Untersuchungen einzuleiten, musste man feststellen, dass die Objekte zwar im Eingangsbuch des Museums in Kairo verzeichnet, aber nicht mehr auffindbar waren.

Alles in allem hat Howard Carter ein nur gering geplündertes und damit weit gehend unversehrtes Pharaonengrab gefunden. 2250 Beigaben wurden in der Gruft entdeckt. Dies erlaubt uns einen Blick auf die Hochblüte altägyptischer Kultur. Leider nur einen Seitenblick, denn Tutenchamun war zu seiner Zeit völlig bedeutungslos. Niemand kann sich vorstellen, welche Schätze in den Gräbern von bedeutenderen Pharaonen wie Ramses, Cheops oder Seti angehäuft waren.
Lord Carnarvon hat in die Grabungskampagne insgesamt 50 000 Pfund investiert, über eine Million Pfund nach heutigem Kurs. Da den Ausgräbern der versprochene Anteil an den gefundenen Gegenständen verwehrt wurde, refundierte die

ägyptischen Regierung 36.000 Pfund als Entschädigung. So blieben wenigstens alle Gegenstände gemeinsam erhalten.

Ein Grab wurde entdeckt, ein weiteres wird noch gesucht

Für unser Wissen um historische Ereignisse und Zusammenhänge sind wir auf sehr unterschiedliche Quellen angewiesen. Nehmen wir als Beispiel zwei junge Männer, die unterschiedlicher nicht sein konnten.

Der eine, König und Feldherr, war knapp über zwanzig Jahre alt, als er aufbrach, die Welt zu erobern. Er verbreitete Angst und Schrecken bei vielen Völkern, zerstörte Kulturen und schuf eine neue. Mehrere Geschichtsschreiber und Hofberichterstatter notierten die Ereignisse seines Lebens und seiner Schlachten. Nachdem er die damals bekannte Welt in Aufruhr versetzt hatte, starb er mit 33 Jahren und wurde in Ägypten begraben. Von seinem Grab ist keine Spur auf uns gekommen.

Der andere ist schon vor Erreichen des zwanzigsten Lebensjahres verstorben. Er war ein unbedeutender und historisch vergessener König, als Kind auf den Thron gelangt. Mit einem Schlag wurde er weltberühmt, ja, er überstrahlt den anderen bei weitem. Und dies geschah nur deshalb, weil man sein Grab gefunden hat, sonst würde niemand auf der Welt mehr an ihn denken.

Alexander der Große (356–323 v. Chr.) hat die Welt verändert, aber nichts Persönliches hinterlassen, von Tutenchamun (etwa 1344–1325 v. Chr.) haben wir lediglich sein Grab und seinen Leichnam, dadurch ist er unsterblich geworden.

Von Menes bis Kleopatra – das antike Ägypten im Überblick

Altägypten beschränkte sich auf das etwa 1.000 Kilometer lange und meist nur zehn bis zwanzig Kilometer breite Niltal vom Katarakt von Assuan bis zum Delta der Flussmündung ins Mittelmeer. Die Fruchtbarkeit des Landes wurde durch die regelmäßig wiederkehrenden Überschwemmungen gewährleistet, wobei jedes Mal nährstoffreicher Schlamm aus Innerafrika antransportiert wurde. Der Farbkontrast zwischen dem schwarzen Boden des Ackerlandes und der angrenzenden Wüste war Anlass, das bewohnte Gebiet „Schwarzes Land" zu nennen, im Gegensatz zum „Roten Land" der Wüste. Die heutige Bezeichnung „Ägypten" stammt vom griechischen „aegyptos".

Wüste und Meer bildeten natürliche Grenzen, das vor Eindringlingen weitgehend abgeschirmte Tal ermöglichte eine geschlossene Kulturentwicklung, die um 5000 v. Chr. einsetzte. Aus Nomaden wurden Dorfbewohner mit Ackerbau und Haustieren, man trieb Jagd und Fischfang. Götter wurden meist in Gestalt von Tieren verehrt wie zum Beispiel Horus als Falke. Um 3000 entstand die bildhafte Hieroglyphenschrift mit Wort-, Silben- und Konsonantenzeichen, aber keinen geschriebenen Vokalen. Daher sind unsere Deutung und Schreibweise etwa der Pharaonennamen ziemlich unsicher und willkürlich.

Ägypten war immer zweigeteilt und bestand aus Oberägypten südlich von Memphis (das heute zu Kairo gehört) und der nördlichen Delta-Region, die bis zum Mittelmeer reichte. Die Vereinigung der beiden „Länder" soll dem legendären König Menes gelungen sein. Er ist eine Sagengestalt, wir wissen nicht, ob er überhaupt gelebt hat. Die Einteilung der ägyptischen Königsgenerationen in 30 Dynastien wurde von dem hellenistisch gebildeten Priester Manetho um 280 v. Chr. in Heliopolis vorgenommen. Daher sind alle Namen dem Griechischen angepasst und entsprechen nicht dem Original. Cheops hieß eigentlich Chufu, Mykerinos dagegen Menkewre, Thutmosis stammt von Dhutmose und Amenophis von Amenhotep. Ursprünglich hatte jeder ägyptische König fünf Namen: Die ersten drei bezogen sich auf die göttliche Herkunft des Herrschers, der vierte Name war der bei der Krönung angenommene und der fünfte der eigentliche Eigenname. Der Titel „Pharao" war nicht gebräuchlich und wurde erst durch die häufige Verwendung in der Bibel populär. Das Stammwort heißt „per-uer" und ist der Name für den Königspalast mit der Bedeutung „Großes Haus"; davon leitet sich „Pharao" ab. Die altägyptischen Herrscher regierten als Gottkönige auf Erden, die nach ihrem Tod zu vollwertigen Göttern wurden.

Die Geschichte Ägyptens wird in Reiche und Zeitepochen eingeteilt. Je weiter man in die Vergangenheit zurückgeht, desto größer wird die Unsicherheit der Datierung. Abweichungen bis zu hundert Jahren sind nicht mehr zu vermeiden.

Frühzeit (etwa 3100–2600 v. Chr.)
1.–2. Dynastie. Einigung des Landes durch altägyptische Könige, Erfindung der Schrift. Der Sage nach soll ein König Menes Reichseiniger und Gründer von Memphis gewesen sein; doch es ist keineswegs sicher, ob es ihn wirklich gegeben hat, denn es sind auch die Namen Narmer und Skorpion in Diskussion. Da die Ägypter, wie bereits erwähnt, mehrere Namen trugen, handelt es sich möglicherweise um dieselbe Person.

Altes Reich (etwa 2600–2100 v. Chr.)
3.–6. Dynastie. Zeit der Pyramidenbauer Cheops, Cephren und Mykerinos. Anstatt wie früher aus Lehmziegeln entste-

hen nun monumentale Bauten aus Stein. Zuerst Stufenpyramiden (Sakkara), dann glatte Pyramiden (Gizeh). Zu den Pyramidenanlagen gehörten jeweils auch befestigte Zufahrtswege, Tal- und Totentempel für den Kult, Totenschiffe sowie ein Friedhof für die königliche Familie mit Nebenpyramiden für die Königinnen. Cephren ließ den großen Sphinx errichten, eine Darstellung des Herrschers als Löwe mit dem gekrönten Königskopf.

Verwaltung und Rechtsprechung werden durch Beamte, meist aus dem Königshaus, durchgeführt. Steuerabgaben erfolgen in Naturalien, es gibt keine Geldwirtschaft. Die gewaltigen Bauleistungen, dazu Expeditionen und Kriegszüge werden durch Dienstverpflichtung eines großen Teiles der Bevölkerung ermöglicht.

In der Religion tritt der Sonnengott Re in den Vordergrund, der Totenkult richtet sich vor allem auf die Götter Anubis (sein Symbol ist der schwarze Kopf eines Hundes oder Schakals) und Osiris (Königsgott in Menschengestalt, Bruder und Gatte der Isis, von seinem Bruder Seth ermordet). Die Technik der Mumifizierung wird entwickelt.

Die Ausrichtung der Pyramiden und ihrer Eingänge nach Norden weist auf eine Jenseitsvorstellung unter den „niemals untergehenden Sternen“ in der Nähe des Polarsternes.

Erste Zwischenzeit (etwa 2100–2000 v. Chr.)
7.–10. Dynastie. Durch wirtschaftlichen Niedergang und daraus entstandenen sozialen Unruhen zerfällt das Alte Reich in einzelne Fürstentümer, die sich bürgerkriegsartig bekämpften.

Das Mittlere Reich (etwa 2000–1785 v. Chr.)
11. und 12. Dynastie. Erneute Einigung des Reiches. Ausweitung des Handels. Eroberung von Nubien. Verteidigungsanlagen werden erbaut, die – ähnlich wie bei mittelalterlichen

Burgen – Wassergräben, Schießscharten und Zugbrücken umfassen. Hauptstadt ist Theben, der Lokalgott von Karnak, Amun, erlangt als Weltherrscher und Götterkönig zentrale Bedeutung. Blütezeit altägyptischer Kunst und Kultur.

Zweite Zwischenzeit (etwa 1785–1550 v. Chr.)
13.–17. Dynastie. Während dieser Zeit gerät Ägypten für mehr als 100 Jahre unter die Herrschaft der von Norden eingedrungenen westasiatischen Hyksos, die den von Pferden gezogenen Streitwagen einführen. Die Hyksoszeit in Ägypten zeigt erstaunliche Ähnlichkeiten zur minoischen Kultur auf Kreta.

Neues Reich (etwa 1550–1070 v. Chr.)
18.–20. Dynastie. Vertreibung der Hyksos, größte Ausdehnung des ägyptischen Reiches von Nubien bis zum Euphrat, einschließlich Syrien und Palästina. Seit Thutmosis I. (1505) wurden Felsgräber im Tal der Könige angelegt. Seine älteste Tochter war Königin Hatschepsut. Errichtung gewaltiger Bauwerke wie der Sitzfiguren der Memnon-Kolosse, der Totentempel der Hatschepsut und der Tempel von Luxor.

Amenophis IV. (regierte 1350–1334) ersetzte den Reichsgott Amun und die bisherigen Lokalgötter durch den alleinigen Gott Aton. Dieser wurde im Symbol der strahlenden Sonne verehrt, der Pharao nannte sich Echnaton, d.h. „Diener des Aton“. Neue Residenz wurde Achetaton bei El-Amarna in Mittelägypten. Das Besondere an dieser neuen Religion lag darin, dass Echnaton erklärte, eine Offenbarung gehabt zu haben und ausschließlich selbst mit dem Gott kommunizieren zu können. Damit wurde eine vermittelnde Priesterschaft überflüssig, und der Pharao hatte mit einem Schlag viele Feinde.

Echnaton hatte mit seiner Gemahlin Nofretete zwar keinen Sohn, aber sechs Töchter; eine von ihnen heiratete Tutenchamun, wodurch dieser zum Schwiegersohn des Pharao und zu dessen Nachfolger wurde. Nach Tutenchamun wurde Eje Pharao und der Letzte der 18. Dynastie war der Soldatenkönig Haremhab.

Die Pharaonen der 19. und 20. Dynastie trugen überwiegend den Namen Ramses.

Dritte Zwischenzeit (etwa 1070–712 v. Chr.)
21.–24. Dynastie. Wirtschaftlicher und politischer Zerfall, teils kleine Fürstentümer, teils äthiopische Könige.

Spätzeit (etwa 712–332 v. Chr.)
25.–30. Dynastie. Zunächst Einfall der Assyrer, danach der Perser. Der letzte ägyptische Pharao Nechtanbo starb 343. Dann folgten persische Herrscher, die manchmal als 31. Dynastie dazugezählt werden.

Griechische Zeit (etwa 332–30 v. Chr.)
Alexander der Große eroberte Ägypten und gründete Alexandria, das sich schnell zum Mittelpunkt des Welthandels und der Bildung entwickelte. Die große Bibliothek mit etwa 700.000 Schriftrollen ging 47 v. Chr. in einem Brand zugrunde. Unter den Ptolemäern, den Nachfolgern Alexanders, wurde Ägypten zum reichsten Staat der damaligen Welt.

Römische Zeit (etwa 30 v. Chr.–395 n. Chr.)
Kleopatra (69–30 v. Chr.) regierte zuerst mit ihrem Brudergemahl Ptolemaios XIII. und danach mit ihrem jüngeren Bruder Ptolemaios XIV. Sie war zunächst mit Caesar (ein Sohn) und danach mit Antonius (zwei Söhne, eine Tochter) liiert. Nachdem Antonius vom späteren Kaiser Augustus besiegt worden war, beging Kleopatra Selbstmord. Ägypten wurde römische Provinz.

Gesichert ist lediglich, dass er ein unbedeutender Pharao gegen Ende der 18. Dynastie war, als Kind auf den Thron kam und als Teenager gestorben ist. Alles andere ist geschichtliche Spekulation und Interpretation, aber es könnte sich vielleicht folgendermaßen abgespielt haben:

Amenophis III. regierte von 1386–1349 v. Chr., also fast vierzig Jahre. Dies brachte Ägypten Stabilität und wirtschaftliche Blüte. Als Hauptgottheit galt Amun, der vor allem in Theben verehrt wurde. Teje, die Hauptfrau des Pharao, gebar ihm mindestens zwei Söhne und vier Töchter. Der älteste Sohn wurde als Kronprinz für die Thronfolge vorbereitet, starb jedoch schon als Jugendlicher. Damit wurde der zweite Sohn zum Thronerben und schließlich im Jahre 1349 als Amenophis IV. Pharao. Zum Regieren ziemlich ungeeignet und eher der Philosophie und der Religion zugetan, rief er einen monotheistischen Sonnenkult ins Leben. Als einziger Gott wurde Aton, die Sonnenscheibe, verehrt, der König selbst nannte sich Achenaton, „Diener des Aton“. In der Überlieferung wurde sein Name etwas verdreht, wir kennen ihn als Echnaton. Während der Pharao seinem Kult huldigte, sorgte eine Beamtenregierung für das Funktionieren des Staates. Die zivile Autorität war Eje, wahrscheinlich Echnatons Schwiegervater, den militärischen Oberbefehl hatte General Haremhab, ein weiterer Schwiegersohn Ejes. Echnaton starb in seinem 16. Regierungsjahr, sein Nachfolger Semenchkare lebte aber nur wenige Monate.

Anchesenpaaton, eine der Töchter Echnatons, wurde mit dem etwas jüngeren Tutanchaton verheiratet. Dieser avancierte damit zum Schwiegersohn Echnatons und zum Thronfolger. Wer seine Eltern waren ist umstritten, es könnten sogar Echnaton und eine seiner Nebenfrauen gewesen sein. Nachdem er Pharao geworden war, kehrte er zum alten Amun-Kult zurück und nannte sich Tutenchamun, „Lebendes Abbild des Amun“.

Er verließ El-Amarna (Achetaton), die Residenz des Echnaton, und kehrte nach Theben zurück, verbot die Verehrung des Aton und setzte die alten Götter wieder ein. Nach seinem frühen Tod heiratete seine Witwe den wesentlich älteren Eje, dieser wurde Pharao und regierte noch vier Jahre. Eje starb ohne Erben, der Thron fiel an den Oberbefehlshaber des Heeres Haremhab. Auch dieser hatte keine direkten Nachkommen, sein Nachfolger wurde der Wesir Ramses I., der Begründer der 19. Dynastie und Ahnherr der Rameseiden.

Zur Erklärung sei darauf hingewiesen, dass in allen Dynastien, von denen wir über Aufzeichnungen verfügen, in der Familie des Pharao die Geschwisterehe häufig war und sehr oft der Vater mit seinen Töchtern Kinder zeugte. Dies geschah, um die Königsmacht in der Familie zu halten.

Für die Zukunft konserviert

Die Menschen aller Zeitepochen waren und sind mit dem Phänomen des Todes konfrontiert. Jedermann macht die persönliche Erfahrung, meist in zeitlichen Intervallen, zunächst wenn das geliebte Haustier stirbt, wenn die Großeltern sterben, dann die Eltern und wenn das eigene Ende immer näher rückt. Das verstandesmäßige Verarbeiten der Zwangsläufigkeit des Todes hilft kaum etwas, die Furcht bleibt bestehen.

In der Auseinandersetzung mit dem Körper verstorbener Mitmenschen gibt es grundsätzlich zwei Verhaltensweisen. Die eine zielt auf Beseitigung ab, möglichst rasch und gründlich, am konsequentesten in Form der Leichenverbrennung, eventuell mit Verstreuen der Asche. Das gleichsam entgegengesetzte Bestreben versucht eine Erhaltung des Körpers, die Konservierung, sei es zum Zwecke des Weiterlebens in einer anderen Welt, sei es zum Zwecke der Rückkehr und Auferstehung. Dort, wo Menschenleiber konserviert wurden, glaubte man an konkrete Formen des Fortlebens. Das war Teil einer Religion. Die Leichenkonservierung selbst resultierte aus der Beobachtung, dass die Körper unter bestimmten günstigen Umweltbedingungen nicht zwangsläufig zu Staub wurden. Die wichtigste Voraussetzung ist trockene, bewegte Luft, also zum Beispiel ein Wüstenklima. Bald verstand man es, künstlich und kunstvoll nachzuhelfen; es entstanden die konservierenden Bestattungsmethoden, die Leichenbalsamierungen. Daneben haben sich auch menschliche Leichen zufällig erhalten, z. B. in trockener Luft, im konservierenden Moor, in Höhlen und Grotten sowie in abgeschlossenen Gruftanlagen.

Der Mann von Tollund

Am 8. Mai 1950 entdeckten Bauern in Jütland (Dänemark) beim Torfstechen im Moor einen männlichen Leichnam. Dieser war derart gut erhalten, dass sogar die Polizei zunächst an ein Verbrechensopfer dachte. Archäologen und Prähistoriker stellten aber bald fest, dass der Mann etwa 2000 Jahre im Moor begraben gewesen sein musste. Abgesehen von einer Mütze und einem Ledergürtel waren keine Kleider vorhanden, um den Hals hatte er einen Strick. Der Boden rund um den Toten wurde blockförmig ausgegraben und in einem Stück emporgehoben. Dabei erlitt einer der Männer aus der Bergemannschaft einen tödlichen Herzschlag. Von einem Fluch aus dem Moor hat man jedoch noch nie etwas gehört. Die ausgegrabene Leiche war außergewöhnlich gut konserviert, alle Körperteile waren erhalten. Die Schlinge hatte am Hals deutliche Strangulationsspuren hinterlassen, die Lage des Strickes sprach für Tod durch Erhängen. Der Kopf der Leiche wurde mittels Durchtränkung von Paraffin haltbar gemacht und befindet sich heute im Silkeborg-Museum (Dänemark). Das Gesicht ist unglaublich gut erhalten: Falten an der Stirne, gekrümmte Nase, volle Wangen, Krähenfüße an den Augenwinkeln – wir blicken einem Nordgermanen der Römerzeit ins Antlitz. Es war kein Hingerichteter, sondern ein Menschenopfer an die Fruchtbarkeitsgötter, dargebracht entweder zur Wintersonnenwende oder bei der Frühjahrs-Tag-und-Nacht-Gleiche.

Das Mädchen von Windeby

In der Nähe von Eckernförde in Schleswig wurde 1952 eine weibliche Moorleiche gefunden. Es handelte sich um ein etwa vierzehnjähriges unterernährtes Mädchen, das im 1. Jahrhundert n. Chr. gelebt hatte. Der Leichnam war entkleidet, die

Augen von einer straff sitzenden Wollbinde umschlossen. Es gab keine äußerlich sichtbaren Verletzungen, weshalb vermutet wurde, das Mädchen sei ertränkt worden. Dafür spricht, dass die Leiche mit dem Kopf nach unten lag, am Grund des Moores mit einem Stein an einem Birkenast befestigt war und die Haare geschoren waren. Der römische Geschichtsschreiber Tacitus vermerkte in seiner *Germania*, dass dies die Strafe für verbotene geschlechtliche Beziehungen gewesen sei.

Drei Wochen später wurde in unmittelbarer Nähe eine Männerleiche gefunden. Er hatte eine Schlinge um den Hals und der Körper war durch Holzpflöcke am Grund des Moores fixiert worden.

Bis heute sind etwa 1800 antike Moorleichen bekannt, die Funde reichen von der Steinzeit bis in die römische Kaiserzeit. In keinem Fall wissen wir genau, was mit diesen Menschen geschehen ist. Mehrere Deutungsmöglichkeiten werden diskutiert.

Erstens kann es sich um Hinrichtungen handeln, wofür eindeutige Spuren von gewaltsamer Tötung an manchen Moorleichen sprechen.

Eine zweite Interpretation sieht eher kultische Opfer, das könnte auf jene Fälle zutreffen, wo auch entsprechende Grabbeigaben gefunden wurden. Moore galten als gefährlich und übernatürlich, ein guter Platz für Kontakte zum Jenseits.

Eine dritte Gruppe ist wahrscheinlich vor dem Hintergrund einer Wiedergängerfurcht zu erklären. Eine Wiederkehr als „lebender Leichnam“ wurde durch systematisches Zerstückeln und getrennte Beisetzung der einzelnen Teile verhindert.

Daneben gab es sicherlich auch Unglücksfälle und Verbrechensopfer.

Moore sind teils verlandete, teils versumpfte Eiszeitseen, auf deren Boden sich Schicht für Schicht Torf ablagerte. Dabei entstand Humussäure, die Mikroorganismen tötet und Leichen durch Gerben konserviert. Haut, Haare, Nägel, Gehirn und Eingeweide bleiben erhalten, aber auch Wolle, Felle und Leder. Pflanzliche Materialien wie Leinen verschwinden spurlos, daher fand man keine Kleider. Aus den Knochen wird durch die Säure das Kalzium herausgelöst.

Männer im Salz

Im oberösterreichischen Hallstatt befindet sich ein Salzbergwerk mit einem komplizierten Stollensystem, wo man bereits in vorchristlicher Zeit Salz abbaute. Immer wieder wurden Bergarbeiter bei Arbeitsunfällen verschüttet und durch einen Einschluss im Salz konserviert. Die Körper sind für wissenschaftliche Untersuchungen jedoch nicht erhalten, da sie nach ihrer Bergung alle bestattet wurden. Es gibt lediglich Aufzeichnungen, wie etwa in der *Dückher-Chronik* aus Salzburg, gefertigt 1666:

> „Anno 1573 ist den 13. Winter Monats ein erschräcklicher Comet-Stern erschienen und den 26. dieses Monats im Salzberg 630 Schuh tief in ganzen Berg ein Mann, 9 Spannen lang, mit Fleisch, Bein, Haar, Bart und Kleidung ganz unverwesen, jedoch etwas breit geschlagen, am Fleisch ganz geselcht, gelb und hart wie ein Stockfisch, ausgehaut worden, auch etliche Wochen bei der Kirche allda männiglich zu sehen gelegen: Endlich aber angefangen zu faulen und begraben worden, der muss nun vor Menschen Gedanken in dem Berg verschüt, darin verwachsen, und von Salz solang ohne Faulung erhalten seyn."

Die Konservierung dieses Körpers ist auf die Wasser entziehende Wirkung des Salzes zurückzuführen. Überdies sind diese Leichen im Salzgestein luftdicht eingeschlossen, wodurch die Verwesung verhindert wird.

Die vierzehnjährige Bernadette Soubirous (1844–1879) hatte vom 11. Februar bis zum 16. Juli 1858 insgesamt 18 Erscheinungen einer „Dame". Die Vorkommnisse ereigneten sich vor der Grotte Massabielle bei Lourdes in Südfrankreich, wo sich später der bekannte Wallfahrtsort mit seinen Wunderheilungen entwickelte. Bernadette selbst trat in ein Kloster ein und starb mit 35 Jahren an einer Lungenkrankheit, entweder Asthma oder Tuberkulose.

Im Rahmen des Heiligsprechungsverfahrens wurde, wie üblich, der Leichnam exhumiert. Dies war 1909 und man stellte fest, dass der Körper unverwest und praktisch unverändert geblieben war. Selbst die Totenkleider waren noch erhalten. Die Tote wurde in einen neuen Sarg umgebettet und nach weiteren 16 Jahren noch einmal untersucht. Auch jetzt war noch keine Verwesung eingetreten und der Heiligsprechung im Jahre 1939 stand nichts mehr im Wege.

Der Leichnam der hl. Bernadette befindet sich bis heute in der Kirche des Klosters Saint Gildard in Nevers an der Loire in Zentralfrankreich. In einem Sarkophag aus vergoldeter Bronze mit großen Sichtfenstern liegt der Körper, bekleidet mit dem Nonnenhabit, das Gesicht und die gefalteten Hände kann man sehen. Die Fingernägel sind lackiert, die Lippen zartrot. Die Augenbrauen haben keine Haare, es sind nur Wülste, auch die Wimpern fehlen. Blickt man unter die Kopfbedeckung, so ist kein Haaransatz erkennbar, im Gegensatz zu den existierenden Fotografien der lebenden Bernadette. Sollte es sich nicht um ein Wunder handeln, ist die einzige Erklärung dafür, dass eine Wachsmodellierung vorliegt.

Eine ähnliche Schaustellung von Leichen kennen wir von Lenin und Mao Tse-tung. Auch bei Papst Johannes XXIII. wurde knapp 40 Jahre nach seinem Tod der Sarg geöffnet. Das Foto, das danach publiziert wurde, lässt eindeutig eine Gesichtsmoulage erkennen. Es handelt sich also um ein Kunstprodukt aus modellierbarem Material.

Die größte Mumiensammlung der Welt

Im Convento Capuccini in Palermo befinden sich in einer katakombenartigen Gruft etwa 8000 Mumien. Der Orden der Kapuziner hat einen aufwendigen Totenkult betrieben: In großen unterirdischen Räumen und langen Gängen sitzen, liegen oder hängen Leichen, eingehüllt in ihre Sterbekleider. Die mumifizierten Körper sind ziemlich gut erhalten, was an einem ständig herrschenden trockenen Luftzug liegt. Sowohl Ordensbrüder als auch Angehörige des Adels wurden hier im Freien und ohne Sarg bestattet. Selbstverständlich sind die weiblichen Leichen von den Mönchen getrennt. Lange Zeit hindurch war es üblich, den mumifizierten Körpern bei Bedarf frische Kleider anzuziehen. Erfolgte trotz allem ein Zerfall, wurden die Überreste in kleinen Kisten und Schränken weiter aufbewahrt. Dieser konservierende Totenkult in Palermo dauerte bis 1881, dann wurde die „Totengalerie“ für weitere Aufnahmen geschlossen.

In wesentlich geringerem Umfang hat man auch in der Kapuzinerkirche von Brünn in Tschechien solche offene Bestattungen durchgeführt. Von Kaiser Josef II. im Jahre 1784 geschlossen, wurde die Gruft zum Mumienmuseum umfunktioniert.

Auch viele andere Kirchen können mit Mumien aufwarten, nur beispielhaft sei auf die Michaelerkirche in Wien, das Baptisterium von Venzone in Oberitalien (1976 durch ein Erdbeben zerstört) und das Höhlenkloster von Kiew verwiesen.

Der „g'selchte Pfarrer"

In der kleinen Ortschaft St. Thomas am Blasenstein in Oberösterreich nördlich der Donau befindet sich in einer Glasvitrine in der Krypta der Kirche ein mumifizierter Leichnam. Eine Inschrift besagt:

> „Hier ruht im Herrn der mumifizierte Leichnam eines Angehörigen des geistlichen Standes. Ursache der Mumifizierung unbekannt. Geschichtliche Dokumente über den Toten fehlen. Man meint, es könnte der in den hiesigen Totenbüchern verzeichnete hochw. Herr Franz Xaver Sidler sein. Dieser ist im J. 1709 geboren als Pflegerssohn von Kreuzen und als Pfarrvikar von St. Thomas a. Bl. am 2.9.1746 hier gestorben (37 Jahre alt). Er war Chorherr von Waldhausen, ein sehr frommer und gelehrter Priester (Totenbuch). In St. Thomas war er drei Jahre Pfarrvikar. AVE PIA ANIMA."

Die wahrscheinlichste Erklärung für diese Spontanmumifizierung ist, dass für den Sarg des geistlichen Herrn gutes Eichenholz verwendet wurde und die Humussäure durch einen schlecht sitzenden Deckel eindringen konnte. Die Verbindung von Eichenholz und Humussäure hemmt das Bakterienwachstum und hat eine stark gerbende Wirkung.

Dr. James Bedford

Es war 1967, als der Psychologe Dr. James Bedford in Kalifornien mit seinem hinterlassenen Vermögen ein „Institut für Gefrierbiologie" sponserte und zugleich der erste „Patient" wurde. Er starb mit 73 Jahren an Lungenkrebs und wurde tiefgefroren. Dabei wurde die Blutzirkulation nach dem eingetretenen Tod durch eine Herz-Lungen-Maschine aufrechterhalten, das Blut jedoch abgeleitet und durch eine Mischung aus Dimethylsulfoxid und Glyzerin ersetzt, was nichts anderes ist als ein Frostschutzmittel. Die Temperatur wurde schrittweise auf –80° Celsius gesenkt und der Körper schließlich bei –196° Celsius in flüssigem Stickstoff gelagert. Die jährlichen Wartungskosten für die Kältetechnik bei diesem Bestattungsexperiment betrugen zur damaligen Zeit etwa 4.000 Dollar, was letztlich auch fast zum Scheitern dieses Versuches führte. Das kryobiologische Bestattungsunternehmen in Phoenix (Arizona), wo sich die Anlage befand, konnte oder wollte die Stromrechnungen nicht weiter bezahlen, woraufhin die Leitungen einfach abgeschaltet wurden. Eine andere Firma – Alcor Life Extension – übernahm noch rechtzeitig den Gefrierbehälter mit Doktor Bedford, mehrere andere Leichname jedoch tauten unkontrolliert auf. In der Folge wurden weitere derartige Versuche unternommen, aber auch im Tierexperiment gelang es niemals, tote, tiefgefrorene Organismen wieder zum Leben zu erwecken.

Die weitere Entwicklung ist noch völlig unklar. Einer der Gründer der Kryonik-Bewegung, der Physiker Robert Ettinger, erklärte schlicht: „Vom medizinischen Standpunkt aus haben diese Personen überhaupt nichts zu verlieren. Sie sind bereits klinisch und im Sinne des Gesetzes tot, wenn man sie einfriert. Schlimmstenfalls werden sie einfach tot bleiben." Und das ist der entscheidende Haken an der Geschichte: Man friert ein totes Gewebe ein und darf sich daher auch nicht wundern, wenn es nicht mehr zum Leben erweckt werden kann. Wird ein Toter tiefgefroren, kommt nach dem Auftauen nur wieder ein Toter heraus.

Die Pharaonenmethode heute

In Salt Lake City bietet die Firma Summum Company als besonderen Service eine Leichenkonservierung nach altägyptischer Art an. Dabei werden die gleichen Essenzen und Öle wie in der

Antike verwendet, allerdings wird nicht mit Stoffbinden gewickelt, sondern in Glaswolle, Polyäthylen und Gips verpackt. Zur Auswahl stehen entweder Särge aus Fiberglas oder die aufwändigeren Modelle aus rostfreiem Stahl oder Bronze. Alle Särge sind mit Verzierungen wie zum Beispiel individuell modellierter goldener Gesichtsmaske, Einlegearbeiten aus Juwelen und Replikaten ägyptischer Grabbeigaben erhältlich. Die Kosten liegen dann bei weit über 100.000 Dollar.

Mumie auf Rezept

Extrakte aus Menschen waren als „Universalmedizin" bis ins 18. Jahrhundert gebräuchlich. So gab es in den Apotheken das „Armensünderfett", gewonnen aus Körpern von Hingerichteten, und auch „Mumia vera aegyptica" war vorrätig. Letzteres bestand aus abgeschabtem, pulverisiertem Material von Mumien und wurde bei Kopfschmerzen, Lähmungen, Epilepsie, Knochenbrüchen, aber auch gegen Vergiftungen sowohl äußerlich als Umschlag oder Salbe wie auch innerlich als Tinktur angewandt. Sogar der große Paracelsus hat gerne mit „menschlicher" Medizin behandelt. In seinen Schriften gibt er genaue Anweisungen, aus welchen Leichen wirksame Heilmittel zu gewinnen sind, und zwar nicht von „an Krankheit Gestorbenen", sondern von den „Erhenkten, Gespiessten oder Geradbrechten", also den Hingerichteten. Das ist auch einleuchtend, denn man wollte ja das Material von kraftvollen, gesunden und nicht von gebrechlichen Menschen.

Aus dem 17. Jahrhundert ist bekannt, dass die während der Türkenkriege erschlagenen Muselmanen zu „Mumien" für den Apothekerbedarf verarbeitet wurden. Man zog ihnen die Haut ab, briet das Fett und schnitt ihnen die Genitalien ab und dörrte sie, was als besonders kostbar galt. Eigentlich war das medizinischer Kannibalismus. Da es sich nicht um Christen handelte, hatte die in Leichenfragen sonst sehr penible katholische Kirche aber nichts dagegen einzuwenden.

Der Glaube an den Heilwert menschlicher Körperprodukte ist uralt und hat sich in manchen Gegenden bis heute erhalten. Man denke etwa an den Speichel, d. h. das „Bespucken", aber auch Blut, Harn und Kot finden im ländlichen Raum hin und wieder Verwendung.

– Wer glaubt an das ägyptische Traumbuch? –

Viele Menschen, sehr viele; schließlich glauben ja auch unzählige an Horoskope, Astrologie und sonstige Scharlatanerein.

Alle Menschen schlafen und alle Menschen träumen. Die Völker der Antike hielten die Träume für Botschaften der Götter, die Frage nach der Bedeutung eines Traumes wurde daher als sehr wichtig angesehen. Die alten Ägypter ließen sich regelmäßig ihre Träume auslegen, das war der Anfang der professionellen Traumdeutung. Eine Tontafel ist überliefert, die einem altägyptischen Traumdeuter als Visitenkarte diente; die Inschrift besagt, dass er die Träume deute und dazu den Auftrag der Götter habe.

Der Pharao Merikare (um 2100 v. Chr.) soll Träume als Vorzeichen der Zukunft bezeichnet haben, allerdings werde genau das Gegenteil des Traumes eintreten. So würden beispielsweise Traumbilder voller Glück bevorstehendes Unheil voraussagen. Ein Text aus dem Mittleren Reich enthält eine Liste von über 200 Traumdeutungen, wie etwa:

> „Gutes verheißt, wenn ein Mann sich im Traum einen Ochsen anschauend sieht, denn dies kündet den Tod seines Feindes an."

> „Schlimmes verheißt, wenn ein Mann im Traum sein Bett in Flammen stehen sieht, denn dies kündet eine Vergewaltigung seiner Frau an."

Bekannt sind auch die Traumdeutungen aus dem Alten Testament, wenn der (ägyptische) Josef dem Pharao seinen Traum von den sieben guten und sieben schlechten Jahren auslegt oder Daniel den Untergang des Nebukadnezar aus einem Traum herausliest.

Mit der Zeit entstanden Bücher mit Anleitungen zur Traumdeutung, am verbreitetsten wurde das *Egyptische Traumbuch mit Lotterie-Nummern.* Dieses konnte man auch praktisch gebrauchen, um die Gewinn bringenden Zahlen beim Glücksspiel zu setzen. Dazu einige Beispiele:

„*Schwarze Augen*" – Elend, 88
„*Braune Augen*" – Freude, 82
„*Affen*" – geheime Feinde, 13, 23, 58
„*Bier trinken*" – Gesundheit, 14
„*Branntwein trinken*" – Verdruss, 10, 79
„*Japaner*" – Vorsicht vor boshaften Menschen, 9
„*Pferd*" – Rettung aus Gefahr, 89

Das Deuten und Auslegen dieses „nächtlichen Privatfernsehens" übt eine ungeheure Faszination auf die Menschen aus, Schwindlern ist daher Tür und Tor geöffnet. Erst Sigmund Freud sah den Traum als Phänomen des normalen Seelenlebens, als Schlaf*hüter*, nicht als Schlaf*störer*. Er erkannte ihn als Reflexion und Verarbeitung von Eindrücken während des Wachzustandes, genau sind die biologischen Mechanismen des Traumes jedoch noch nicht entschlüsselt. Eigentlich sind wir nicht viel weiter als schon Diogenes (um 400–325 v. Chr.), der Botschafter aus der Tonne. Er soll gesagt haben, wenn er die Lehrmeister, Ärzte und Philosophen betrachte, dann sei der Mensch das weiseste unter allen Tieren, wenn er aber die Traumdeuter, die Wahrsager und die Ehrgeizlinge sehe, so sei der Mensch der größte Narr unter allen Wesen. Denjenigen, die sich über ihre Träume erschreckten, gab er zu bedenken: „Ihr bekümmert euch sehr wenig um das, was ihr wachend tut, und macht euch Kummer über Erscheinungen, die euch im Traume vorkommen."

Was aus einem Arzt alles werden kann

Wir befinden uns im Europa des 13. Jahrhunderts, also im Hochmittelalter. Eine zu Unrecht heute fast vergessene Persönlichkeit jener Zeit war der „spanische Peter". Um das Jahr 1215 wurde dieser „Pietro Ispano" als Sohn des vermögenden Arztes und Apothekers Julianus in Lissabon geboren. Deshalb wird er auch Pedro Juliani genannt. Er absolvierte die schulische Grundausbildung in Portugal und Spanien und begann danach seine akademischen Studien in Paris, dem geistigen Zentrum der damaligen Welt. Mit 30 Jahren schloss er sein Studium mit dem Magisterexamen in Philosophie und Medizin ab. Danach bereiste er Frankreich und Italien, um in den berühmten Medizinschulen von Montpellier und Salerno seine Kenntnisse zu erweitern. Als wissenschaftlich tätiger Mediziner wurde er rasch berühmt und „professor artis medicinae" genannt. 1247 erfolgte seine Berufung an die Universität von Siena. Wirtschaftlich ging es ihm nicht allzu gut, er musste sogar seine kostbare Bibelhandschrift verkaufen, um seinen Lebensunterhalt bestreiten zu können.

Seine Wohnung lag im Armenviertel, wo er auch die Anregung zu seinem damals bekanntesten Werk *Thesaurus pauperum* („Schatz der Armen") bekam. Es handelte sich dabei um eine umfassende Rezeptsammlung zur Behandlung verschiedener Krankheiten, abgestimmt auf die Möglichkeiten der Unbegüterten. Er veröffentlichte auch seine akademischen Vorlesungen als handschriftlichen Kodex. In diesem Zusammenhang sollte man bedenken, dass es zu seiner Zeit ja noch keinen Buchdruck gab, was ein großes Hindernis bei der Verbreitung wissenschaftlichen Schrifttums war. Daher wurden die im holprigen Latein des

Mittelalters verfassten Werke des „magister petrus yspanus artis medicinae professor" keine Bestseller, obgleich sie aufgrund ihrer hohen inhaltlichen Qualität durchaus das Zeug dazu gehabt hätten. Er schrieb über Augenheilkunde und Chirurgie, über die Lehre von der Seele und die Funktion des Herzens, über Diagnostik und Therapie. Selbstverständlich stützte er sich – wie zu seiner Zeit üblich – weit gehend auf Aristoteles. Als typischer Gelehrter des Mittelalters war er ein Vermittler zwischen den Gedanken der Antike und der heraufblühenden wissenschaftlichen Forschung der Neuzeit. Neben seiner medizinischen Tätigkeit befasste er sich gründlich mit Philosophie und Logik, immer natürlich unter dem Aspekt der alles dominierenden christlichen Theologie.

Die weitere Laufbahn des Petrus Hispanus

Dann aber nahm sein Lebensschicksal einen ganz anderen Weg. Um das Jahr 1260 ernannte Ottobuono Fieschi, Conte di Lavagna, der spätere Papst Hadrian V., den Medizinprofessor aus Siena zu seinem Leibarzt. Petrus kehrte also der Universität Siena den Rücken und wurde Leibarzt des Kirchenfürsten. Von diesem warb ihn Papst Gregor X. als Archiater, d. h. Hof- und Leibarzt, ab. Interessant ist übrigens, dass sich die deutsche Bezeichnung „Arzt" vom griechischen Wort „archiatros" ableitet. Als Begleitarzt von Papst Gregor X. nahm Petrus am Konzil zu Lyon teil und beriet den Papst bei dessen Verhandlungen mit Rudolf von Habsburg, der 1273 zum deutschen König gewählt worden war.

Petrus erklomm die kirchliche Karriereleiter, wurde zunächst Erzbischof und dann Kardinal. Damit wurde der ausgezeichnete Arzt und Wissenschafter kurzerhand ins Zentrum der Kirchenpolitik versetzt. Am 8. September 1276 schließlich wählte ihn das Kardinalskollegium zum Papst. Der damals etwa 61-Jährige nahm als Papst den Namen Johannes XXI. an.

Übersicht über die Päpste der damaligen Zeit

—

181. Gregor X. (Tedaldo Visconti),
1. September 1271 – 10. Januar 1276

—

182. Innozenz V. (Pierre von Tarantaise),
21. Januar 1271 – 22. Juni 1276

—

183. Hadrian V. (Ottobuono Fieschi),
11. Juli – 18. August 1276

—

184. Johannes XXI. (Pedro Juliani),
8. September 1276 – 20. Mai 1277

—

185. Nikolaus III. (Giovanni Gaetano Orsini),
25. November 1277 – 22. August 1280

—

Zum Papstnamen Johannes XXI. muss erklärt werden, dass es aufgrund eines Fehlers in der mittelalterlichen Zählung nie einen Johannes XX. gegeben hat. Johannes XXI. war im Übrigen der einzige Arzt, der jemals Papst wurde. Sein Pontifikat dauerte nicht einmal neun Monate und dennoch begann er große Projekte. Er griff erneut die Verhandlungen zur Wiedervereinigung mit der orthodoxen Kirche auf, gab Anregungen zur Studienreform an den damals noch fest in klerikaler Hand befindlichen Universitäten und förderte Stipendien zur wirtschaftlichen Sicherung begabter Studenten. Auch seine eigenen Studien nahm er wieder auf. Dazu ließ er an der Rückseite des Papstpalastes in Viterbo eine Privatbibliothek anbauen. Er residierte ja nicht in Rom, sondern in Mittelitalien. Der Ausbau des Petersdomes lag noch in weiter Ferne. An einem Maiabend des Jahres 1277 wurde Johannes XXI. in seiner Bibliothek von herabstürzendem Gemäuer verschüttet. Wenig später erlag der Papst seinen schweren Verletzungen.

Dieser plötzliche Tod ohne vorausgehende Krankheit war der Kirche der damaligen Zeit suspekt. Nicht nur seine universale Bildung trug Johannes XXI. den Titel eines „papa magus", eines „Papstzauberers", ein, man vertrat auch die Auffassung, dass irgendetwas Böses geschehen sein musste, da dem Verstorbenen die letzte Aussöhnung durch Beichte sowie Sakramentsempfang verwehrt geblieben war. Das ging so weit, dass ein übereifriger Dominikaner in einer Chronik berichtete, „dieser häretische Schwarzkünstler sei in seinem Palast vom Teufel persönlich erwürgt worden". So ging man damals in Nachrufen mit den Päpsten um!

Fortschrittliche Ideen

Weit bedeutender als sein Pontifikat war die medizinisch-wissenschaftliche Leistung des Petrus Hispanus. Obwohl heute alles bereits in Vergessenheit geraten und in der Vergangenheit versunken ist, sei der immerwährenden Aktualität des Themas wegen kurz der Beitrag des späteren Papstes zur Sexuallehre gestreift. Die Ansichten des Petrus Hispanus aus dem 13. Jahrhundert zur Geschlechtlichkeit decken sich keineswegs immer mit den Ansichten, wie sie der Heilige Stuhl heute propagiert. Für den Arzt Petrus Hispanus waren beide Partner in ihrer Sexualfunktion grundsätzlich gleichwertig, eine Diskriminierung der Frau wie bei den christlichen Meinungsbildnern Albertus Magnus oder Thomas von Aquin lag ihm fern. Er bestätigte ferner, dass die Vereinigung der beiden Geschlechter grundsätzlich Vergnügen („delectatio") bereite, wobei allerdings auch Einzelprobleme diskutiert werden: ob die Lust beim Essen größer sei als beim Geschlechtsakt, ob Frauen mehr Lust daran hätten als Männer und was im Vorspiel zu geschehen habe. Nur nebenbei, aber doch, werden Fragen behandelt, ob der Koitus im Winter besser sei als im Sommer und warum der Mensch im Gegensatz zu den Tieren keine Brunftzeit kenne. Sodann wird der Geschlechtsgenuss bei jungen Mädchen mit dem ersten Bade verglichen: Zunächst wollen sie hinein, dann schrecken sie vor dem kalten Wasser zurück, aber schließlich wird es angenehm, sodass man immer wieder hineinspringt.

Solche Gedanken aus der Feder eines späteren Papstes versetzen uns in Erstaunen, denn in der Gegenwart wäre dies wohl kaum zu erwarten.

Wie wird man eigentlich Papst?

Der jeweilige Papst ist der absolute Monarch eines kleinen Staates und einer weltumspannenden Organisation. Als Alleinherrscher entscheidet er, ohne jemanden fragen zu müssen, er besitzt die unmittelbare Gewalt, ist also alleinige und oberste Exekutive. Unter Beihilfe des Heiligen Geistes trifft er irrtumsfreie Lehrentscheidungen, die unveränderbar sind. Daher ist der Papst auch oberste Legislative. Das alles kommt in seinem vollen Titel zum Ausdruck:

Bischof von Rom
Statthalter Jesu Christi
Nachfolger der Apostelfürsten
Summus Pontifex der gesamten Kirche
Patriarch des Abendlandes
Primas von Italien
Erzbischof und Metropolit der römischen Kirchenprovinz
Souverän des Staates der Vatikanstadt

Das Erstaunliche an diesem System ist, dass ein solcher Alleinherrscher nach halbwegs demokratischen Spielregeln gewählt wird. Im ersten Jahrtausend des Papsttums galt für diese Wahl eine Beteiligung von Klerus und Volk. Damit waren aber fremden Einflüssen Tür und Tor geöffnet. Kaiser, Könige, Feldherren und Familienclans mischten sich ein, außerdem konnte die zwar gerne angesprochene Basis mitentscheiden, und das war doch zu riskant. 1059 dekretierte Papst Nikolaus II. daher, dass nur Kardinäle den Papst wählen können. Damit war zunächst einmal ein Wahlgremium konstituiert. Da jedoch die Stimmenanzahl nicht festgelegt war, die ein Kardinal mindestens brauchte, um für gewählt zu gelten, kam es zu Unstimmigkeiten, Doppelwahlen, ja Tumulten und Handgreiflichkeiten während des Wahlvorganges. Papst Alexander III., ein Jurist, der sich gleich mit vier Gegenpäpsten konfrontiert sah, setzte dann 1179 eine Zweidrittelmehrheit für eine gültige Wahl fest. Zur dritten tragenden Säule für die Papstwahl wurde neben Kardinalskollegium und Zweidrittelmehrheit schließlich der Vollzug der Wahl in einem verschlossenen Raum, das Konklave.

Theoretisch kann bis heute jedes männliche, unbescholtene Mitglied der katholischen Kirche zum Papst gewählt werden. In den vergangenen 600 Jahren wurde allerdings stets ein Kardinal bestimmt, und dabei überwiegend Italiener. Für das Amt des Papstes kann man sich offiziell nicht bewerben, die Seilschaften formieren sich jedoch jeweils, wenn ein Pontifikat zu Ende geht. Da das Konklave frühestens am 16., spätestens am 19. Tag nach dem Tod des Papstes zusammentritt, besteht auch dann noch Zeit für intensive Vorgespräche. 1904 abgeschafft wurde das Vetorecht staatlicher Institutionen gegen einen Papstkandidaten, also gegen einen „papabile". Das letzte Veto gab es 1903 durch Kaiser Franz Joseph von Österreich gegen den Franzosenfreundlichen Kardinalstaatssekretär Mariano Rampolla. Gewählt wurde dann Giuseppe Sarto, der sich als Papst Pius X. nannte.

In den Anfangszeiten waren Konklave eine mühselige Angelegenheit. Die Kardinäle wurden tatsächlich „cum clave“, d. h. mit dem Schlüssel, eingesperrt, manchmal sogar eingemauert. Und dabei gab es auch groteske Situationen.

Das längste Konklave dauerte fast drei Jahre von Dezember 1268 bis September 1271 und fand in Viterbo statt. Obwohl nur 17 Kardinäle anwesend waren – elf Italiener, fünf Franzosen und ein Ungar –, konnten sie sich nicht auf die erforderliche Zweidrittelmehrheit einigen, und zwar vor allem aufgrund der Einmischung des Königs von Neapel und Sizilien, Karl von Anjou. Als die Sache zu lange dauerte, griffen die Bürger von Viterbo ein: Das Wahllokal wurde zugemauert, das Dach abgedeckt und die Kardinäle auf karge Kost gesetzt. Das wirkte, Tedaldo Visconti wurde gewählt. Dieser war kein Kardinal, sondern nur Diakon und musste daher schnell zum Priester und Bischof geweiht werden. So dauerte es noch sieben weitere Monate, bis er als Gregor X. am 27. März 1272 sein Amt antreten konnte. Und er agierte sofort politisch, indem er Karl von Anjou den Kaisertitel verweigerte und die Wahl Rudolf von Habsburgs unterstützte. Damit begann der Aufstieg der Habsburger, die als Gegenleistung dem Papst immerwährende Treue schworen.

In der kirchlichen Lehre wird verkündet, dass der Heilige Geist die Kardinäle zur richtigen Papstwahl inspiriert. 1572 wurde Kardinal Ugo Boncompagni auf Betreiben des späteren Heiligen Karl Borromäus zum Papst gewählt. Später stellte sich heraus, dass dieser Gregor XIII. einen Sohn hatte, und man machte dem Borromäus Vorwürfe, ob er dies denn nicht gewusst hätte. Er antwortete darauf: „Ich nicht, aber der Heilige Geist hat es gewusst, und es hat ihm nichts ausgemacht.“

Auch bei der Gesundheitseinschätzung der Papstkandidaten im 20. Jahrhundert gab es einige Schnitzer. Johannes XXIII. hatte zum Zeitpunkt seiner Wahl angeblich bereits Krebs; Johannes

Paul I. war schwer krank, er hatte Wasser in den Beinen und zahlreiche Venenthrombosen.

„Alle raus!"

Die Sedisvakanz, die Zeit also, während welcher der päpstliche Stuhl leer ist, beginnt mit dem Tod des Papstes und endet dann, wenn der neu gewählte Papst seine Wahl annimmt. Der Tod eines Papstes wird medizinisch selbstverständlich von einem Arzt festgestellt, protokollarisch allerdings vom Kämmerer der Kirche, dem Camerlengo. Bis zum Tod von Johannes Paul I. am 29. September 1978 galt noch das alte Zeremoniell: Dem Verstorbenen wurde mit einem kleinen Hammer dreimal auf die Stirne geklopft und dabei gefragt: „Schläfst du?" Erst wenn keine Antwort erfolgte, war der Tod auch kirchlich offiziell. Johannes Paul II. hat dieses Ritual abgeschafft.

In der dritten Woche nach dem Tod des Papstes treten die Kardinäle zum Konklave zusammen. Im Gegensatz zur früheren strengen Abgeschiedenheit geht es im Zeitalter der Moderne etwas lockerer zu. Wahlberechtigt sind jene Kardinäle, die das 80. Lebensjahr noch nicht erreicht haben. Jeder Kardinal hat das Recht auf die Begleitung durch einen „Konklavisten", auf Wunsch oder bei Krankheit können es auch mehrere sein. Dazu kommen administratives Personal, Ärzte, Krankenpfleger, Apotheker und vor allem riesige Mengen an Medikamenten. Bei der Wahl Johannes' XXIII. war auch eine Frau, Schwester Faustina Giulini aus dem Orden der Töchter der Barmherzigkeit, als Köchin mit ins Konklave gekommen. Die klassische Parole „Extra omnes", also „Alle raus!", hat insofern nur mehr symbolische Bedeutung.

Noch beim letzten Konklave wohnten die Kardinäle auch in der Sixitischen Kapelle, wo die Wahl stattfindet. Diese Konklave-Ordnung wurde später von Papst Johannes Paul II. geändert. In

Hinkunft wird in der Sixtinischen Kapelle gewählt, gewohnt wird im neu errichteten komfortablen Gästehaus „Domus Sanctae Marthae", wo 108 Suiten, 23 Einzelzimmer und ein Restaurant zur Verfügung stehen. Ein Zubringerbus soll zwischen dem Eingang zur Sixtinischen Kapelle und dem Gästehaus verkehren.

Die aktuelle Konklave-Ordnung sieht am ersten Tag nur eine Abstimmung zur Orientierung, an allen weiteren Tagen dann vier Wahlgänge und nach jeweils drei Tagen einen Ruhetag vor. Erforderlich ist zunächst eine Zweidrittelmehrheit, nach zwei Wochen genügt die einfache Mehrheit. Ist die Wahl vollzogen und hat der Gewählte die Wahl angenommen, wird alles protokolliert, der neue Papst gibt seinen Amtsnamen bekannt und zieht ein weißes Gewand an, das in drei verschiedenen Größen bereitliegt. Die erste Huldigung erfolgt noch in der Sixtina, dann kommt der große Auftritt in der Mittel-Loggia der Peterskirche, nachdem durch den ranghöchsten Kardinal verkündet wurde: „Habemus papam!" – „Wir haben einen Papst!"

Für alle Außenstehenden ist der weiße Rauch, der aus einem langen Rohr über dem Dach der Sixtinischen Kapelle aufsteigt, das sichtbare Zeichen einer erfolgreichen Papstwahl. Früher wurde weißer Rauch durch das Verbrennen von trockenem Stroh und schwarzer Rauch durch das Verbrennen von nassem Stroh erzeugt. Oft war der Rauch daher grau, weshalb jetzt chemisch nachgeholfen wird.

Der Papst und die Nachfolge des Petrus

Die römische Christengemeinde wurde weder von Petrus noch von Paulus gegründet, sondern von zugewanderten Judenchristen, deren Namen nicht überliefert sind. Was überhaupt die Namen betrifft, so hieß Petrus eigentlich Simon, Sohn des Jona. Die Evangelisten erzählen, dass Jesus, eigentlich Jeschua, seinen

Namen auf Petrus geändert habe. Das kann so nicht ganz stimmen, denn Petrus (korrekt Petros) ist griechisch und das beherrschte Jesus nicht. Er nannte ihn vielmehr in der geläufigen aramäischen Sprache Kephas. Paulus hieß mit seinem jüdischen Namen Saul, nach seiner Bekehrung wird er in den griechischen Schriften Paulos genannt. Näheres wissen wir nicht. Ob der Apostel Petrus je in Rom war und dort den Märtyrertod erlitten hat, ist nicht bewiesen, kann aber auch nicht ausgeschlossen werden. Bischof in Rom war er jedenfalls nicht, denn das monarchische Bischofstum in der damaligen Hauptstadt setzte sich erst um die Mitte des zweiten Jahrhunderts durch. Und da waren alle Wegbegleiter Jesu schon längst tot.

Ausdrücklich sei in diesem Zusammenhang darauf hingewiesen, dass in der Apostelgeschichte des Neuen Testaments zwar konkret Reisen des Petrus geschildert werden, von Rom aber nicht die Rede ist. Auch die offizielle Bischofsliste von Rom, der *Liber pontificalis*, nennt als ersten Bischof einen gewissen Linnus.

Petrus wird von der katholischen Kirche in Rom allerdings dringend gebraucht, da nur dann die Päpste als Nachfolger Petri auftreten können. Dabei geht es um viel: Als Nachfolger des Petrus ist der Papst Stellvertreter Christi und verfügt über die dem Apostel übertragene Binde- und Lösegewalt für Himmel und Erde. Und nur wenn das alles stimmt, kann sich die Kirche römisch-katholisch nennen.

Und noch aus einem weiteren Grund muss Petrus unbedingt in Rom gestorben sein. Die Märtyrer erhielten ab dem 3. Jahrhundert eine besondere Ehrung, da über ihren Gräbern Gedenkmonumente und später sogar Kirchen errichtet wurden. So entstand über dem vermeintlichen Petrusgrab am vatikanischen Hügel die Peterskirche. Zweifelhaft ist jedoch, ob es jemals ein Grab für Petrus gegeben hat – vorausgesetzt, dass er überhaupt in Rom hingerichtet wurde. Es war nämlich damals nicht üblich, die Leichen freizugeben, meistens wurden sie verbrannt oder in Massengräbern verscharrt. Wie auch immer, die römische Tradition sprach um das Jahr 200 von einem Petrusgrab am Vatikan an der Straße nach Ostia, um 260 hingegen war man von einem Grab an der nach Süden führenden Via Appia überzeugt. Nun hatte man also zwei Gräber. Noch bis in die allerjüngste Vergangenheit wurde unter der Peterskirche eifrig gesucht und gegraben, Beweise fand man indes keine.

Dafür gibt es in großer Zahl Reliquien des heiligen Petrus. Der Kopf des Petrus wird in der Laterankirche aufbewahrt, zahlreiche kleinere Körperteile sind über ganz Italien verstreut. Weiters gibt es zwei Ketten, mit denen Petrus in Jerusalem und später in Rom gefesselt gewesen sein soll. Zu Ehren der beiden Ketten errichtete man die Kirche „ad vincula Petri“ und begeht alljährlich am 1. August das Fest „Petri Kettenfeier“. Daneben gibt es noch einen Tisch, zwei Stühle sowie einen Stab, mit dem angeblich Wunder gewirkt wurden.

Es ist also reine Glaubenssache, wenn das Amt des Papstes direkt auf Petrus zurückgeführt wird. Reine Willkür hingegen ist die „chronologische“ Zählung der Päpste. So schwanken die Positionsnummern für Johannes Paul II. zwischen 261 und 264. Die Diskrepanz beginnt damit, ob Petrus als Nummer 1 gezählt wird oder nicht. Ob es im Jahre 752 einen Stephan II. gab, ist umstritten, einen Johannes XX. gab es jedenfalls sicher nicht. Dafür erscheint in der offiziellen Liste ein Johannes XXIII. gleich zweimal.

Wissenswertes über den Kirchenstaat

Der Kirchenstaat ist das ehemalige weltliche Herrschaftsgebiet des Papstes in Mittelitalien, auch Patrimonium Petri, das Vermögen des Petrus, genannt. Der Grundbesitz ging auf Kaiser Konstantin I. den Großen (etwa 273–337) zurück, der die Rückgabe der kirchlichen Güter anordnete, die unter Diokletian enteignet worden waren. Dazu kamen zahlreiche Schenkungen und Vermächtnisse, sodass der Papst bereits im 6. Jahrhundert der größte Grundbesitzer Italiens war. Die Ländereien begannen nördlich von Neapel und erstreckten sich über den Po hinaus bis zur Etsch. Gefestigt wurde dieser Herrschaftsbereich durch eine im 8. Jahrhundert gefälschte Urkunde, die „Konstantinische Schenkung". In diesem Schreiben soll Kaiser Konstantin dem Papst kaiserliche Würden und Rechte über Rom, Italien und das ganze Abendland übertragen haben. Die Urkunde diente in den Auseinandersetzungen zwischen den Päpsten und dem römisch-deutschen Kaisertum zur Legitimierung päpstlicher Herrschafts- und Besitzansprüche. Die Fälschung wurde 1440 aufgedeckt, aber das nützte nur wenig gegen die Machtpolitik des Kirchenstaates.

Selbstverständlich mussten die Gebiete oft militärisch verteidigt werden, vor allem der Renaissance-Papst Julius II. war ein großer Krieger. Im Gefolge der Französischen Revolution und der Napoleonischen Politik wurde der Kirchenstaat reduziert, konnte sich aber bis 1870 behaupten und wurde erst dann dem Staat Italien einverleibt.

Durch die Lateranverträge entstand 1929 die Vatikanstadt, ein autonomer Stadtstaat im Nordwesten von Rom mit einer Fläche von 0,44 km^2 und etwa 1.000 Einwohnern. Dazu gehören einige Kirchen in Rom sowie Castel Gandolfo. Die Vatikanstadt ist eine absolute Monarchie, Staatsoberhaupt ist der Papst. Die wirtschaftlichen Interessen werden durch zahlreiche Banken vertreten, außerdem besteht eine eigene Gerichtsbarkeit.

Der politische Philosoph

Er gehörte zu den großen Drei der französischen Aufklärung, die beiden anderen – Rousseau und Voltaire – sind jedoch viel bekannter und weit mehr gelesen. Als Vordenker der modernen Demokratie erhob er die Staatswissenschaft in den Rang einer Kulturphilosophie. Und dies in wahrhaft universellem Geiste, denn er fasste einen Staat nicht nur als politisches System auf, sondern forderte die Berücksichtigung gesellschaftlicher, rechtlicher, wirtschaftlicher und ethischer Eigentümlichkeiten der Nation. Realpolitisch wünschte er sich eine Beseitigung des Absolutismus zu Gunsten einer konstitutionellen Monarchie nach englischem Vorbild. Bahnbrechend war seine Lehre von der Gewaltentrennung.

Geboren wurde unser Gesuchter in Bordeaux genau hundert Jahre vor dem Ausbruch der Französischen Revolution als Charles de Secondat. So hieß er bis zu seinem 27. Lebensjahr, als er mit einer Erbschaft von seinem Onkel den Titel eines Barons übernahm, jenen Namen, unter dem wir ihn kennen. Er wurde Advokat und Präsident des Stadtsenates von Bordeaux, im Grunde aber war er ein Gelehrter. Mit 32 Jahren schrieb er einen Bestseller, der die Aufklärung einläutete, und war mit einem Schlag populär. Ein längerer Aufenthalt in England prägte sein weiteres Denken und Handeln. England war damals das freieste Land der Welt, hier gab es Meinungsfreiheit, öffentliche Diskussionen und freie Presse. Begeistert von den Zuständen in England, von Freiheit und Menschenrechten, kehrte er in das Familienschloss in Bordeaux zurück und begann mit der Abfassung seines gesellschaftspolitischen Hauptwerkes.

– Wer war dieser politische Denker? –

Charles de Secondat Baron de la Brède et de Montesquieu (1689–1755) entstammte dem erblichen Richteradel Frankreichs. Eine Anekdote zeigt, dass er im Geist humaner sozialer Verantwortung erzogen wurde: Am Tage seiner Geburt erschien ein Bettler am Tor des Familienschlosses La Brède; er wurde hereingebeten, bewirtet und stand Pate bei dem Neugeborenen, damit der Kleine nie im Leben die Armen vergessen sollte. Tatsächlich hat eine tiefe Achtung der Menschenwürde sein Leben und Werk begleitet. Nach ausgedehnten Studien wurde er nicht nur ein Rechts- und Staatsphilosoph, sondern auch ein kritischer Beobachter der Realität.

Zum Abschluss einer Privataudienz beim Papst im Jahre 1729 erklärte der Pontifex Benedikt XIII.: „Bevor wir uns trennen, möchte ich, dass Sie eine Erinnerung an unsere Freundschaft mit nach Hause nehmen. Ich gewähre Ihnen die Gnade, von den Fasten befreit zu sein." Montesquieu bedankte sich, der Dispensbrief wurde verfasst und ihm mit einer hohen Rechnung für dieses Privileg präsentiert. Erstaunt über die Höhe des Betrages gab er das Schreiben zurück und sagte: „Ich danke Seiner Heiligkeit, und da der Papst ein ehrenwerter Mann ist: Sein Wort genügt mir."

1751 wurde *De l'Esprit des Lois* auf den Index der verbotenen Bücher gesetzt und noch an seinem Totenbett sollen Jesuiten versucht haben, den Kranken dazu zu bewegen, seine Sünden einzugestehen. Montesquieu starb 1755 im Alter von 66 Jahren an den Folgen einer Grippe, die ihn in nur 13 Tagen dahinraffte.

– Welches sind seine Hauptwerke? –

Die *Lettres persanes* („Persianischen Briefe"; 1721), jener Roman, der die Aufklärung einläutete, sind eine fiktive Korrespondenz zweier vornehmer Perser, die Frankreich bereisen, mit ihrer Heimat. Alles wird aufs Korn genommen und satirisch kommentiert: Regierung, Gerichte, Kirche, Frauen, Ärzte usw. „Die Ärzte und diejenigen Derwische, die man Beichtväter nennt, werden oft überschätzt, oft unterschätzt, aber die Erben sind im Allgemeinen mit den Ärzten besser zufrieden als mit den Beichtvätern."

Montesquieus gesellschaftspolitisches Hauptwerk *De l'Esprit des Lois* („Vom Geist der Gesetze"; 1748) ist nicht nur ein Kompendium aller Staats- und Regierungsformen in allen Ländern und Kulturen, sondern auch ein Ausblick auf eine anzustrebende Zukunft. Die Demokratie sei die beste Staatsform, aber auch die am meisten gefährdete. Das Wesen der Demokratie ist „égalité", die Gleichheit, eine gewählte Legislative und eine behördliche Exekutive aber sind zur Stabilitätserhaltung notwendig. Es bedarf eines ausgewogenen Gleichgewichtes zwischen Minderheitenschutz und Mehrheitswillen, vor allem aber darf, wer Gesetze beschließt, nicht auch ihre Durchsetzung übernehmen, sonst werden die Gesetzgeber zu Despoten.

Schon der Titel des Werkes ist bezeichnend: Nicht die Details der Gesetzgebung, sondern die allgemeinen Prinzipien der gesetzlichen Regelungen will er erforschen. Noch heute beruft sich mancher Staatsmann gerne auf den Autor, gelesen haben ihn jedoch die wenigsten. Er prägte den politischen Satz: „Macht braucht Kontrolle" und meinte damit, wo Kontrolle fehlt, zieht Despotie ein. Weiters schrieb Montesquieu:

> „In einer Monarchie oder Despotie braucht es für die Regierung nicht viel Tüchtigkeit, um sich an der Macht zu halten. Die Kraft der Gesetze und die Faust des Fürsten regeln alles und halten es zusammen. In einer Volksherrschaft ist eine weitere Stütze notwendig, die Tugend des Bürgers. Werden in einer Demokratie die Gesetze nicht mehr durchgesetzt, wie das in einer korrupten Republik der Fall sein kann, so ist der Staat verloren. […] Politische Tugend verlangt, dass stets das

öffentliche Interesse vor das eigene gestellt werde. Verschwindet diese Tugend, so erfasst Ehrgeiz die Herzen und Begehrlichkeit macht sich überall breit. Die öffentlichen Gelder betrachtet jeder als sein Eigentum, den Staat als seine Beute. Macht haben nur einige wenige, Zügellosigkeit haben alle."

Man hat bei ihm sehr oft das Gefühl, er habe genau für unsere Zeit geschrieben.

Die dunkle Seite der Justiz

Rechtspflege und Gerichtsbarkeit stützten sich bei der Verfolgung von Straftaten viele Jahrhunderte hindurch auf das Geständnis des Täters. Die Folter als Erpressung einer Aussage ist altbekannt und weit verbreitet, überaus erfolgreich und billig. Außerdem bringt sie schnell das gewünschte Ergebnis. Die Folter war und ist leider auch in der Gegenwart noch immer ein universales Mittel, einen zunächst leugnenden Beschuldigten schließlich doch noch verurteilen zu können. Ein heute kaum mehr aktueller religiöser Gesichtspunkt bestimmte früher das Vorgehen: Die Folter wurde als Kampf gegen den Teufel aufgefasst und nur das Geständnis konnte den Missetäter vor der ewigen Verdammung retten. Verurteilt wurde ein Gefolterter auf jeden Fall.

Es ist ein großer Irrtum, anzunehmen, dass die viel gerühmte *Constitutio Criminalis Theresiana* von 1769, also die peinliche Gerichtsordnung der Maria Theresia, ein Gesetzeswerk im Geiste der Aufklärung war, es war eher eines für das „finsterste Mittelalter". Der Hof- und Staatskanzler Wenzel Anton Fürst von Kaunitz-Rietberg (1711–1794) sprach sich vehement gegen diese Gesetzes- und Exekutionsordnung aus. Neben vielen juristischen Details kritisierte er scharf, man habe den barbarischen Gebrauch der Tortur nicht gänzlich abgeschafft, sondern die scharfrichterlichen Manipulationen sogar in Kupferstichen bildlich dargestellt. Das Buch wurde gerade dadurch ein Bestseller der k. k. Hofbuchdruckerei des Johann Thomas von Trattner, denn das Publikum ergötzte sich an den Bildern der Daumenschrauben, der Streckung, der Hautverbrennung, der Schraubstiefel und des Aufhängens in verschiedener Art. Der Protest des

Kaunitz nützte nicht. Maria Theresia blieb hart. Als besonderer Zynismus erscheint Art. 38, § 12,3 der *Theresiana*, wo es heißt, dass „allzeit ein Leib- und ein Wundarzt, und wenn es nicht sein könnte, wenigstens ein geschickter Wundarzt zur Beobachtung und Hilfeleistung des Gepeinigten zugezogen werden solle". Das heißt nichts anderes als Folter unter ärztlicher Aufsicht, damit die Tortur möglichst lange ausgedehnt werden kann. Der berüchtigte Folterkeller der Maria-Theresianischen Justiz befand sich in Wien im Haus Rauhensteingasse Nr. 933 (heute Nr. 10). Hier wohnte eine Zeit lang auch der Scharfrichter.

Als weiteres Beispiel für den Zynismus der Maria Theresia sei genannt, was sie sich gnädig als Erleichterung bei der Todesstrafe vorstellte: Wurden Delinquenten am Scheiterhaufen verbrannt, so „erleichterte" ein um den Hals gehängter Beutel mit Schießpulver die Prozedur. Explodierte das Pulver in den Flammen, so riss dies ein großes Loch in den Brustkorb des Opfers, und der Tod trat früher ein.

– Wer führte die Kampagne gegen die Folter? –

Ferdinand Leber (1727–1808) war gebürtiger Wiener, sein Vater Perückenmacher, die Mutter Hebamme. Nach Lehrjahren bei einem Wundarzt erwarb er den Magistergrad der Chirurgie. Sein Talent und Eifer wurden früh erkannt, er machte im Staatsdienst Karriere. Seit 1757 war er 19 Jahre hindurch „Aufsehender Arzt und Folterarzt", d.h. er hatte die ärztliche Kontrolle in den Gefängnissen, bei Hinrichtungen und während der „peinlichen Befragung", der Tortur. Als er eine medizinische Stellungnahme zum Entwurf der Theresianischen Gerichtsordnung abgeben sollte, versuchte er auf die Fragwürdigkeit der Folter hinzuweisen. Das musste damals alles sehr behutsam erfolgen, sonst saß man selbst unversehens im Gefängnis. Ein schrecklicher Vorfall kam ihm zu Hilfe: Einem bedauernswerten Beschuldigten wurde während der Tortur ein Arm ausgerissen. Das medizinische Gutachten dazu brachte den Umschwung, Maria Theresia schob die Entscheidung dem Mitregenten Josef II. zu, „weil er die Jura studiert hat". Leber wurde kaiserlicher Leibchirurg, geadelt (Edler von Leber) und schließlich Ehrendoktor der medizinischen Fakultät; promoviert hat er nie.

Joseph von Sonnenfels (1733–1817) wurde in Nikolsburg als Sohn jüdischer Eltern geboren. In Wien konvertierte sein Vater Lipmann Perlin zum katholischen Glauben, nahm den Namen Aloys Wienner an und wurde 1746 als von Sonnenfels geadelt. Die Hintergründe dieser erstaunlichen Karriere sind noch nicht aufgeklärt. Der junge Joseph studierte Jus und erhielt 1763 an der Wiener Universität die Lehrkanzel für Polizei- und Cameral-Wissenschaft. Im heutigen Sprachgebrauch bedeutet das, Joseph von Sonnenfels wurde mit 30 Jahren Universitätsprofessor für politische Wissenschaften. In seinen Vorlesungen setzte er sich für eine Strafrechtsreform ein und wandte sich gegen Folter und Todesstrafe. Maria Theresia wies ihn an, von einer weiteren Behandlung der umstrittenen Probleme Abstand zu nehmen. Von Sonnenfels verfasste eine Schrift *Über die Abschaffung der Folter*, die anonym in der Schweiz veröffentlicht wurde. Ein Disziplinarverfahren gegen Sonnenfels endete mit einem offiziellen Verweis.

Am 23. Dezember 1775 errangen Leber und Sonnenfels jedoch einen großen Erfolg. Der kaiserliche Mitregent Josef II. erließ die folgende Resolution: „Die peinliche Frage ist nach dem in mehreren Staaten schon vorangegangenen Beispiel ohne eigenen Vorbehalt allgemein aufzuheben."

Blut ist ein besonderer Saft

Blutige Tränen

Es geschah im Jahre 1995 und es begab sich in Italien. Anscheinend war die Zeit wieder einmal reif, denn an elf verschiedenen Orten begannen fast gleichzeitig Madonnenstatuen Blutstropfen zu weinen. Das sprach sich rasch herum und Pilgerscharen von Wundergläubigen und Wundersüchtigen setzten sich in Bewegung.

Am bekanntesten wurde die Madonna von Civitavecchia, einer Hafenstadt nordwestlich von Rom. Der Elektriker Fabio Gregori war der Besitzer der weinenden Madonna, die ihm ein Priester aus dem bosnischen Medjugorje mitgebracht hatte. Die 43 cm große Statue aus weißem Gips stand in einer Marmornische im Garten, und auf einmal zeigten sich rote Blutabrinnspuren aus beiden Augen bis herunter auf das Kleid der Figur. Bischof Girolamo Grillo, die lokale kirchliche Autorität, besichtigte die weinende Statue und verhalf ihr zu einem Auftritt im Fernsehen. Danach gab es kein Halten mehr. Der Bürgermeister, ein Linksdemokrat, wurde zum eifrigen Propagandisten, Parkplätze, Imbissstuben und Mobiltoiletten waren in kurzer Zeit bereitgestellt. Die Madonna sollte in die St.-Augustin-Kirche gebracht werden, wo bereits eine Rampe für Rollstuhlfahrer entstand, die besonders zahlreich erwartet wurden.

Doch dann durchkreuzte die Staatsanwaltschaft alle Pläne. Die Statue wurde beschlagnahmt und untersucht. Das begann zunächst ganz gut. Es fand sich keine eingebaute Vorrichtung, die das Schauspiel als Trick entlarvt hätte, und die rote Substanz war tatsächlich Blut. Nur leider handelte es sich eindeutig um das Blut eines Mannes. Seitdem ist der Pilgerstrom versiegt und ein hoher Kleriker bezeichnete den Staatsanwalt als „Werkzeug des Teufels". Die Theologen rätselten dennoch weiter über die Bedeutung der blutigen Tropfen. Bischof Grillo bekam es mit der Angst zu tun: „Diese Tränen so kurz vor dem Jahr 2000, in einem Land, das so dicht vor dem zerfallenen Jugoslawien liegt, das kündigt Furcht Erregendes an." Papst Johannes Paul II., ein besonderer Marienverehrer, erklärte schlicht: „Die Madonna weint, weil sie getröstet werden will." Was auch immer diese Interpretation bedeuten mag.

Warum weinen Gipsfiguren?

Man nehme eine hohle Statue aus einem porösen Material wie Gips oder Keramik. Zunächst muss die Figur mit einem flüssigkeitsundurchlässigen Überzug glasiert oder gestrichen werden. Dann füllt man durch ein kleines, wieder verschließbares Loch Flüssigkeit ein, wodurch das poröse Material wie ein Schwamm durchtränkt wird. Die Glasur verhindert, dass Flüssigkeit austritt. Wird diese Glasur an den Augen jedoch etwas weggekratzt, so werden dort tränenähnliche Tropfen herausgedrückt.
Von den zahlreich existierenden „weinenden Madonnen" wurde bisher nur eine einzige offiziell von der katholischen Kirche anerkannt. Es ist dies eine Statue in Syrakus auf Sizilien und es geschah 1953. Es tauchten und tauchen jedoch immer wieder Amateurfilme über andere Statuen auf, die dokumentieren, wie plötzlich wässrige Tränen auf dem Gesicht erscheinen. Untersuchungen werden meist verweigert, oft aber sind die Hersteller der Figuren bekannt, die ganze Serien gleicher Statuen erzeugen. Diese sind alle aus glasiertem Gips und haben einen Hohlraum hinter dem Gesicht. Wenn Untersuchungen gestattet wurden, so ging das bislang jeweils schlecht aus. Die Tränen einer brasilianischen Madonna stammten aus dem Brunnen neben der Kir-

VENUS VON WILLENDORF WEINT BLUTIGE TRÄNEN. HEILLOSE VERWIRRUNG UNTER THEOLOGEN. HEILIGSPRECHUNG WIRD EINSTWEILEN NICHT ERWOGEN. HEILIGES OFFICIUM HÄLT SICH BEDECKT.

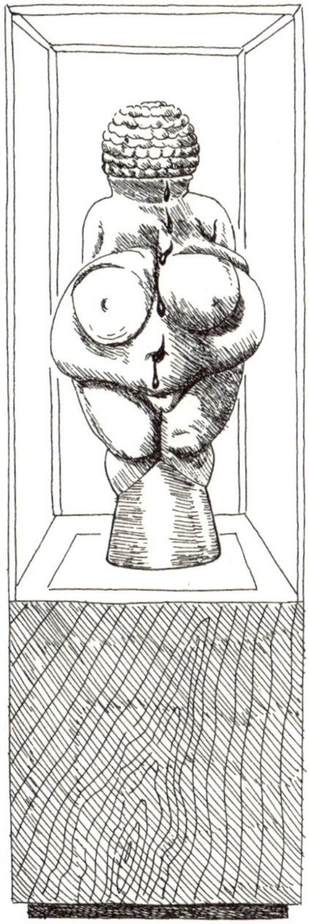

che, bei einer Statue in den Niederlanden waren die Bluttränen das Harz, das als Klebestoff für die Kunststoffaugen diente und im Sonnenlicht schmolz. In Kanada hatte der Besitzer sein eigenes Blut mit Schweineschmalz und Rindertalg vermischt, sodass es flüssig ablief, wenn der Raum erwärmt wurde, und im Libanon weinte eine Madonna Olivenöl.

Bei der Madonna von Civitavecchia liegen die Dinge etwas anders. Die Statue ist aus massivem Gips und die roten Flecke sind echtes Blut. Allerdings männlich. Vergleicht man die Fotografien, die zunächst vom ersten „Weinen" und den darauf folgenden weiteren Ereignissen später gemacht wurden, so sind die Abrinnspuren exakt gleich und unverändert. Ein vergleichender DNA-Test bei den männlichen Mitgliedern der Besitzerfamilie wurde nicht gestattet. Es spricht aber sehr viel dafür, dass einmal Blut auf das Gesicht der Statue gepinselt wurde und dann dort blieb. In diesem Fall wäre nicht einmal ein verdecktes Flüssigkeitsreservoir nötig.

Flüssiges Blut

Wird einem lebenden Organismus Blut entnommen und in einem Gefäß aufbewahrt, so gerinnt dieses Blut. Es entsteht ein Netzwerk des Bluteiweißkörpers Fibrin, in dem die roten Blutkörperchen gebunden werden. Das Resultat ist ein gallertartiges Gerinnsel, das sich spontan nicht mehr verflüssigt und schon gar nicht ein zweites Mal gerinnt, weil das Fibrinnetzwerk stabil bleibt. Flüssiges Blut aus einer Leiche gerinnt überhaupt nicht mehr, es trocknet höchstens ein. Unter den religiösen Reliquien gibt es zahlreiche „Blutreste" von Heiligen, wobei manche davon anlässlich entsprechender Zeremonien aus ihrem geronnenen Zustand heraus wieder flüssig werden. Dies wird als Wunder angesehen.

Die berühmteste Blutreliquie schreibt man dem hl. Gennaro (Januarius) in Neapel zu. Dieser war ein Bischof, der anlässlich der Christenverfolgung durch Kaiser Diokletian im Jahre 305 hingerichtet wurde. Die Reliquien tauchten mehr als tausend Jahre später, im Jahre 1497, in Neapel auf: der Schädel des

Januarius und zwei Ampullen mit seinem Blut. Die Legende erzählt, man habe Januarius zuerst in einen brennenden Ofen geworfen, doch die Flammen konnten ihm nichts anhaben. Als er dann den Löwen zum Fraß vorgeworfen wurde, legten sich die Tiere brav zu seinen Füßen nieder. Darauf wurde er enthauptet, ein Teil seines Blutes aber konnte gerettet werden. Gegenwärtig befinden sich in der Schatzkammer der Capella San Gennaro eine Silberbüste, die den Kopf des Heiligen enthalten soll, und zwei Glasfläschchen mit einer dunkelbraunen, verklumpten Substanz, in eine Monstranz eingelassen. Bis zu dreimal im Jahr – am ersten Samstag im Mai, am 19. September und am 16. Dezember – wird die Monstranz in feierlicher Prozession durch die Kirche getragen und vom Erzbischof hochgehalten, vor dem Publikum gedreht und geschwenkt. Daraufhin verwandelt sich der Klumpen in eine zähe, braune Flüssigkeit: Das Blutwunder ist geschehen, Neapel für einige Zeit vor drohenden Gefahren gerettet.

Wie wird geronnenes Blut wieder flüssig?

Sollte es sich bei der Substanz, die in Neapel dreimal im Jahr flüssig wird, tatsächlich um Blut handeln, so wäre dies ein Wunder. Aber es geht auch einfacher. Der Chemiker Luigi Garlaschelli aus Pavia stellte 1991 ein Rezept für eine Substanz vor, bei der Eisenchlorid, Kalziumkarbonat und Speisesalz vermengt wurden. Es entstand eine Mischung, in der Eisenverbindungen kolloidal gelöst sind. Lässt man die Flüssigkeit stehen, bildet sich ein festes Gel, das sich aber bei Bewegung in ein flüssiges Sol verwandelt, ein aus der Kolloidchemie bekannter Vorgang, der sich beliebig oft wiederholen lässt. Man nennt das Thixotropie; dabei wird die Vernetzung von Molekülen gelockert und wieder verfestigt.

In Neapel sieht man das allerdings anders: Die Verflüssigung beruhe auf Sympathie, weil das Blut neben den Gebeinen des Heiligen aufbewahrt wird, die Verfestigung dagegen auf Antipathie, weil etwas weiter weg, aber in der gleichen Kirche, auch die Gebeine des Christenverfolgers Timoteo liegen.

Während in Neapel die „Blutreliquie" des hl. Januarius bewegt, gedreht und geschwenkt wird und so die Verflüssigung eintritt, gibt es andere Blutwunder, wo eine Thixotropie nicht in Frage kommt. So etwa ein kleines Fläschchen in der Kirche von Amaseno, in dem angeblich das Blut des hl. Lorenzo (Laurentius) aufbewahrt wird. Dieser Lorenzo wurde am 10. August 258 unter Kaiser Valerian auf einem Rost verbrannt. Der Metallrost und die Gebeine werden in der Kirche San Lorenzo fuori le mura in Rom gehütet, die Blutreliquie hingegen in Amaseno. Diese ist ein fünfzehn Zentimeter hohes Glasgefäß, das nur einmal im Jahr, nämlich am 10. August, vorsichtig zum Altar getragen und dabei weder geschüttelt noch geschwenkt wird. Drei Schichten liegen als Inhalt übereinander: zuunterst eine klumpig-braune Masse, eventuell Sand, darüber eine feste, kompakte, bräunlich und fettartige Schicht und schließlich zuoberst eine dünne amorphe Lage. Wenn die Verflüssigung eintritt, wird die mittlere Schicht klar und durchsichtig, die Farbe schlägt nach rubinrot um, die untere und die obere Schicht hingegen bleiben fest. Die rote Substanz kann unmöglich Blut sein, denn Blut ist und bleibt undurchsichtig. Das Fläschchen wurde von Garlaschelli untersucht, die Verflüssigung war temperaturabhängig und erfolgte regelmäßig bei 29–30 °Celsius. Diese Erweichungstemperatur weist darauf hin, dass der Inhalt aus Fett oder Wachs besteht, wahrscheinlich versetzt mit einer öllöslichen roten Farbe, z. B. Drachenblut, einem schon im Mittelalter gebräuchlichen Harz. Die Reliquie wird im Kirchenbuch als „aus dem Fett des Märtyrers Sankt Lorenzo" beschrieben, die Verflüssigung wird erst ab dem 17. Jahrhundert beobachtet.

Blutende Hostien

Seit dem 12. Jahrhundert werden in der katholischen Kirche für die Kommunion Hostien verwendet. Bald geschahen unerklärliche Phänomene: Auf den Scheiben der brotähnlichen Substanz traten rote, tropfenähnliche Flecken auf, es sah aus wie Blut. In der wundergläubigen Zeit des Mittelalters erregte dies ungeheures Aufsehen.

Die erste überlieferte Geschichte war die folgende: Ein 1263 nach Rom ziehender böhmischer Mönch zweifelte an der Lehre, dass beim Abendmahl Brot und Wein in den Leib und das Blut von Christus verwandelt werden. Als er im oberitalienischen Ort Bolsena die Messe zelebrierte, sah er Blut auf einigen Hostien; seine Zweifel waren dadurch beseitigt. Die „blutigen Hostien von Bolsena" wurden nach Orvieto gebracht, wo sich gerade Papst Urban IV. aufhielt. Dieser führte unter dem Eindruck des Wunders das Fronleichnamsfest ein.

Als im Laufe der Zeit hin und wieder und an verschiedenen Orten rot gefärbte „blutende" Hostien auftraten, wurden zunächst einmal die Juden der Hostienschändung beschuldigt. Es kam zu Verfolgungen, ja Pogromen, viele tausend Menschen mussten sterben. Als im Jahre 1819 bei einem Bauern in der Nähe von Padua „blutige" Polenta gesehen wurde, verursachte dies einen Aufruhr. Der dortige Bezirksarzt konnte die rätselhafte Erscheinung jedoch aufklären.

Wer erzeugt blutige Hostien?

Blutrote Verfärbungen von Brot waren schon den Soldaten Alexanders des Großen bekannt, seither wurde immer wieder über dieses Phänomen berichtet. Die Erklärung ist ganz einfach: Es handelt sich um Bakterienkolonien, die einen blutroten Farbstoff bilden. Bacterium prodigiosum = Serratia marcescens wächst leicht und rasch auf kohlenhydrathaltigen Lebensmitteln (Brot, Polenta, mit Milch zubereiteten Kartoffeln), wo der Farbstoff Prodigiosin gebildet wird. Der Keim ist ziemlich harmlos und ruft nur in seltensten Fällen Infektionen hervor. Und dennoch hat dieses Bakterium unzählige Todesopfer gefordert: Jedes Mal wenn kirchliche Hostien betroffen waren, gab es den Vorwurf, die Juden würden auch jetzt noch den Leib Christi foltern, und es kam zu grausamen Verfolgungen. Die Anklage hieß Hostienschändung, und die Juden wurden daraufhin im günstigsten Fall vertrieben, viel häufiger jedoch zu Hunderten verbrannt. Wenn man von solchen Ereignissen liest, sollte man an die Worte des großen Aufklärers Voltaire (1694–1778) denken: „Die Einfalt und Leichtgläubigkeit wird nur durch ihre Grausamkeit und Intoleranz gegenüber Andersgläubigen übertroffen."

1819 untersuchte der Bezirksarzt von Legnano in Norditalien diese Erscheinung. Es gelang ihm, diese Bakterienkolonien von einem Nahrungsmittel auf ein anderes zu übertragen, und er brachte sie klugerweise auch in die Küche des Pfarramtes. Da auch hier die Rotfärbung der Speisen auftrat, war erwiesen, dass es sich nicht um ein Werk des Teufels handeln konnte. Zu Ehren des Physiklehrers Serrati wurden die Keime Serratia genannt.

Für Blut- und Tränenwunder zuständig sind Gerichtsmediziner, Kriminalisten und Trickspezialisten. Sooft bisher „Wunder" untersucht wurden, konnten sie ganz profan aufgeklärt werden, die Untersuchungen werden jedoch meist lange hinausgezögert, da lukrative Geschäfte auf dem Spiel stehen.

Mystik und Magie des Blutes

Dem Blut wurde im Denken und Glauben der Menschheit immer schon eine Sonderstellung eingeräumt. Blut verkörpert das Lebensprinzip, denn entfließt das Blut, so entschwindet das

Leben. Das sahen schon die Menschen der Vorzeit und zogen ihre Schlüsse daraus. Fantastische Vorstellungen über Kraft und Eigenschaften des Blutes gehören zu den ältesten Mystizismen der Menschheit und haben sich bis in die Gegenwart erhalten. Aberglaube ist ein menschliches Bedürfnis und dient wie alles Mystische der Bekämpfung der Angst vor dem Unerklärbaren. Man sollte auch nicht vergessen, dass zehn Prozent der Menschheit zumindest psychisch extravagant sind und die Grenzen zwischen Aberglauben und fundamentalistischem Glauben verschwimmen.

Blut gilt bei zahlreichen Völkern als Sitz der Seele und des Lebens. Aus dem Körper austretendes Blut ruft daher Entsetzen hervor, es ist ein Zeichen des Verlustes an Lebenskraft. Die Symbolik von Leben und Tod wurde auf die Farbe Rot übertragen. Auf prähistorischen Felszeichnungen hat man die lebensspendende Substanz durch die rote Farbe des Ockers symbolisiert, im klassischen Griechenland wurde über die Toten eine rote Decke gelegt, Purpurfarben und Rot verkörperten die Macht über Leben und Tod der römischen Feldherren und der späteren Kaiser. Sprachlich war „rot machen" früher gleichbedeutend mit „töten". Rot wurde in der Bibel zur Farbe der Sünde und der Sühne, im Mittelalter war es die Farbe der Stempel beim Todesurteil sowie jene der Tracht des Henkers und bis hin in die neuere Zeit auch jene der Richterroben. Schließlich ist Rot die Farbe der Revolution, wobei die Bedeutungen Tod, Wiederauferstehung und Leben ineinander übergehen.

Die schaudernde Ehrfurcht vor dem Blut entwickelte symbolische Rituale und magisch-mystische Vorstellungen.

Im Blut liegt die Seelenkraft

Wenn das Blut die Verkörperung der Persönlichkeit ist, dann bedeutet jede Vermischung eine Seelenverwandtschaft; so entstand die Vorstellung von der „Blutsverwandtschaft" und auch der „Blutsbrüderschaft". Es wurde sogar üblich, Blut zu trinken, glaubte man doch, auf diese Weise die seelische Kraft eines Menschen oder auch eines erlegten Tieres zu gewinnen. In der verbrecherisch-psychopathischen Variante führte dies zu Blut trinkenden Massenmördern wie etwa Peter Kürten (1883–1931) in Düsseldorf oder Jeffrey Dahmer (1960–1994) in Milwaukee. Weil dem Blut eine besondere Kraft innewohnen soll, sind besonders wiederauferstehende Tote darauf aus, damit gestärkt zu werden – aus diesem Glauben entsprang die Vorstellung des Vampirismus. Und schließlich musste man sich mit Blut dem Teufel verschreiben, denn nur so konnte ein Pakt für die Seele geschlossen werden.

Blut ist ein Lebenselixier

Um den Göttern stets genug Lebenskraft zu sichern, wurden Blutopfer veranstaltet, d. h. Blut auf den Altar gegossen. Besonders das Blut geopferter Menschen war dabei wertvoll und erneuerte den Bund mit den Überirdischen. In der Eucharistie der christlich-katholischen Religion werden Wein und Brot in das Blut und den Leib Christi verwandelt, um den Menschen zur Stärkung zu dienen.

In der medizinischen Behandlung wurde seit der Antike das Trinken von Blut bei Epilepsie, Melancholie, Gicht und Altersbeschwerden verordnet. Der sterbende Papst Innozenz VIII. trank 1492 Blut von drei Knaben, die man zu diesem Zwecke zu Tode ausbluten ließ. Ohne Erfolg. Das Blut von Hingerichteten, die also keines natürlichen Todes gestorben sind, galt bis ins 19. Jahrhundert als besonders heilsam.

Blut als Heil- und Schutzmittel

Schon der nordgermanische Siegfried wurde unverwundbar, nachdem er in Drachenblut gebadet hatte. Wer die Augenbrauen mit Fledermausblut bemalte, sollte nachts so gut wie bei Tag sehen und Bocksblut galt als hilfreich für Impotente. Insbesondere das Blut junger Männer wurde geschätzt, im kaiserlichen Rom verwendete man dafür jenes getöteter Gladiatoren. Schließlich galt Blut als allmächtiges Abwehrmittel gegen Dämonen, weshalb man regelmäßig die Pfosten der Haustüren damit bestrich.

Der Blutmystizismus der Gegenwart

Tausende von Präparaten sind gegenwärtig auf dem Markt, die das „Blut erneuern", „reinigen" oder angeblich „besonders wirksame Stoffe" (z. B. Ozon) zuführen sollen. Mit großer Suggestivkraft wird solches durch minderwertige Zeitungen, aber auch im TV populär gemacht. Da auch Geisteskranke und Geschäftemacher Zutritt zu den Medien haben, ist die Verbreitung solchen Unsinns gesichert.

Bei den Rassekundlern der nationalsozialistischen Zeit in Deutschland war „rassereines Blut" die Voraussetzung für „eine wahre Volksgemeinschaft". Blut wurde als Träger des Erbgutes angesehen und nicht „arischblütige Menschen" millionenfach umgebracht. Die Ausläufer dieser Schreckensideologie haben wir noch immer nicht überwunden.

In der christlichen Religion spielt Blut eine besondere Rolle, beginnend mit der Kreuzigung Jesu. Stigmatisierung, d. h. das Auftreten der Wundmale Jesu an Händen und Füßen, ist teils ein Schwindel, teils ein natürlich erklärbares psychovegetatives Symptom. Blutwunder an Reliquien von Heiligen lassen sich – wie weiter oben dargelegt – physikochemisch leicht erklären und experimentell jederzeit wiederholen.

Die Praktiken der „Philippinischen Heiler", die mit bloßen Händen operieren, sind längst als Taschenspielertricks und Betrug entlarvt. Meist werden dabei Hühnerblut sowie Teile tierischer Eingeweide verwendet. Trotz dieser Schwindeleien fühlten sich manche Kranke nach der Behandlung besser. Das ist bei Neurotikern, die an paramedizinische Methoden glauben, aber gar nicht verwunderlich.

Besondere Aktualität erlangte in jüngerer Vergangenheit die Behauptung, Blutgruppen mit Charakter, Konstitution und

Krankheitsanfälligkeit verknüpfen zu können. Für alle solche Behauptungen stehen Wahrheitsbeweise aus, allerdings werden mit großem wirtschaftlichen Erfolg „Blutgruppenhoroskope“ erstellt. Vor allem in Japan kommt es vor, dass Posten in Wirtschaft und Industrie nach Blutgruppen besetzt werden.

– Was unterscheidet den Glauben vom Aberglauben? –

Gar nicht so viel. Einerseits ist es eine subjektive Entscheidung, ob man etwas glaubt oder nicht, andererseits besteht als objektive Richtlinie lediglich eine Vorschrift, ein Dogma oder ein Massenzwang bzw. Berichte über eine Erleuchtung, Offenbarung oder Wundererscheinung.

Was dem Glauben wie auch dem Aberglauben fehlt, ist der Zweifel. Doch dadurch bleibt das Denken stehen und erstarrt. Die treibende Kraft des Dranges nach Kenntnissen und Erkenntnis war immer schon der Zweifel am Wahrheitsgehalt des bisher Bekannten. Darauf gründet jeglicher Fortschritt. Es gibt aber keinen Fortschritt im Glauben und Aberglauben, denn die Gläubigen verurteilen die Zweifelnden. Durch den Glauben wird etwas „für wahr gehalten“, das nicht überprüft werden kann. Eine „Annahme wird zur subjektiven Gewissheit“, die aber niemand bestätigen kann. Für die einen ist unerschütterlicher „Glaubensinhalt“, was von den anderen als „falsch“ abgelehnt wird. Das heißt letztlich, dass jede Gruppe ihren eigenen Glauben verteidigt und die Andersgläubigen als dem Aberglauben verfallen bezichtigt. Ist also der „wahre“ Glaube eine Frage der Geografie, der ethnischen Tradition, der Familie?

Der Glaube an das Überweltliche hat seinen Ursprung in der Angst der Naturvölker vor den Naturgewalten und den gefährlichen Lebewesen, denen der vorzeitliche Mensch schutzlos ausgeliefert war. So entstand der Dämonen- und Geisterglauben, der aber nichts zur Bewältigung der Angst beitrug. Ein erster Schritt dazu war, die ursprünglich namenlosen mystischen Wesen zu personifizieren und ihnen einen Namen zu geben. Es entstanden „ansprechbare" Gottheiten, die man verehren und durch gezielte Versöhnungsriten – häufig Blutopfer – besänftigen konnte. In weiterer Entwicklung kam es zur Teilung in gute und böse Mächte, die man gegenseitig ausspielen konnte, da beide durch Opfergaben bestechlich waren. Mit dem Aufschwung der Kulturen wurden den Göttern als letzte Stufe der Bewältigung der Urangst menschliche Eigenschaften, sowohl Tugenden als auch Schwächen, zugeordnet. Diese Vermenschlichung brachte die Überirdischen den Irdischen ein gutes Stück näher. Und da stieß man wieder auf das Blut. Zur Überwindung der Furcht und aus Ehrfurcht vor dem Blut entstanden symbolische Rituale, die in Blutopfern gipfelten. Die Urscheu vor dem Blut wurde durch das Blutvergießen zur Aussöhnung der göttlichen Mächte überwunden. Ein letzter Schritt führte zur Entgöttlichung der Blutrituale, zum profanen Missbrauch des Lebenssaftes. Blut wurde zum Mittel für eigennützige Zwecke: Das Baden in Blut schuf Unverwundbarkeit, das Trinken versprach Kraft und Jugend. Zum Reinigen des Blutes bediente man sich des Aderlasses und obskurer Medikamente.

Der Glaube an den Aberglauben nimmt heute wieder erschreckend zu: Das Geschäft mit Horoskopen, Wahrsagerei und Kartenlegen blüht; der kindlich-naive Glaube an die manipulierende Werbung kennt kaum Grenzen; die Scharlatanerie im Gesundheits- und Krankheitswesen zieht eine Vielzahl Hilfe Suchender an. Dankbar wird dies alles angenommen, denn der Aberglaube befreit uns von der Notwendigkeit, selbst zu denken und zu entscheiden, was vernünftig ist. Die Flucht aus der Verantwortlichkeit für einen selbst und für die Umgebung wird unterstützt durch die aufdringliche Information durch Dritte: Man hat zu tun, zu glauben, zu tragen, zu lassen usw. Der Trend bestimmt unsere Lebensweise, ändert sich aber häufig und ist nur eine etwas andere Form des Aberglaubens. Die Mühsal des

Denkens und die Scheu vor der persönlichen Verantwortung für Entscheidungen bereiten den Weg für den Aberglauben. Es ist viel bequemer, zu glauben als zu wissen, und außerdem: Des Menschen Glaube ist sein Himmelreich.

Die Entdeckung der Blutgruppen

– Wer war Karl Landsteiner? –

Karl Landsteiner (1868–1943) war Jude, ein genialer Forscher und ein unerbittlich-strenger korrekter Wissenschaftler. Das alles machte ihm seine Tätigkeit in seiner Heimatstadt Wien nicht gerade leicht.

Er promovierte mit 23 Jahren zum Dr. med. und absolvierte danach Ausbildungen in Innerer Medizin, Chirurgie, Bakteriologie-Serologie und vor allem in der von ihm geliebten Chemie. Nach sechs Jahren kam er zur Pathologie, und bei diesem Fach blieb er. Im Jahre 1900 erwähnte Landsteiner in einer Fußnote zu einer Publikation, dass es bei Mischung von Blutproben verschiedener gesunder Menschen manchmal zur Verklumpung der roten Blutkörperchen komme, manchmal hingegen nicht. Bis dahin hatte man dies als krankhafte Erscheinung gedeutet. Landsteiner führte in der Folge systematische Untersuchungen durch, bei denen er Blutproben seiner gesunden Ärztekollegen und von einem Laboranten benutzte. Auf diese Weise entdeckte er 1901 die Blutgruppen A, B und C, Letztere wurde später 0 genannt. Zwei Jahre später stieß man auf die Blutgruppe AB. Seither ist man sich nicht einig, ob die Blutgruppen im Jahre 1900 oder 1901 entdeckt wurden.

Man könnte erwarten, dass sich Landsteiner nun hauptsächlich der Blutgruppenserologie zuwandte. Keineswegs. Er erzielte noch andere großartige Forschungserfolge. So gelang ihm 1908 die Übertragung der Kinderlähmung auf Affen und die Erkenntnis, dass es sich bei den Krankheitserregern um Viren handelt. Das alles ist heute selbstverständlich, damals war es neu und ermöglichte den ersten Schritt zu einem Impfstoff. Die Untersuchungen waren nicht einfach. Landsteiner wollte die Versuche bereits abbrechen, da bemerkte er beim Verlassen des Tierstalles, dass einer der Affen hinkte – die Lähmung hatte begonnen, die Krankheitsübertragung war geglückt.

Nach dem Zusammenbruch der Donaumonarchie 1918 sah Landsteiner keine Möglichkeit zu weiterer Forschung und übersiedelte nach Holland. 1923 wurde er an das Rockefeller Institute in New York berufen, 1930 erhielt er den Nobelpreis für Medizin. Der Staat Österreich unternahm keinerlei Versuch, Landsteiner zu einer Rückkehr in die Heimat zu bewegen. Man begnügte sich damit, eine Sonderpostmarke sowie eine Banknote mit seinem Porträt zu zieren, einige Gedenktafeln anzubringen und eine Gasse im 16. Wiener Gemeindebezirk nach ihm zu benennen.

Karl Landsteiner gehörte einer heute untergegangenen wissenschaftlichen Welt an. Treffend charakterisiert ihn eine Anekdote, derzufolge er seinen geliebten Hund immer in das Wiener Institut mitbrachte, wo dieser unter dem Schreibtisch lag, um die Mittagszeit aber ungeduldig zu bellen begann. Landsteiner ermahnte ihn dann mit den Worten: „Waldi, du bist kein Freund der Wissenschaft." Das Herrl aß zu Mittag einen Apfel, was der Hund bekam, ist nicht überliefert.

Aderlass und Bluttransfusion

Blut heraus

Eines der ersten „Systeme" am Beginn der Entwicklung der Heilkunde war die Humoralpathologie, sie entstand im 5. Jahrhundert v. Chr. im antiken Griechenland. Das Wesen der Krankheiten wurde als Störung der normalerweise harmonischen Säftemischung erklärt.

Die vier wichtigsten Flüssigkeiten = Humores waren:

Blut –	warm und feucht, aus dem Herzen
Schleim –	kalt und feucht, aus dem Gehirn
gelbe Galle –	warm und trocken, aus der Leber
schwarze Galle –	kalt und trocken, aus der Milz

Es darf nicht stören, dass Säfte damals als „trocken" charakterisiert wurden, es kam ja auf die Mischung an.
Durch den Arzt direkt beeinflussbar schien von diesen „humores" eigentlich nur das Blut, die anderen Säfte waren ja unerreichbar. Und so entstand die Theorie des Aderlasses: Blut als Sitz krankmachender Stoffe musste abgeleitet werden, es sollte aus schmerzenden Organen entfernt werden, fehlerhaft zusammengesetztes Blut wurde eliminiert und vom Körper durch gesunden Nachschub ersetzt. Nicht selten trat bei dem Patienten nach dem Aderlass eine subjektive Besserung ein, zurückzuführen auf eine Entlastung des Blutkreislaufes. In Ermangelung besserer Heilmethoden wurde die Prozedur des Aderlasses bis ins 19. Jahrhundert hinein emsig ausgeführt.

Nicht nur kranke Menschen wurden auf diese Weise oft zu Tode behandelt, Gleiches geschah mit Tieren. Der Aderlass war in der Veterinärmedizin sehr beliebt, und so findet man unter den alten Ärztebestecken für Aderlässe die kleinere Ausführung für Menschen und größere Instrumente, vor allem für Pferde. Dann kam die Wende. Der Direktor des „Kaiserlich-Königlichen Thierspitals" in Wien, Dr. Johann Gottlieb Wolstein (1738–1820), ein Humanmediziner, der auch Tierheilkunde betrieb, machte 1791 in einer viel beachteten Schrift mit dem Titel *Anmerkungen über den Aderlass bei Menschen und Thieren* auf die lebensgefährlichen Folgen des Aderlasses aufmerksam. Er bezeichnete die Blutabnahme als ein Mittel, das den kräftigsten Körper niederwerfe und einen Schwächling sogar an den Rand des Grabes bringe. Die so beliebten Gewohnheitsaderlässe wurden von ihm verworfen, Aderlässe bei Kranken nur in wenigen ausgewählten Fällen erlaubt.

Wenn wir heute zurückschauen, so steht fest, dass eine Unzahl von Patienten durch übermäßige Blutabnahme durch ihre Ärzte getötet wurden. Bei Kaiser Leopold II., gestorben 1792, ist dies sicher, bei Wolfgang Amadé Mozart, gestorben 1791, sehr wahrscheinlich. Dass der Aderlass ein Symbol ärztlicher Kunst war, wird uns noch heute jede Woche vor Augen geführt. Zur Blutabnahme verwendete man eine Lanzette und jeder Arzt trug dieses Instrument in seiner Tasche mit sich. Deshalb erhielt die 1823 in London gegründete und bis heute hoch geschätzte und weit verbreitete medizinische Wochenschrift den Namen *The Lancet*.

Wegen des Verdachtes, der Jakobiner-Revolution nahe zu stehen, wurde Wolstein 1794 in Wien verhaftet und nach längerem Prozess „zu zwei Jahren Festungshaft in Eisen" sowie zum Verlust aller Würden und Ämter verurteilt. Nur seinen Freunden im Hofkriegsrat ist es zu verdanken, dass er die Strafe nicht wirklich absitzen musste. Diese verteidigten ihn mit allen nur aufbietbaren Mitteln. So wurde zum Beispiel argumentiert, Wolstein habe nicht Moral, sondern Vieharznei zu lehren. Die Freunde brachten ihn gegen den Willen (aber mit Wissen) von Kaiser Franz II. nach Ablieferung von zehn Prozent seines Vermögens als „Abfahrtsgeld" bei Schärding an die österreichische Grenze, von wo aus er nach Bayern entlassen wurde. Wolstein siedelte sich in Hamburg-Altona an, wurde Mitglied vieler gelehrter Gesellschaften und starb hoch geachtet im 83. Lebensjahr.

Er gehörte zweifellos dem Kreis der „Wiener Jakobiner" an, aber eher nur intellektuell und sozialreformerisch, für alles aktiv Umstürzlerische war er nicht geeignet. Erwähnenswert ist noch, dass er der erste im österreichischen Staatsdienst angestellte Protestant gewesen ist. Auch das machte ihn beim Habsburger-Kaiser nicht sonderlich beliebt.

Blut hinein

Der Gedanke der Blutübertragung von einem Menschen auf einen anderen findet sich in den Märchen und Mythen aller

Völker und aller Zeiten. Dabei lag nicht eine Heilungsabsicht zugrunde, sondern das Blut sollte als Träger von Charaktereigenschaften einen anderen Organismus beeinflussen. Man dachte, auf diese Weise das Temperament eines Melancholikers durch das Blut eines Sanguinikers, das Wesen eines Phlegmatikers durch das Blut eines Cholerikers korrigieren zu können. Es wurde auch vorgeschlagen, bei streitenden Ehegatten durch gegenseitige Bluttransfusion wieder Harmonie herzustellen. Na ja!

Die erste fachmännisch ausgeführte Bluttransfusion war ein Experiment mit Hunden, durchgeführt von Richard Lowe 1665 von der Royal Society in London. Dabei interessierte weniger die Verträglichkeit der Bluttransfusion als die Frage, ob der Hund danach seinen eigentlichen Herrn wieder erkennen würde.

1667 wurde in Paris das Blut eines Schafes auf einen Menschen transferiert. Als man später erkannte, dass solche Aktionen tödlich sein können, wurde der folgende Satz geprägt: „Zu einer solchen Transfusion gehören drei Schafe: das eine, von dem das Blut gewonnen wird, das zweite, in das es geleitet wird, und das dritte, das diese Transfusion durchführt."

Die erste Transfusion von Mensch zu Mensch nahm 1818 der Geburtshelfer James Blundell in London bei einer ausgebluteten Frau vor. Durch Zufall waren Spender- und Empfängerblut verträglich, die Patientin überlebte. Vier andere Versuche bei Frauen mit Nachgeburtsblutungen schlugen fehl, zwei weitere Patientinnen wurden gerettet. Alles hing von der zufälligen Übereinstimmung der damals noch unbekannten Blutgruppen ab. Die Bluttransfusion trat daher ganz in den Hintergrund und man verwendete zum Auffüllen des Blutvolumens bei drohendem Verblutungstod eine Kochsalzlösung. Das ging ganz gut.

Erst die Entdeckung von Karl Landsteiner löste das Problem der Unverträglichkeit von Blutspenden, bis zur Errichtung von Blutbanken und Spenderzentralen aber war es noch ein weiter Weg. Immer wieder traten neue Gefahren auf, wie etwa die

Übertragung von Infektionskrankheiten – beispielsweise Hepatitis C oder Aids – durch Bluttransfusionen.

Auch heute gibt es noch immer religiöse Gruppierungen, die Fremdblut sogar bei unmittelbarer Lebensgefahr ablehnen. Außerdem ist es noch gar nicht so lange her, dass Weiße in Südafrika Transfusionen von Blut andersfarbiger Einwohner ablehnten.

Ein Stoff für Leben und Kommerz

Blut gehört, einmal rein kommerziell betrachtet, zu den wertvollsten Handelswaren der Welt. Ein Barrel Rohöl, das sind etwa 163 Liter, kostet heute zwischen 55 und 60 Dollar. Die Kosten für einen Liter Spenderblut betragen etwa 100 Dollar (einschließlich Administration des Blutspendewesens, Personal, Labor, Lagerung und dergleichen). Die genauen Zahlen sind immer Gegenstand großer Geheimnistuerei, denn man könnte daraus ja Rückschlüsse auf den Profit ziehen. Rohöl wird in einzelne Derivate zerlegt: Benzin, Diesel und petrochemische Produkte. Die Substanzen aus 160 Liter Rohöl bringen insgesamt etwa 45 Dollar. Für die gleiche Menge vollständig in Spezialprodukte aufgearbeiteten Blutes kann man einen Preis von über 60 000 Dollar erzielen.*

Im Gegensatz zu Öl wurden bisher noch keine Kriege um Blut geführt. Blutlieferungen und Blutgeschäfte spielen jedoch bei allen kriegerischen Auseinandersetzungen eine enorme finanzielle und logistische Rolle. Wenn man wissen will, ob eine Kriegshandlung unmittelbar bevorsteht, bräuchte man nur die (selbstverständlich geheime) Anhäufung von Blutkonserven registrieren. Dies ist viel zuverlässiger als der Waffenhandel und der Munitionstransport.

* Die Quellen dieser Zahlenangaben sind nachzulesen bei Douglas Starr, *Stoff für Leben und Kommerz*. Gerling, München 1999.

Die Retter der Geschichten des Lügenbarons

Karl Hieronymus Freiherr von Münchhausen (1720–1797), gebürtig aus feinem niedersächsischem Uradel, erzählte nach einem abenteuerlichen Leben in fremden Ländern und der Teilnahme an zwei Türkenkriegen im Freundeskreis auf seinem Schloss Bodenwerder an der Weser die unglaublichsten Kriegs-, Jagd- und Reiseabenteuer, die er selbst erlebt haben wollte. Bald stellte sich heraus, dass es Fantasieerzählungen waren. Diese „Münchhausiaden" waren aber so spannend und gut, dass sie wenig später von einem anonymen Autor im *Vade Mecum für lustige Leute* (Berlin) zusammengefasst in gedruckter Form erschienen. 1785 übersetzte ein nach England geflüchteter intellektueller Kleinkrimineller aus Kassel namens Rudolf Erich Raspe die Erzählungen ins Englische und dichtete Neues hinzu: *Baron Muenchhausens narrative of his marvellous travels and campaigns in Russia.*

Damit wären diese wunderbaren Geschichten für junge und alte Leser dem deutschsprachigen Publikum eigentlich verloren gewesen, doch das hat ein Hochschullehrer verhindert. Er war ein unbesoldeter Professor für deutsche Literatur, Geschichte und Philosophie an der Universität Göttingen und selbst ein eifriger Dichter. Vor allem mit seinen Balladen brachte er einen neuen volkstümlichen Ton in die deutsche Dichtung und wurde deshalb auch von Schiller öffentlich getadelt: „Eines der ersten Erfordernisse des Dichters ist Idealisierung, Veredelung, ohne welche er aufhört, seinen Namen zu verdienen." Er übertrug Shakespeares *Macbeth* ins Deutsche und machte sich dann an eine Übersetzung der *Ilias*. Eigentlich beabsichtigte er eine Nachdichtung in veränderter Form: reimlose Jamben, kernig-männliche Sprache, angelehnt ans Lutherdeutsch, vorgetragen wie von einem germanischen Barden. Dieser „Homer im Bärenfell" blieb allerdings bald auf der Strecke, da ihm andere, sinnvollere Übertragungen zuvorkamen, wie etwa jene von Johann Heinrich Voß.

Seine Bestrebungen, ein populärer Dichter zu werden, schlugen fehl, dennoch schuf er ein äußerst populäres Werk, nämlich die Rückübersetzung und neuerliche Erweiterung der Münchhausen-Geschichten aus dem Englischen. Die Publikation *Wunderbare Reisen zu Wasser und zu Lande* wurde ein großer Erfolg, die Geschichten sind bis heute bekannt und beliebt, außerdem wurden sie mehrmals verfilmt. Unser Literat war in seinen Werken wie auch in seinem Leben ein typischer Vertreter des Sturm und Drang, was ihn privat in Turbulenzen und beruflich in Schwierigkeiten brachte.

– Wer machte die »Münchhausiaden« in Deutschland populär? –

Gottfried August Bürger (1747–1794) besaß zweifellos Anlagen zu dichterischer Genialität, konnte diese jedoch infolge seines turbulenten Privatlebens und ständiger finanzieller Nöte nicht verwirklichen.

Aufgewachsen in einer Pastorenfamilie im Ostharz, studierte er in Halle zunächst Theologie, dann Jus. Danach erhielt er die Stellung eines Justizamtmannes nahe Göttingen. Mit 27 Jahren heiratete er Dorette Leonhardt und begann nach kurzer Zeit ein Verhältnis mit deren Schwester Auguste, seiner Schwägerin. Diese kam in seinen Dichtungen unter dem Namen „Molly" immer wieder vor. Beide Frauen bekamen je ein Kind von ihm, man führte eine Ehe zu dritt, jeder wusste das, und Bürger hatte fortan mit einer zumindest vordergründigen moralischen Ächtung zu leben. Dorette starb bei der Geburt eines zweiten Kindes, Bürger heiratete daraufhin seine Schwägerin Molly, doch auch diese starb bei der nächsten Geburt. Drei Jahre später heiratete Bürger Christine Hahn, die ihn von Anfang an betrog und nur Schulden machte. Nach zweijähriger Ehe kam die Scheidung.

Trotz dieses extravaganten Privatlebens wurde Bürger zunächst Privatdozent und dann außerordentlicher Professor für Philosophie in Göttingen. Kontakte zu den Mitgliedern des „Göttinger Hain-Bundes“ beeinflussten seine eigene Dichtung im Sinne des Sturm und Drang. Er schrieb lyrische Gedichte und schaurig-schöne Balladen. Natur, Leidenschaft, Urwüchsigkeit bis zur Zügellosigkeit beherrschten jene „Geniezeit“, und da passte Bürger ganz gut dazu. In seiner bekanntesten Ballade *Leonore* gibt es einige Verse, welche die Jahrhunderte überdauerten und auch heute noch immer wieder zitiert werden. Leonore wartet ungeduldig auf ihren Verlobten Wilhelm, der schon längst aus dem Krieg heimgekehrt sein sollte:

„Leonore fuhr um's Morgenrot
Empor aus schweren Träumen:
‚Bist untreu, Wilhelm, oder tot?
Wie lange willst du säumen?‘“

Als ihre Mutter Leonore trösten will, antwortet sie nur verzweifelt: „Hin ist hin!“ und:

„So wütete Verzweiflung
Ihr in Gehirn und Adern.“

Doch dann, in der Nacht, erscheint Wilhelm, um sie ins „Brautbett“ zu sich zu holen. Sie müssen in der Nacht reiten und vor dem Morgengrauen ankommen:

„Und hurre, hurre, hop, hop, hop!
Ging's fort in sausendem Galopp!“

Man beginnt bereits zu ahnen, wohin die Reise geht, wenn es heißt: „Hurrah! Die Toten reiten schnell!" Wilhelm treibt das Pferd noch mehr an, denn die Zeit wird knapp: „Ich wittere Morgenluft", und tatsächlich endet der Ritt am Friedhof in einem gemeinsamen Grab, wo die herumtanzenden anderen Verstorbenen singen:

„Geduld! Geduld! Wenn's Herz auch bricht!
Mit Gott im Himmel hadre nicht!
Des Leibes bist du ledig,
Gott sei der Seele gnädig!"

Ganz anders war jedoch Bürgers literarische Tätigkeit in Prosa. 1786 brachte er *Wunderbare Reisen zu Wasser und zu Lande, Feldzüge und lustige Abenteuer des Freiherrn von Münchhausen, wie er dieselben bei der Flasche im Zirkel seiner Freunde selbst zu erzählen pflegt* heraus. Er übersetzte Raspes Werk aus dem Englischen zurück und seine wunderbare volkstümliche Wiedergabe dieser Lügenmärchen wurde ein großer Erfolg. Er habe, fügt Bürger hinzu, das Werk „hier und da erweitert". Damit meinte er Geschichten, die er selbst dazuerfunden hatte, darunter den berühmten Ritt auf der Kanonenkugel. Das alles geschah, während der echte Münchhausen noch lebte. Dieser tobte zwar gewaltig, wollte prozessieren, schließlich aber verlief die Geschichte im juristischen Sand.

Gottfried August Bürger starb 1794 an Lungenschwindsucht; er wurde 47 Jahre alt.

Bluten und Fasten in Konnersreuth

Therese war das älteste von zehn Kindern des Schneidermeisters Neumann in Konnersreuth. Dieses kleine Dorf liegt bei Waldsassen in der Oberpfalz nahe der tschechischen Grenze. „Resl" wurde am 9. April 1898 geboren und sollte als „Therese von Konnersreuth" zu einem der größten religiösen Wunder und Rätsel des 20. Jahrhunderts werden. Sie trug länger als 30 Jahre an Händen und Füßen die Wundmale des Gekreuzigten, hatte eine Blutwunde in der Herzgegend, weinte blutige Tränen, lebte angeblich jahrelang ohne Nahrung und Flüssigkeitszufuhr, verfiel in Ekstasen und hatte Visionen und wurde zum Mittelpunkt eines durch mehrere Jahrzehnte hindurch ungebrochenen gigantischen Wallfahrtszuges. Dies war ein Fall für den Glauben, die Religion, aber auch für die Medizin.

Die Glaubensanhänger stilisierten sie zu einer Ikone der Religiosität hoch, alle Wunder wurden ehrfürchtig angenommen und die „Resl" schon zu Lebzeiten zu einer Heiligen gemacht. Eine Kanonisierung von Seiten der Amtskirche erfolgte jedoch nie. Die Medizin nahm die Phänomene als das, was sie waren: keineswegs einzigartig, wissenschaftlich erklärbar und ohne Wunderglauben zu verstehen.

Die Krankengeschichte der Therese Neumann

Die Devise des strengen, religiösen und starrköpfigen Vaters lautete: „Wenn ich einmal etwas gesagt habe, dann ist Schluss!" Die Mutter, eine pyknische Hypomanikerin, war ständig um Therese besorgt. In der Familie gab es keine manifesten Geisteskrankheiten. Der Ortspfarrer war von übernatürlichen Einwirkungen überzeugt. Er und andere Geistliche betreuten und befragten Therese während ihrer ekstatischen Anfälle und interpretierten die Äußerungen.

Die Lieblingsgestalt der jungen Neumann in der Religionsgeschichte war die französische Karmeliterin Therese von Lisieux (1873–1896), genannt die „kleine Therese". Der gleich lautende Vorname hat hier sicherlich eine Rolle gespielt. Das Streben dieser jungen französischen Nonne war es, sich durch ihre eigenen Leiden – Tuberkulose, paranoide Angstzustände – für die Sünden der Welt aufzuopfern. Als sie 1925 selig gesprochen wurde, festigte sich bei Therese Neumann der Gedanke, dass man es also auch in der Gegenwart noch zur Heiligen bringen konnte, zumal wenn man Therese hieß.

Als Teenager besuchte Therese Neumann einmal einen Jahrmarkt, sie hat aber nie getanzt, ist nie mit der Eisenbahn gefahren und hatte auch nie einen Freund. Letzteres ist nicht allzu verwunderlich, waren die jungen Männer doch alle im Krieg.

Im März 1918 gab es in Konnersreuth einen Brand. Beim Heben eines Wassereimers während der Löscharbeiten spürte Therese plötzlich einen „Knicks" im Rücken – sie hatte eine schmerzhafte Zerrung erlitten. In der Folge stellte sich Arbeitsunfähigkeit ein; Therese wurde appetitlos, litt unter Schlaflosigkeit und konnte nur humpelnd gehen.

Vom 23. April bis 10. Juli 1918 lag sie im Waldsassener Krankenhaus, hatte hysterische Anfälle und erbrach Blut. Die Monatsperiode setzte ein volles Jahr lang aus, kehrte dann noch einige Male unregelmäßig wieder; 1920 hörte sie überhaupt auf. Therese war damals 22 Jahre alt. Die Diagnose der Spitalärzte lautete: „Hysterie nach Schock".

Anlass zu den immer schwerer werdenden hysterischen Störungen bei Therese Neumann war die während des Brandes erlittene schmerzhafte Zerrung. Die bis dahin völlig gesunde jun-

Hysterie

Hysterie ist das Auftreten außerordentlich eindrucksvoller Symptome ohne entsprechende organische Krankheit. Es handelt sich um theatralische Darstellungen unbewusster psychischer Konflikte, um Mitleid zu erregen, um anders zu erscheinen, als man tatsächlich ist und um eine Rolle zu spielen. Eine hysterische Persönlichkeit braucht Publikum. Typische hysterische Symptome sind: Lähmungen, Zittern, Schmerzen oder Schmerzunempfindlichkeit, Blindheit, Taubheit, Essensverweigerung, Erbrechen, Husten, Erinnerungslücken und dergleichen mehr.

ge Frau, die Schmerzen nicht kannte, war von nun an der inneren Überzeugung, dass sie schwer leidend sei: eine übertriebene Reaktion auf Schmerzen als klassische hysterische Manifestation.

Ab Oktober 1918 konnte Therese nicht mehr gehen und wurde bettlägerig. Die Krankheitserscheinungen waren dermaßen beeindruckend – Lähmungen, Blindheit, tageweise Taubheit, Erbrechen von Blut, Blutungen aus dem Ohr –, dass neben dem Arzt auch der Geistliche gerufen wurde. Es ist geläufig, dass ein hysterisches Leiden bei medizinischen Laien oft größte Sorgen erweckt, denn die Kranken scheinen „in Schönheit sterbend" ihrem Ende entgegenzugehen. Bislang ist jedoch noch niemand an den hysterischen Symptomen allein zugrunde gegangen.

Um die Jahreswende 1918/19 wurde ein Invaliditätsverfahren eingeleitet, ab 1920 eine hundertprozentige Unfallrente zuerkannt. Die Diagnose des ärztlichen Gutachtens für die landwirtschaftliche Berufsgenossenschaft lautete: „Schwerste Hysterie mit Blindheit und teilweiser Lähmung."

Von 1920 bis 1925 wurde kein Arzt zugezogen, es kam nur mehr der Pfarrer. Um ihr Trost in der Krankheit zu spenden, wies er sie auf das Leiden Christi und vieler Heiligen hin. So mag sich Thereses Seelenleben immer mehr mit märtyrerhaften Gedanken erfüllt haben und auch Therese von Lisieux kam wieder ins Spiel, da gerade deren Heiligsprechungsprozess lief.

Das Krankheitsbild, das sich entwickelte, entsprach einer ungewöhnlich schweren Unfallhysterie, wobei auffällig war, dass zwar die Monatsblutungen aufhörten, an verschiedenen Körperstellen (Magen, Ohr) jedoch eine Blutungsneigung auftrat. Für eine besondere Empfindlichkeit der Haut sprach ferner das Auftreten von Druckgeschwüren am Rücken und an einem Fußrand.

Thereses Vater litt 1921/22 an rheumatischen Beschwerden, und die junge Frau fragte den Pfarrer, ob sie die vor 25 Jahren verstorbene „kleine Therese" bitten könne, das Leiden ihres Vaters auf sich nehmen zu dürfen. Und siehe da, vom nächsten Tag an zog es ihr die linke Hand so stark nach der linken Brust hinauf – gegen welche sie drei Monate lang gepresst blieb –, dass auch hier ein Druckgeschwür entstand. Der Vater hingegen wurde wieder gesund und auch die hysterische Krampfstellung der Hand verschwand von selbst, so wie sie gekommen war. Das Druckgeschwür ist ein weiterer Hinweis auf die Verletzlichkeit von Thereses Haut.

Am 29. April 1923, dem Tag der Seligsprechung der „kleinen Therese", wurde Therese Neumann von ihrer hysterischen Blindheit geheilt.

Am 17. Mai 1925, dem Tag der Heiligsprechung der „kleinen Therese", verschwanden schlagartig die Lähmungserscheinungen. So wirkt Autosuggestion bei Hysterie, das ist in der Psychiatrie hinlänglich bekannt.

Während der Osterzeit 1926 traten erstmals die Stigmata auf. Zuerst blutige Tränen, dann eine blutende Stelle in der Herzgegend und schließlich die Wundmale an den Hand- sowie Fußrücken. Seit Karsamstag 1927 bestanden auch kleinere Blutstellen an den Innenflächen der Hände und an den Fußsohlen. Anfangs soll ständig ein Sekret gesickert sein, später traten die Blutungen nur mehr an Freitagen während der ekstatischen Anfälle auf.

Bereits ab dem 25. Dezember 1922 wollte Therese Neumann keine feste Nahrung mehr zu sich nehmen und lebte zunächst nur noch von Milch, Kaffee und etwas Fruchtsaft. Ab dem 23. Dezember 1926 stellte sie die Nahrungsaufnahme angeblich zur Gänze ein und trank auch keine Flüssigkeit mehr. Ausnahme war lediglich ein Schluck Wasser bei der täglichen Kommunion. Während der Zeit des Nationalsozialismus und des Krieges wurde Therese daher von Amts wegen die Lebensmittelkarte gestrichen.

So soll es Therese Neumann bis an ihr Lebensende gehalten haben. Sie starb am 18. September 1962 im Alter von etwas mehr als 64 Jahren.

– Was geschah wirklich in Konnersreuth? –

Die „wundersamen“ Vorgänge an Therese Neumann lassen sich in zwei Gruppen teilen: einerseits Blutungen an verschiedenen Körperstellen im Verteilungsmuster der Wundmale des gekreuzigten Jesus, also Stigmatisation; andererseits wurde ein Leben ohne Nahrungsaufnahme behauptet, d. h. Hungern und Dürsten, demnach ein Stoffwechselwunder. Es ist die Pflicht der Medizin, zu beiden Phänomenen Stellung zu nehmen.

An Händen und Füßen der Therese lagen in der Haut etwa ein Zentimeter große dunkelrote Areale, die nicht in die Tiefe gingen, also keine echten Wunden waren. Es bestand auch keinerlei Verbindung zwischen den Herden an den Streck- und Beugeseiten. Die Hautveränderungen entsprachen Schorfen, in die von unten her ein blutig-wässriges Sekret nachdrängte. Dasselbe enthielt rote Blutkörperchen und war also echt bluthaltig, aber kein reines Blut. Darauf kommt es an. Es handelte sich ja nicht um Wunden, sondern um ein psychosomatisches Phänomen des Austrittes von Flüssigkeit und Blutkörperchen durch eine abnorm durchlässige, aber unverletzte Gefäßwand. In der Pathologie nennt man dies Diapedese. Die Flüssigkeit dringt dabei bis an die Hautoberfläche und trocknet dort zu einem Schorf. Das ist alles. Eine echte Wunde würde sich zwangsläufig einmal schließen und zu einer Narbe führen, Stigmata hingegen bleiben. Bei den „Blutungen“ der Stigmatisierten handelt es sich nicht um reines Blut, sondern um eine blutige Flüssigkeit. Diese Personen bluten nicht, sie nässen.

Auf ähnliche Weise kommt es zum Blutweinen. Es beginnt mit gewöhnlichen Tränen, die sich dann blutig färben, demnach eine Blutbeimischung vorliegt.

Bei Therese Neumann war das Auffrischen der Blutmale mit Ekstasen verbunden, die jeden Donnerstag zwischen 23 und 24 Uhr begannen und bis Freitagmittag dauerten. Therese richtete sich im Bett auf und blieb mit vorgestreckten Armen regungslos sitzen. Aus den Augen flossen blutig gefärbte Tränen über beide Wangen, die Stigmata erlangten ein frischeres, rötliches Aussehen. Die ekstatischen Anfälle dauerten meist zehn Minuten, wiederholten sich jedoch etwa viermal in jeder Stunde. Thereses Gesicht war schmerzverzerrt, sie selbst bei Bewusstsein, erkannte die umstehenden Leute und sprach mit ihnen: Sie hatte Publikum, das ist für Hysteriker wichtig. Die Zahl der Besucher war enorm und schwankte zwischen 700 und 2000 pro Tag.

In der Geschichte des Katholizismus kennt man über 300 Stigmatisierte, die erste historisch nachweisbare Person war Franz von Assisi, bei dem die Blutmale 1224 auftraten. Im 20. Jahrhundert erlangte Pater Pio Forgione (1887–1968) große Popularität. Seine Seligsprechung erfolgte 1999, im Jahre 2002 wurde er heilig gesprochen. Im Allgemeinen übt die Amtskirche bei Stigmatisierten eine klare Zurückhaltung, denn die medizinische Erklärung dieses Phänomens als psycho-vegetative Reaktion muss akzeptiert werden.

Zur Erläuterung für medizinische Laien sei auf eine ähnlich eindrucksvolle hysterische Reaktion hingewiesen: die eingebildete Schwangerschaft. Der Wunsch oder die Furcht, geschwängert zu werden, kann bei disponierten Frauen dazu führen, dass die Menstruation aufhört, der Leib anschwillt und Hautveränderungen wie bei einer Schwangerschaft auftreten, die Körperhaltung eine andere wird, aus den vergrößerten Brüsten Vormilch austritt und es schließlich zu fruchtlosen Geburtswehen kommt. Dass es sich dabei um ein allgemeines biologisches Phänomen handelt, beweist die Scheinträchtigkeit der Tiere.

Bei Therese Neumann konnte der Verdacht einer betrügerischen Manipulation nie ausgeräumt werden. Prof. Dr. Paul Martini, der spätere Ordinarius für Innere Medizin der Universität Bonn und Leibarzt von Konrad Adenauer, berichtete von seinen Eindrücken, wobei noch zu erwähnen ist, dass er gläubiger Katholik war.

> „Ich konnte nie sehen, dass eine Wunde der Therese Neumann wirklich blutete. Dazu war es durchaus unmöglich, fortwährend zu beobachten. Therese stellte mehrmals ihr Federbett hoch vor sich auf, und das eine Mal, als ich und Prof. Killermann während einer solchen Zeit uns an das Kopfende des Bettes begaben, mussten wir uns infolge des

zornigen Protestes des Vaters sofort wieder von dort entfernen. Während dieser Zeiten, die von den Eltern damit erklärt wurden, Therese müsse sich etwas Luft machen, fielen mir von Anfang an intensive Bewegungen der Therese auf, die sowohl mit den Armen wie den Beinen ausgeführt wurden. Bewegungen, die zum alleinigen Zweck, sich zu lüften, über die Maßen ausgiebig waren und mir ein peinliches Gefühl einflößten.

Da ich immer nur ‚stehendes' Blut sah, nie aber das Austreten von Blut aus den Augen oder Handwunden, so machte ich es mir von nachts gegen 2 Uhr ab zur Aufgabe, besonders auf das Austreten von Blut zu achten; verstärkt wurde meine Ansicht von der Notwendigkeit einer solchen Achtsamkeit, als Therese von 2.50 Uhr an mehrfach darauf drang, wir könnten jetzt ruhig nach Hause gehen, da ‚jetzt doch nichts mehr käme bis 5 Uhr früh', und als dann Prof. Stöckl und ich für mehrere Minuten aus dem Zimmer gewiesen worden waren, inzwischen eine sehr erhebliche Menge des Blutes zustande gekommen war.

Aus meinem Bericht geht hervor, dass meine im Verein mit an deren Herren der Kommission angestellten Bemühungen erfolglos blieben, weil zweimal alle Beobachter gerade zu der Zeit das Zimmer hatten verlassen müssen, zu der neues, frisches Blut eingetrocknete Blutkrusten bedeckte. Die Brustwunde bekam ich nicht zu sehen, ebensowenig die Kopfhaut.

Es ist keine Frage, dass unter den geschilderten Verhältnissen von einer Möglichkeit einer genügenden Beobachtung der ‚Blutungen' keine Rede sein konnte; im Gegenteil erweckte das zwei- bis dreimalige Entfernen der Beobachter gerade zu der Zeit, wo offenbar neues Blut die Wunden bedeckte, den Verdacht, dass zu diesen Zeiten etwas vorgeht, was die Beobachtung zu scheuen hat. In der gleichen Richtung gefiel mir das häufige Manipulieren hinter dem aufgestellten Federbett nicht."

Die Ernährungsfrage

Angeblich hat Therese Neumann seit Dezember 1922 keine feste Nahrung mehr zu sich genommen und ab Dezember 1927 auch nichts mehr getrunken. Sie fühlte sich immer gesättigt – so sagt man – und hatte kein Verlangen nach Speise oder Trank. Seit 1926 soll sie höchstens einmal pro Woche Urin entleert haben und nur alle drei bis vier Wochen etwas Stuhl.

Die durchgeführten ärztlichen Untersuchungen sind sehr aufschlussreich.

Gewichtskontrolle während 16 Tagen: Anfangsgewicht 55 kg, nach drei Tagen 51 kg, nach weiteren fünf Tagen 54 kg, drei Tage später 52,5 kg und schließlich nach nochmals fünf Tagen wiederum 55 kg, d. h. das Ausgangsgewicht war wieder erreicht. Das ist bei einem ernährungslosen Leben unmöglich, eine Gewichtszunahme aus dem Nichts gibt es nicht.

Flüssigkeitsstoffwechsel: Die zwangsläufige Wasserausscheidung durch die Atemluft beträgt etwa 400 Gramm pro Tag, in zehn Tagen also vier Kilo. Nach 140 Tagen, etwas mehr als vier Monate, müssen über 55 kg Wasser ausgeschieden worden sein, vorausgesetzt man atmet. Diese Menge entsprach dem gesamten Körpergewicht der Therese Neumann. Dazu muss man noch den Flüssigkeitsverlust berücksichtigen, der durch „Bluten" und Tränen, Schweißausbrüche und (etwas ?) Urin entstanden ist. Therese müsste also nach vier Monaten schon längst zur Mumie vertrocknet gewesen sein.

Harnuntersuchung: Parallel zur Gewichtskontrolle wurden Harnproben untersucht. In der Zeit der Gewichtsabnahme fand sich ein stark erhöhter Azeton- und Azetessigsäuregehalt, das ist echter Hungerurin. Nachdem das Normalgewicht wieder erreicht war, gab es auch einen normalen Harn. Aus der

Konzentration der ausgeschiedenen Stoffwechselprodukte konnte eindeutig bewiesen werden, dass die Harnmenge größer als angegeben sein musste. Das diesbezügliche Gutachten des Prof. Dr. Ewald, Psychiater an der Universität Erlangen, schließt mit der Bemerkung, „dass hier irgendetwas nicht stimmt" und „eine Überwachung der Therese Neumann in einer neutralen Klinik unbedingt erforderlich ist". Als letzter Satz steht: „Dem Arzt aber muss es hohe Zeit erscheinen, dass der Kult, der mit Therese Neumann getrieben wird und der eine Gesundung der Kranken verhindert, endlich einmal ein Ende findet." Eine Klinikeinweisung wurde von Thereses Verwandten heftigst abgelehnt.

Noch eine Episode wirft ein grelles Licht auf das Fastenwunder. Therese Härtl, eine Nichte der Neumann, hatte in einer versperrten Kammer neben dem Krankenzimmer der Hungernden des Öfteren einen Topf Pichelsteiner stehen gesehen. Als sie von dieser Entdeckung erzählte, wurde die Vorwitzige in ein Kloster nach Eichstätt verbannt, wo sie von der Oberin mit einem strikten Redeverbot belegt wurde. Pichelsteiner ist ein Eintopfgericht aus verschiedenen Fleischsorten, Gemüsen, Kartoffeln und Gewürzen. Davon kann man sich ganz gut ernähren. Der Ortspfarrer von Konnersreuth erklärte mehrfach, er wolle sich „kreuzigen lassen", sollten sich Ungereimtheiten beim Fasten der Therese herausstellen.

Franz Anton Mesmer und die Mozarts

Am 10. Januar 1768 trafen durch Zufall zwei Ereignisse zusammen: Die gerade auf Konzerttournee befindlichen Eltern Mozart kehrten mit ihren Kindern Wolfgang und Nannerl auf der Flucht vor einer Pockenepidemie – die Kinder sind später trotzdem erkrankt – an diesem Tag nach Wien zurück. Am selben Tag heiratete der 34-jährige Arzt Franz Anton Mesmer (1734–1815) in der Wiener Stephanskirche die um zehn Jahre ältere Witwe Maria Anna von Posch und kam dadurch zu einem beträchtlichen Vermögen sowie Haus- und Landbesitz. Dr. Mesmer sollte – ohne Absicht und Einsicht – die Psychotherapie begründen.

Die Verbindung von Musik und Medizin war im ausklingenden 18. Jahrhundert in Wien sehr eng. Der prominente Mediziner Leopold Auenbrugger (1722–1809), Schüler Van Swietens und Erfinder der Perkussion, begründete mit seinen Hauskonzerten eine Tradition, die im Wiener Arzttum leben-dig blieb. Jeden Sonntag fanden in seinem Haus musikalische Matineen statt, an denen auch Haydn und Mozart teilnahmen. Ja, Auenbrugger selbst schrieb den Text zu dem musikalischen Lustspiel *Der Rauchfangkehrer* von Antonio Salieri (1750 bis 1825), das am 30. April 1781 uraufgeführt wurde. Es fand nicht gerade den Beifall Mozarts, der zwei Jahre später dem nach seinem Urteil fragenden Vater nach Salzburg berichtete: „… nach ihrem schreiben zu urtheilen, glauben sie der Rauchfangkehrer sey eine Welsche opera. – nein, es ist ein deutsches und oben drein Elendes original-Stück …“

Intensiv und ausgesprochen freundschaftlich waren die Beziehungen der Familie Mozart zu den Mesmers.

– Was führte Mesmer und die Mozarts zusammen? –

Franz Anton Mesmer, gebürtig aus Iznang in der Gegend von Konstanz am Bodensee, und Leopold Mozart aus Augsburg waren schwäbische Landsleute, beide hatten ein Jesuitengymnasium besucht und eine gediegene musikalische Ausbildung erhalten. Jugenderinnerungen und persönliche Sympathie mögen sie verbunden haben. Mesmer war übrigens neben seiner ärztlichen Tätigkeit auch ausübender Musiker: Er spielte Pianoforte, Violoncello, wahrscheinlich auch Klarinette und Fagott und besaß eine angenehme Tenorstimme. Außer den Mozarts verkehrten auch Haydn und Gluck im Hause Mesmer.

Wie eng und intensiv die Beziehung bald wurde, lässt sich daran erkennen, dass das Singspiel *Bastien und Bastienne*, vom 12-jährigen Wolfgang während des Wienaufenthaltes komponiert, im September 1768 im Hause Dr. Mesmers – wahrscheinlich in einem Gartenpavillon – aufgeführt wurde. Dieser Mesmer'sche Garten, im Gebiet des heutigen 3. Wiener Gemeindebezirkes gelegen, war weitläufig und prächtig. Leopold Mozart schrieb anlässlich eines Besuches im Jahre 1773: „… der Garten ist unvergleichlich mit prospecten und Statuen, Teater, Voglhauß, Taubenschläg, und in der Höhe ein Belvedere in den Brater hinüber."

In diesem Jahr waren Wolfgang und sein Vater wieder nach Wien gekommen und hatten sofort die Freunde auf der Landstraße aufgesucht. Dr. Mesmer besaß ein neues Musikinstrument, eine Glasharmonika; die beiden Mozarts waren begeistert: „Der Wolfgang hat auch schon darauf gespielt, wenn wir nur eine hätten." Dieses von Benjamin Franklin um 1761 entwickelte Instrument bestand aus einer Anzahl halbkugelförmiger Glasschalen, die, auf einer Eisenspindel befestigt, mit dem Fuß über ein Tretrad mit Treibriemen in Drehung versetzt werden konnten. Die rotierenden Glasschalen brachte der Spieler zum Klingen, indem er sie an der äußeren Wandfläche mit wasserbenetzten Fingerspitzen berührte. Der eigentümliche Klang erregte großes Aufsehen, das „ätherische Instrument" erzeugte „die wahre Sphären-Musik". Im Hause von Dr. Mesmer trafen die Mozarts 1773 den Bühnendichter und Regisseur Johann Gottlieb Stephanie (1741–1801), der Jahre später die Texte zu *Die Entführung aus dem Serail* und *Der Schauspieldirektor* schrieb.

Während seiner Besuche und Aufenthalte bei Dr. Mesmer verfolgte Leopold Mozart, der sich für medizinische Dinge stets interessierte, Symptome und Krankheitsverlauf bei der 29-jährigen Franziska Oesterlin, der ersten Patientin, die Mesmer in seinem Haus und Privatspital aufgenommen hatte und behandelte. Heute würden wir sagen, sie litt an hysterischen Anfällen, der Arzt Mesmer beschrieb die Krankheit so: „Die schlimmsten Zufälle bey ihr waren, dass das Blut ungestüm in den Kopf drang, und die fürchterlichsten Zahn- und Ohren-Schmerzen verursachte, welche mit Wahnwitz, Wuth, Erbrechen und Ohnmachten verbunden waren."

Leopold Mozart, ein eifriger medizinischer Dilettant, schrieb: „... sie ist wirklich ziemlich abgemergelt; und noch eine solche Krankheit, so ist sie weg! ... Die freul. Franzl ist nun das zweyte mahl rezidiv geworden und hat sich abermahl erhollt, es ist zum erstaunen, dass sie, so vieles Aderlassen, Medicinen und Vesicatorien, fraysen, ohnmachten etc. ausstehen kann, da sie nichts als haut und beine hat."

Ende September 1773 verließen Vater Mozart und Sohn nach zweimonatigem Aufenthalt Wien, um nach Salzburg zurückzukehren. Die Freundschaft mit der Familie Mesmer war vertieft und gestärkt und sollte später auch in Mozarts Werk Ausdruck finden.

– Wer war Dr. Franz Anton Mesmer? –

Er gilt als einer der Wegbereiter der Erforschung der menschlichen Psyche. Der kranke Mensch und seine Seele werden in Mesmers Vorstellung nicht (wie bis dahin angenommen) von dämonischen Mächten beherrscht, sondern unterliegen den Gesetzen einer natürlichen Kraft, die er allerdings nicht genau definieren konnte. Er war durch den Jesuitenpater und Wiener Hofastronomen Maximilian Hell (1720–1792) auf die angebliche Heilwirkung geformter Magneteisen aufmerksam gemacht worden und schon der erste Versuch, ein nervös übererregtes Mädchen mit hysterischen Symptomen – jene von Leopold Mozart erwähnte Franziska Oesterlin – zu heilen, gelang überraschend gut. Mesmer hatte die konventionelle Behandlungsweise aufgegeben und stattdessen der Patientin Magnete umgehängt:

> „... und ich brachte bey ihr drey künstliche Magnete, einen auf dem Magen, zween auf den beyden Füßen an. Diß verursachte ihr, in sehr kurzer Zeit, außerordentliche Empfindungen. Sie fühlte, innerlich, ein schmerzhaftes Ströhmen einer sehr feinen Materie, welches sich bald da, bald dorthin zog, und sie 6 Stunden von allen ferneren Anfällen befreyte. Die Lage der Kranken veranlaßte mich, den folgenden Tag, den nemlichen Versuch zu machen, und er glückte mir wie das erstemal.“

Auf diese Weise heilte Mesmer die Kranke, die ein Jahr später seinen Stiefsohn heiratete.

In der Folge begann Mesmer systematisch den therapeutischen Effekt von „Magnetkuren“ zu untersuchen und hatte vielfach Erfolg. Er selbst erklärte die Wirkung damit, dass der Mensch in Verbindung mit dem „Fluidum“ des Kosmos stehe, von diesem durchdrungen wäre und dessen Schwingungen mittels seiner

Nerven auffange, wobei der Magnet die ungleiche Verteilung des Nervenfluids durch seinen gleichförmigen Strom aufheben und korrigieren könne. Die Magnetkuren mit entspannenden Melodien zu begleiten, gehörte zum Ritual dieser Behandlung; das Spiel auf der Glasharmonika eignete sich besonders dafür. Es dauerte nicht lange, bis Mesmer darauf kam, dass er auch ohne Magneteisen und nur aufgrund einer in ihm als Person gesammelten Kraft „magnetisieren" konnte – er nannte dies im Unterschied zum „mineralischen" den „animalischen = thierischen Magnetismus". Das Magneteisen war bei den Behandlungen völlig überflüssig, der Magnetiseur selbst und nicht der Magnet besaß die Heilkraft. Das war die Entdeckung der psychosomatischen Leiden und deren Behandlung. Mesmer brauchte nur seine großen, dunklen Augen fest auf den Patienten zu richten, mit der Hand über ihn zu streichen oder mit einem Stock bzw. Spiegel das Fluidum auf ihn zu lenken und der Erfolg trat ein: Die Patienten fühlten sich von ihren Leiden wundersam erleichtert oder es traten – vor allem bei Frauen – Symptome auf, die Mesmer als heilsame Krisen deutete: Sie lachten oder weinten, seufzten oder schrien und verfielen in Zuckungen.

Die enge Verwandtschaft der Mesmer'schen Methode zu Suggestion und Hypnose ist uns heute klar. Die gegenwärtig noch verkauften so genannten magnetischen Armreifen sind ein Rest von Mesmers Utensilien. Ab dem Zeitpunkt, da Mesmer sich von der „Heilkraft des Magneten" löste, war seine Lehre eine Mischung aus Esoterik, Astrologie und magischem Ritual. Obwohl außer Zweifel steht, dass Mesmer mit seiner Methode Heilungen erzielte und sicher keine größeren Schäden an den Patienten anrichtete, wurde er von der Schulmedizin als Scharlatan verleumdet und als Betrüger angeklagt. Er selbst hoffte, dass ihm irgendeine „eklatante Leistung", eine spektakuläre Heilung gelingen könne.

Da gab es in Wien eine blinde Pianistin, Maria Theresia Paradis, die wegen ihrer Blindheit, Jugendlichkeit und Kunst allgemeine Anteilnahme erregt hatte. Ja, Kaiserin Maria Theresia ließ ihr aus Mitleid eine Gnadenpension von jährlich 200 Gulden überweisen. Es muss Mesmer gereizt haben, an diesem Fall seine Kraft zu erproben, an dem die Wiener Fakultätszelebritäten wie der nach dem Tode Van Swietens allgewaltige Anton Störck und der Augenarzt Joseph Barth sich vergeblich versucht hatten. Als Mesmer am 20. Januar 1777 seine Kur mit dem Mädchen begann und im Februar die Patientin bereits behauptete, schon Konturen sehen zu können, erregte dies ungeheures Aufsehen, nicht nur in Wien, sondern auch in Deutschland, in der Schweiz und in Frankreich. Und ebenso allgemein war der Eklat, als das Mädchen die Mesmer'sche Privatklinik im Juni 1777 genauso blind wie zuvor verließ und die medizinische Fakultät ihr Verdikt über Mesmer und seine Kuren aussprach.

Was war wirklich geschehen? Maria Theresia Paradis war in ihrem vierten Lebensjahr erblindet. Sie galt als musikalisches Wunderkind und wurde auf Kosten des Kaiserhauses zur Konzertpianistin ausgebildet. Zuckungen und krampfartige Bewegungen der Augen, Schmerzen in der Leber-Milz-Gegend und „irrsinnsähnliche Anfälle" lassen vermuten, dass die Erblindung eine „seelisch bedingte Verstörung" war, heute würde man sagen, psychosomatische Ursachen hatte. Mesmer hat dies im Gegensatz zu den anderen Ärzten erkannt und daher eine alternative Heilmethode angewandt. Damit erzielte er zweifelsfrei einen Erfolg: Das Mädchen konnte nach einer magnetischen Kur hell, dunkel und Farben unterscheiden sowie menschliche Gestalten, das Gesicht Dr. Mesmers und auch ihren Hund sehen. Sie betrachtete sich auch selbst im Spiegel. Allerdings litt unter diesen vielen neuen Eindrücken das Klavierspiel.

All das hatte großes Aufsehen erregt und die erfolglosen früheren Ärzte begannen eine heftige Kampagne gegen Mesmer. In raffinierter Weise machten sie auch den Eltern Angst, da sie erklärten, die kaiserliche Pension würde sofort verloren gehen, wenn das Mädchen seine Sehkraft wiedererlangte. Dieses Argument wirkte, der Vater holte die Patientin sofort von Mesmer weg. Das Mädchen weigerte sich jedoch, denn wie nicht anders zu erwarten war sie psychisch, vielleicht auch körperlich stark an den Arzt gebunden. Wie 100 Jahre später Sigmund Freud feststellen sollte, ist in solchen Fällen auch immer eine erotische, wenn nicht sogar sexuelle Komponente mit im Spiel. Maria Theresia Paradis wurde mit Gewalt aus dem Einfluss Mesmers entfernt, sie erblindete sofort wieder und widmete sich fortan nur mehr der Klaviermusik. Das Establishment der Wiener Medizin hatte gesiegt. 1778 ging Mesmer nach Frankreich, er gab seinen Wiener Wirkungskreis völlig auf und trennte sich auch von seiner Ehefrau, die er nie mehr wiedersah.

In Paris begann er mit großem Erfolg eine neue berufliche Existenz. Die Masse der Patienten, oft 200 an einem Tag, erforderte eine Massentherapie. Da erfand Mesmer das Baquet, einen Bottich, der mit radiär angeordneten Glasflaschen ausgelegt war; die Zwischenräume waren mit Wasser, Eisenfeilspänen, zerstoßenem Glas oder anderen Materialien ausgefüllt. Aus den Seitenwänden ragten eiserne Stäbe heraus, die von den Patienten ergriffen wurden, um das Fluidum zu empfangen. Die Patienten bildeten Ketten, indem sie einander an den Händen fassten, wodurch die Heilkraft von Mensch zu Mensch weitergeleitet werden sollte. Mesmer behandelte in Gruppen, gründete „harmonische Gesellschaften“, geriet aber immer wieder in scharfe Kontroversen mit der offiziellen Schulmedizin.

Dennoch stand ihm in Paris der Weg zum Hochadel offen. Marie Antoinette schickte zwei Vertraute zu ihm, die Prinzessin Lamballe und die Herzogin von Polignac. Ruhm und finanzieller Erfolg Mesmers stiegen in unfassbare Höhen. Er erklärte den

„thierischen Magnetismus“ zum Allheilmittel und hatte in vielen Fällen mit seiner Behandlung auch Erfolg. Außerdem erfüllte er das magisch-esoterische Bedürfnis der Gesellschaft und wurde zum bekanntesten Modearzt von Paris. Bei seinen Séancen saßen die Patientinnen um den Behälter mit „magnetisiertem“ Wasser, hielten einander an den Händen und pressten die Knie zusammen, um das Durchströmen des Fluidums zu erleichtern; von Zeit zu Zeit berührten sie die kranken Teile ihres Körpers mit Eisenstäben, die sie in das Wasser getaucht hatten.

Dann traten Hilfsmagnetiseure ein, kräftige, hübsche, junge Burschen, welche die Damen auf allerlei Weise massierten und ihnen verheißungsvoll in die Augen blickten, dies alles begleitet von „ein paar wilden Tönen auf der Glasharmonika ... oder dem Pianoforte oder der melodischen Stimme eines verborgenen Sängers ... Allmählich begannen den Damen die Wangen zu glühen, und ihre Phantasie entzündete sich, und eine nach der anderen fielen sie in konvulsivische Zuckungen.“ Diese Anfälle dauerten manchmal einige Stunden. Nun trat Mesmer ein, feierlich, in einem eleganten seidenen Gewand und berührte jede Patientin mit seinem Magnetstab, was sie schnell wieder „zu Verstand und manchmal auch zur Gesundheit“ brachte. Selbstverständlich gab es auch Sonderbehandlungen in eigens dafür eingerichteten Separees.

Mit einem Schlag war jedoch alles aus. Der Sturm der Revolution zerstörte 1789 die magisch-magnetischen Zirkel, Mesmer musste fliehen und verlor fast sein gesamtes Vermögen.

Letzte Begegnungen mit Mozart

Wolfgang hielt sich 1778 in Paris auf, ob er dort allerdings Dr. Mesmer begegnet ist, wissen wir nicht. Die Verbindung der Familien blieb jedoch bestehen. Am 17. März 1781, einen Tag nach seiner Ankunft in Wien, wollte Wolfgang Amadé Mozart die Frau des Dr. Mesmer in dem vertrauten Haus treffen, sie war jedoch nicht da. Im Garten sitzend schrieb er seinem Vater, dass Franziska Oesterlin inzwischen gesundet und verheiratet sei und drei Kinder habe. „Hören Sie", so schreibt er, „ich hätte sie bey meiner Ehre fast nicht mehr gekannt – so dick und fett ist sie." Bei dieser ersten Patientin Mesmers hatte sein „magnetisches" Heilverfahren einen bleibenden Erfolg gezeigt. Der junge Mozart hätte sicherlich im Hause Mesmer wohnen können, er zog jedoch das Quartier bei der Familie Weber vor. In seinem Werk erinnert vor allem in *Così fan tutte* die als Arzt verkleidete Despina an Mesmer, wenn sie mittels eines Magnetsteines die scheinbar vergifteten jungen Männer Ferrando und Guglielmo wieder ins Leben zurückholt: „Hier der Magnetstein soll's euch beweisen, ihn brauchte Mesmer einst, der seinen Ursprung nahm in Deutschen Gauen und so berühmt dann ward in Francia."

Als Frau Mesmer Ende 1790 starb, kehrte Dr. Mesmer zur Abwicklung der Erbschaftsangelegenheit vorübergehend nach Wien zurück. Von Juli 1791 bis Frühsommer 1792 war er neuerlich in Wien und wird hier sicher auch vom Tod Mozarts erfahren haben. Mesmer übersiedelte an den Bodensee und blieb ein geachteter Mann in Süddeutschland und der Schweiz. Er war gleichsam der geistige Vater von Charcot, der Großvater von Freud und Jung und der Urgroßvater der Psychiatrie der Gegenwart. Vor seinem Tod bat Mesmer, einen befreundeten Theologiestudenten holen zu lassen, „damit er ihm auf seinem Todbette noch einige Stücke auf der Glasharmonika" spiele. Es war noch immer jene Glasharmonika, die Leopold Mozart bewundert und auf der einst Wolfgang gespielt hatte. Der letzte Wunsch blieb unerfüllt, der Student kam nicht. Franz Anton Mesmer starb im 81. Lebensjahr in Meersburg.

Als Vertreter der ausklingenden Aufklärung stand er zwischen Vernunft und Gefühl, Physik und Metaphysik, Rationalismus und Romantik. Mesmers medizinische Erfolge beruhten hauptsächlich auf der suggestiven Kraft seiner Persönlichkeit und seiner Behandlungsrituale. Er gilt als Begründer der Gruppentherapie, Vorläufer der Hypnose und Ahnherr psychiatrischer Behandlung.

Von der Naturheilkunde zur hoch technisierten Medizin

Die Welt der Götter ...

In den frühen Anfängen menschlichen Denkens wurde das Auftreten und Erleben einer Krankheit dem Unerklärlichen, dem Übernatürlichen zugeordnet. Krankheit bringt Angst mit sich, und der geängstigte Mensch verknüpfte seinen Zustand mit außernatürlichen Mächten, die stärker waren als er selbst und ihm die Krankheit schickten. All das wurzelte in der Naturbetrachtung, denn etwas anderes gab es in der techniklosen Frühzeit nicht zu beobachten. Ein eindrucksvolles Beispiel dafür sind die Wolken, die in ihren vielfältigen Formen beeindruckend, unerreichbar, schön oder bedrohlich, einfach unfassbar, irgendwie religiös waren. Sie spielten eine entscheidende Rolle bei der „Erschaffung des Überirdischen".

Wer Erdbeben und Vulkanausbrüche, Blitz und Donner, Dürre und Überschwemmungen schicken kann, der hat alle Macht. Es waren Götter, Dämonen, Zauberer, Ahnen. Nicht zu Unrecht heißt es seit alters her: „Primus in orbe deum fecit timor", also „Als Erstes auf der Welt schuf die Angst den Gott." Das Geschehnis einer Krankheit wurde also mit dem Unerklärbaren, dem Übernatürlichen, dem Religiösen verbunden. Das gilt bis in die Gegenwart, wo ja auch Schwerkranke mit dem Schicksal, dem unerforschlichen Ratschluss, ja, dem Allmächtigen selbst hadern und verhandeln. Die Götter senden die Krankheiten, die Götter allein können sie wieder nehmen, so schien es zu sein. Diese Vorstellung stand in grauer Vorzeit am Beginn der Heilkunde und ist in abgewandelter Form noch heute gültig. Aber wie kann man die Übergewaltigen, die Allmächtigen, die Überirdischen erreichen, um zu bitten, Verzeihung zu erlangen oder zu versöhnen? Der ratlose Mensch suchte sich einen anderen Menschen als Vermittler zu Gott – einen Weisen, einen Seher, einen Magier, einen Medizinpriester. Alle frühen Heilungsversuche begannen als Ritual und Magie, als Kult, als religiöser Akt. Krankheiten wurden nicht behandelt, man versuchte vielmehr sie wegzubeten, wegzusühnen.

... und die Götter in Weiß

Erst das Wissen um den tatsächlichen Ursprung einer Erkrankung, also die Medizin als Wissenschaft, entkleidete die Leiden des göttlichen Ursprungs und erachtete den religiösen Kult der Heilungsversuche für überflüssig. Der eigenständige Arzt trat auf, er stellte sich neben den Priester, bald auch gegen ihn, indem er die Krankheiten aus dem Übersinnlichen in das Gefüge der Naturgesetze holte. Er behandelte mit diesseitigen Mitteln, wurde dadurch aber in den Augen der Patienten erhöht und schließlich selbst zum „Gott in Weiß".

Dann kam der große Bruch in der Heilkunde. Die naturwissenschaftliche Medizin wandte sich den Organkrankheiten zu, das Gesamtphänomen „Krankheit an Leib und Seele" wurde immer weniger beachtet. Die Mediziner rückten zu Spezialisten auf, es wurde lokalisiert und systematisch geordnet; sobald der Krankheit eine Name gegeben wurde, griff man zu der für diesen Fall vorgesehenen, ja vorgeschriebenen Therapie. Aus der ärztlichen Kunst früherer Zeit wurde „Evidence based Medicine", d. h. eine Heilkunde, die auf dem jeweils aktuellen Stand statistischer Ergebnisse fußt.

Der entscheidende Wandel der Medizin in diese Richtung begann, als der Geist der Aufklärung zu einer Emanzipation der Wissenschaften führte. Die Medizin wurde dadurch präziser, gleichzeitig aber wurde die Seele vernachlässigt. Die Person, der leidende Mensch als Ganzes, war unwichtig. Wichtig war nur die Diagnose, also der Krankheit einen Namen zu geben, und diese Krankheit nach den jeweiligen Vorschriften der sich ständig ändernden Erkenntnisse zu behandeln. Mit dem Fortschritt und der wissenschaftlichen Erkenntnis aber ist es so eine Sache. Noch vor 200 Jahren war die häufigste ärztliche Handlung der Aderlass, der viele Menschen ins Grab gebracht hat. Heute aktuell ist die Verabreichung von Antibiotika, Psychopharmaka und Rheumamitteln. Es ist gut, dass wir nicht wissen, wie in 200 Jahren über uns geurteilt werden wird.

Für diese rationale Einteilung der Medizin in Diagnose und Therapie, und dies noch dazu häufig durch verschiedene Ärzte, wurde ein hoher Preis bezahlt. Die Kraft der Psyche, des Willens und der Individualität wurde ausgegrenzt, die therapeutische Handlung auf die anonyme Verordnung und Anwendung des „richtigen" Medikamentes eingegrenzt. Für eine menschliche Zuwendung ist weder Zeit noch Platz. Arzt und Patient entfremdeten sich weiter, als zwischen den behandelten und den behandelnden Menschen ein drittes, ein vollkommen seelen-, gefühl- und sprachloses Wesen trat: der Apparat. Der durchschauende und zusammenfassende Blick des Arztes wird immer entbehrlicher, der Apparat zählt, misst und bildet ab, er genießt volles Vertrauen, ja, er hat immer Recht.

Der Arzt behandelt auch nicht mehr, denn die chemische Fabrik fertigt, dosiert und verschachtelt die Arznei, der Apotheker überreicht die Schachtel. Die Übermacht der Technik versachlicht den Prozess von Diagnose und Therapie zu einem Schema. Die Krankheit wird zum „typischen" oder „atypischen" Fall, die Dauer lässt sich vorausberechnen, Erfolg und Misserfolg können in Prozentzahlen vorhergesagt werden. Niemand weiß jedoch, ob bei 99% Heilungschance der jetzt gerade zu behandelnde Patient zu den 99% oder leider zu dem einen Prozent gehört. Kliniken werden zu Warenhäusern des menschlichen Elends, aufgeteilt in Spezialabteilungen mit einzelnen Betriebsleitern. Fast alles läuft automatisch ab, meist ohne die Zeit, einen Blick in das Antlitz des leidenden Menschen zu tun. Die Entseelung und Entpersönlichung wird immer krasser. Der innerliche Kontakt zwischen Arzt und Patient ist verschwunden. Und da liegt das Problem: Der Patient, der bei einem Arzt eine Linderung seiner Krankheit sucht, tut dies ja nicht aus naturwissenschaftlichem Interesse. Fachspezifische Erklärungen nützen ihm wenig, wenn die emotionale Zuwendung fehlt. Und in diese Lücke stieß, völlig unbewusst, vor 230 Jahren Franz Anton Mesmer mit seiner Tätigkeit.

Die Heilkunde muss wieder zur Heilkunst werden

Das wird zwar nicht jeder Arzt schaffen, denn Kunst kommt bekanntlich von Können; die Erfahrung hat uns aber gelehrt, dass die überwiegende Mehrzahl der Beschwerden allein durch eine kraftvolle Persönlichkeit des Arztes gelindert werden kann. Den Arzt, der spricht und zuhört, der berührt und streichelt, der nicht nur schaut, sondern auch sieht, was die Körpersprache und der Gesichtsausdruck des Patienten ihm erzählen, dieser Arzt wird zum Heilmächtigen, zum Beeinflusser der Befindlichkeit seines Schützlings. Der Arzt braucht Vernunft, aber auch Gefühl, er benötigt die Physik, sollte die Metaphysik aber nicht außer Acht lassen, er muss sich auf Rationalismus stützen, sollte aber immer der Romantik offen stehen. Je weniger sich die Ärzte um den Patienten als Leib-Seele-Einheit bemühen, desto mehr versorgen sie die Wunderheiler mit Kundschaft. Die zunehmende Zahl der „Alternativen" in allen Schattierungen des Gewerbes ist ein Zeichen der schlechter werdenden reinen Lehre der Wissenschaftsmedizin.

Gegen diese Entpersonalisierung und Vertechnisierung in der Patientenbetreuung wehrt sich der immer noch hilflose kranke Mensch. Statt kalter Technik erhofft er warme Zuneigung. Der Kräuterfrau, dem Besprecher und Magnetiseur, dem Homöopathen und Akupunkteur, ja, auch dem Ganzheitsmediziner wird mehr Vertrauen entgegengebracht als dem gelehrten Hochschularzt. Diesen Widerstand spürt die Wissenschaft seit langem und bekämpft ihn vergeblich. Auch das Eingreifen der Staatsmacht mit Gesetzen gegen Kurpfuscher und Naturheiler hat nichts genützt. Solche Heiler werden wallfahrtsartig aufgesucht, wobei der religiöse Charakter wieder hervortritt.

Die wissenschaftliche Medizin betrachtet den Kranken als Objekt und weist ihm Passivität zu: Er soll nichts sagen und schon gar nichts fragen, sondern gehorsam den Anordnungen des Arztes folgen. Der Mensch wird ausgeschaltet, die Krankheit wird behandelt. Die „andere" Medizin dagegen verlangt, dass der Patient selbst handelt, Aktivitäten gegen die Krankheit mobilisiert. Es ist ein Aufruf an den Kranken, sich aufzuraffen – vor allem psychisch. Und dieser Aufruf erfolgt durch das gesprochene Wort des Heilers, der Wissenschaftler bleibt dagegen meistens stumm. Das einzige Medikament ist demnach das gesprochene Wort. Wort und Blick, Zuspruch und Zuwendung lassen wahrhaft Wunder geschehen.

Selbstverständlich konnte Mesmer keine Karzinom-Erkrankung heilen, keinen Diabetes und keine Leberzirrhose. Aber das ist auch heute schwer genug. Seine Erfolge beruhten auf der suggestiven Kraft seiner Persönlichkeit und seiner Behandlungsrituale. Das Baquet aus Mesmers Praxis und die Grotte von Lourdes sind gewissermaßen miteinander verwandt.

Der Wegbereiter

In der Medizin nahmen drei Bewegungen von Mesmer ihren Ausgang:

1. Er gab den Anstoß zur Erforschung des unbewussten Seelenlebens, zur Frage nach der verborgenen Natur im Menschen. Daraus entstand die *Psychologie*.

2. Hypnose, Suggestion und Gruppentherapie waren die ersten Ansätze der *Psychotherapie*.
3. Der Vorstoß in das Unbewusste ebnete den Weg zur Aufhellung verborgener psychischer Mechanismen. Einerseits führte dies zur *Psychoanalyse*, andererseits zur Erkenntnis der *psychosomatisch* ausgelösten Krankheiten.

Mesmer war kein Schwindler und Scharlatan, er war ein forschender, allerdings auch spekulierender Arzt mit eindringlicher persönlicher Kraft und Ausstrahlung. Seine Lehre ist aus heutiger Sicht falsch, er war demnach kein Heilkundiger. Er hat aber vielen Menschen geholfen und den Weg zur Kenntnis der menschlichen Psyche geebnet und war insofern ein Heiltätiger.

Die Energie von Glaube und Hoffnung entwickelt ungeahnte Kräfte. Die Erfolge psychischer Heilmethoden nehmen zu, sogar bei wissenschaftlichen Kapazitäten regen sich leise Zweifel, ob die rein apparativ-medikamentöse Medizin nicht die Heilkunde in eine Sackgasse geführt habe.

– Was ist dran an der „anderen" Medizin? –

Das 20. Jahrhundert war das Zeitalter einer ungeheuren Vermehrung medizinisch-naturwissenschaftlicher Erkenntnisse und dementsprechender Erfolge bei der Behandlung von Krankheiten. Die Tuberkulose wurde heilbar, gegen Diphtherie und Kinderlähmung gibt es Impfungen, das Penicillin und viele andere hochwirksame Medikamente wurden entdeckt, die Pocken ausgerottet und sogar bei Grippeepidemien gibt es einen Schutz. Organe werden transplantiert und künstliche Gelenke eingesetzt, bösartige Tumore können rechtzeitig total entfernt werden, und es existieren wirksame Tabletten und Tropfen gegen Schmerzen, Depression und Schlaflosigkeit.

Es ist schwer zu begreifen, dass der Glaube an die nichtwissenschaftliche Medizin, an die Außenseitermethoden seit der

zweiten Hälfte des 20. Jahrhunderts eine immer größer werdende Anhängerschaft findet. Was sind die Ursachen dieses Phänomens, das schon epidemieartige Ausmaße angenommen hat? Zunächst ist es wesentlich, die Begriffe zu klären, denn nichts ist verwirrender als Diskussionen über Themen, bei denen Aberglaube, Wunder und Okkultismus beteiligt sind.

Alternativmedizin: Sammelbegriff für eine Richtung in der Medizin, die Verfahren anwendet, die von der Schulmedizin zum Großteil nicht anerkannt und statt dieser eingesetzt werden.

Schulmedizin: Naturwissenschaftlich anerkannte und an den medizinischen Hochschulen gelehrte Diagnostik und Therapie. Ihr Ausschließlichkeitsanspruch wird von den Alternativmedizinern kritisiert.
Der Gegensatz von Schulmedizin = regulär und Alternativmedizin = irregulär kann sachlich nicht überwunden werden. Die Fronten sind hart, weshalb ein neuer Begriff eingeführt wurde →

Komplementärmedizin: Alternative Heilverfahren werden ergänzend zur Schulmedizin (und nicht anstatt) eingesetzt. Es handelt sich hier in erster Linie um einen sprachlichen Kompromiss, der Grundkonflikt bleibt bestehen.
Die am häufigsten angewandten Methoden der Alternativ- und Komplementärmedizin sind *Akupunktur* und *Homöopathie.* Eine befriedigende wissenschaftliche Erklärung für Besserungen oder Erfolge existiert nicht, wir wissen lediglich, dass die Anwendung bei einer Vielzahl von Krankheiten gar nichts nützt. Der Placeboeffekt wird vom Patienten allerdings als angenehm empfunden.
Der Erfolg und die Verbreitung der unkonventionellen Medizin beruht vor allem darauf, dass der Anschein einer sanften, risikofreien Behandlung ohne Messer, Nadeln, Infusio-

nen und Tabletten propagiert wird. Vorgegaukelt wird meistens auch, es handle sich um ein Naturheilverfahren, und das klingt immer gut. Die Parolen „Zurück zur Natur" und „Sanfte Medizin" haben ein leichtes Spiel gegen „Chemo", „Bestrahlung" oder „Dauertropfinfusion".
Ein weiterer ganz wichtiger Begriff im Zusammenhang mit Krankenheilungen ist der

Placeboeffekt: Placebos sind Scheinmedikamente. Sie enthalten keinen Wirkstoff, erzielen aber trotzdem eine Wirkung. Psychosomatische Beschwerden sind Placeboeffekten besonders zugänglich. Doch nicht nur Mittel, auch Menschen wirken auf Kranke. Schon allein, was der Arzt seinem Patienten sagt, aber vor allem, wie er es sagt, kann eine Besserung bewirken. Eine Steigerung des Placeboeffekts kann durch ein geschicktes Arrangement erzielt werden; so etwa durch den Aufbau eindrucksvoller Geräte, bedeutungsschwere Manipulationen und besondere Verhaltensmaßregeln bei Dosierung und Einnahme des Mittels. Besonders gute Effekte werden erfahrungsgemäß erzielt, wenn das Mittel aus dem Ausland stammt, auch haben sich Spritzen als wirkungsvoller denn andere Verabreichungsformen erwiesen.
Entscheidend sind die hoffnungsvolle Erwartungshaltung des Patienten sowie die Persönlichkeit und menschliche Zuwendung des Behandelnden. Wichtig ist, dass sich der Heiler Zeit nimmt, ein ausführliches Gespräch mit dem Patienten führt, das Verfahren erklärt und dem kranken Menschen das Gefühl gibt, ernst genommen zu werden. Einen nicht zu unterschätzenden Effekt hat auch das Honorar. Wenn der Patient selbst zahlen muss, steigert dies sowohl den Wunsch als auch die Überzeugung, dass die Behandlung nützt.

Wunderheilungen religiösen Charakters: Solange unsere Kenntnis zurückreicht, haben kranke Menschen an sakralen Stätten

Heilung gesucht. Häufig war dies mit der reinigenden Kraft eines Quellwassers verbunden. Besonders aussichtsreich erscheint eine lange Pilgerfahrt, gemeinsam mit anderen leidenden Menschen. So strömen die Leute nach Lourdes, Medjugorje und anderen Orten.

Es handelt sich dabei um nichts anderes als Selbsthilfegruppen, wobei die subjektive Erwartung zur Autosuggestion führen kann und das Erlebnis in der Menge Massensuggestion auslöst. Stellen sich auf diesen durchaus natürlich erklärbaren Wegen Erfolge ein, so wird dies als Wunder gefeiert.

In erstaunlich weit verbreiteter Weise tritt noch eine Richtung auf, wo ganz eindeutig der Aberglaube vorherrscht:

Paramedizin: Die angewandten Verfahren stehen weit außerhalb der naturwissenschaftlichen Erkenntnisse. Es handelt sich um Okkultismus, um Scharlatanerie, seitens der Betreiber aber auch um subjektiv für wahr geglaubten Schwindel. Hierher gehören Pendeln, Irisdiagnostik, Astromedizin, Erdstrahlen, Telepathie, Geistheiler und vieles andere mehr.

Paramedizinische Methoden werden meist von Wunderheilern angewendet und richten sich an eine bestimmte Zielgruppe: Patienten mit chronischen, schmerzhaften Leiden; Patienten mit ungünstiger Prognose (bösartigen Tumoren, Nervenkrankheiten); Patienten mit Angst vor tatsächlichen, eingebildeten oder altersabhängigen Beschwerden. Solche Menschen sind besonders anfällig für das Versprechen von Wunderheilungen, die Heiler nützen das aus. Allgemein bekannte Beispiele sind die „Philippinischen Operateure", Ärzte, die Stromstöße aus ihrem Körper in den Patienten leiten, Handaufleger oder die selbst ernannten Krebsärzte wie Hackethal und Hamer. Inzwischen wurden die Philippinos als Trickkünstler entlarvt, die mit Tierblut arbeiten, der elektrisierende Arzt hatte Batterien in seinen Schuhabsätzen, den Handauflegern wird lediglich psychosomatische Wirkung zugestanden und Hackethal sowie Hamer standen mehrfach vor Gericht. Wesentliche Komponenten für die Ausbreitung der Paramedizin und die in sie gesetzte Heilerwartung sind der suggestive Charakter der Methoden, das Ansprechen unzufriedener, unglücklicher Menschen und schließlich die Unkenntnis der tatsächlich angewendeten Praktiken. Bei einer Beurteilung der Kritik der Paramedizin muss klar erkannt werden, dass okkultistisches Denken nicht mit rationalen Argumenten bekämpft werden kann. Das hat ganz reale Gründe: Heiler wie auch deren Klientel gehören einer eigenen Gruppe von Menschen an, die einerseits an die Wirksamkeit der Behandlung glauben bzw. glauben wollen, andererseits überzeugt sind, heilen zu können oder dies zumindest geschickt vorspiegeln.

In diesem Zusammenhang sei auch die Hysterie erwähnt, eine nicht seltene auftretende Persönlichkeitsstörung. Hysteriker kommen als Heiler wie als Patienten in Frage. Die hysterische Persönlichkeit von Paramedizinern äußert sich darin, dass diese vor sich selbst und der Umwelt anders erscheinen wollen, als sie tatsächlich sind, und darüber hinaus den Wunsch hegen, eine besondere Rolle zu spielen. Sie wollen in pathologischem Ausmaß beachtet, geliebt, gelobt und anerkannt werden. Bei den Patienten zeigen sich hysterische Reaktionen als Krankheitserscheinungen, die ein Ausweichen der gestörten Psyche in die körperliche Manifestation darstellen. Typische derartige Erscheinungen sind Lähmungen, Muskelzuckungen, Unempfindlichkeit oder Überempfindlichkeit gegen Schmerzen, Nahrungsverweigerung, Erbrechen, Übelkeit, Gedächtnisverlust sowie Taubheit und Blindheit. Mit diesem letzten Hinweis auf ein typisches Patientensymptom schließt sich der Kreis und wir sind wieder bei der blinden Pianistin Maria Theresia Paradis angelangt, an der Mesmers Suggestivmethode die ersten Erfolge erzielt hat.

Ein Vater und zwei Söhne

Der ältere der beiden Brüder wurde Will, der jüngere Charlie genannt. Ihr Vater hieß bis an sein Lebensende „der kleine Doktor". Die Brüder ergriffen den Beruf des Vaters und wurden ebenfalls Ärzte.

Ihren ersten Anatomieunterricht erhielten die jungen Herren anhand des Skeletts eines indianischen Kriegers. Der Vater führte im damals noch Wilden Westen vermutlich als Erster mikroskopische Untersuchungen an Operationspräparaten durch und nahm auch seine beiden Kinder zu Autopsien mit. Will schrieb in späteren Jahren:

> „Wenn ich aufrichtig sein soll, muss ich zugeben, dass mein Bruder und ich viel erreicht haben. Aber wir mussten Großes leisten. Wir hatten die Gelegenheit dazu. Wir waren zur rechten Zeit geboren und hatten die richtigen Eltern. Wahrscheinlich werden sich niemandem mehr solche Gelegenheiten bieten. Die Zeit dazu ist vorbei. Wir waren keine Genies, wir haben nur hart gearbeitet. Wir sind mit der Medizin aufgewachsen und wir lernten von unserem Vater."

Neben der Spitalsarbeit betrieben die Brüder noch eine Gemeinschaftspraxis. Ihr großes Werk besteht aber nicht nur darin, einen Ort, der nur als winziger Punkt auf der Landkarte verzeichnet war, in eine Hauptstadt der Medizin verwandelt zu haben; sie führten auch eine völlig neue Art der ärztlichen Diagnostik und Therapie ein und hielten es so, wie sie es von ihrem Vater gelernt hatten: Jene Patienten, die es sich leisten konnten, bekamen eine Honorarnote, die Armen bezahlten nichts.

– Wer waren die Brüder und ihr Vater? –

William Worall Mayo (1819–1911), der Vater, wanderte 1845 aus einem Dorf nahe Manchester in Mittelengland nach Amerika aus. Dort wurde er Apotheker, Herren- und Damenschneider sowie schließlich Arzt und lebte seit 1863 in Rochester im südlichen Minnesota.

William James Mayo (1861–1939), der ältere Bruder, war ein überempfindlicher Charakter, stolz und eigensinnig sowie kaum in der Lage, sich anderen anzuschließen.

Charles Horace Mayo (1865–1939) war ein begnadeter Bastler und Handwerker, er wurde ein großartiger Chirurg.

– Welche humanitäre und medizinische Großtat war ihr Werk? –

Seit 1889 bauten die Mayos das von Franziskanerinnen gegründete St. Mary's Hospital in Rochester zu einer diagnostischen und therapeutischen Großklinik aus, die mit Recht als eines der bedeutendsten Spitäler der Welt gilt. Rochester zählt heute etwa 60.000 Einwohner, das Stadtbild wird von den Gebäuden der diversen Mayo-Institutionen geprägt. Seit 1915 ist die Mayo-Foundation eine gemeinnützige Stiftung. Hier wird angewandte Humanität auf höchstem wissenschaftlichem Niveau betrieben.

Eine berühmte Dreiecksbeziehung

Am 18. August 1800 traf das „Triangel“ in Wien ein. Es handelte sich dabei um drei in ganz Europa bekannte Menschen, die zueinander in einem engen, aber nicht alltäglichen Verhältnis standen. Nach einer zweimonatigen Reise aus dem Süden Italiens kommend, blieb man nun fünf Wochen in Wien, um dann nach Norden weiterzufahren. Wer waren die Hauptpersonen dieser Reisegesellschaft?

Ein 70-jähriger Berufsdiplomat, Antiquitätensammler und Hobbygeologe, der aus der Gegend des verschütteten Pompeji zahlreiche Krüge, Vasen und sonstige antike Gebrauchsgegenstände geborgen und diese fälschlich als etruskisch qualifiziert hatte. Er war steinreich und führte ein Leben, das ganz seinen Interessen und Liebhabereien gewidmet war.

Die 35-jährige Ehefrau des Diplomaten hatte bereits einen ziemlich flotten Lebenswandel hinter sich. Obwohl keineswegs von standesgemäßer Herkunft, wurde sie zur Attraktion jeder Gesellschaft. Sie war immer noch schön, neigte jedoch sehr zur Korpulenz. Dem Glücksspiel und dem Champagner war sie sehr zugetan, oft verlor sie riesige Summen, sowohl der Ehemann als auch ihr Geliebter kamen aber für die Schulden auf.

Der 42-jährige Geliebte der Frau befand sich auf dem Heimweg von einem Kriegseinsatz. Zweimal in Gefechten schwer verwundet, war er ein stark behinderter Invalide. Da er jedoch zwei Jahre zuvor völlig unerwartet eine Schlacht gewonnen hatte, feierte ihn halb Europa als Helden. Mit der Ehefrau des Diplomaten verband ihn eine leidenschaftliche Affäre, die in allen Salons eifrig besprochen wurde. Man rümpfte zwar die Nase, aber der Ruhm des Kriegshelden überstrahlte alles.

Die erotische Dreiecksbeziehung wurde von dem alten Diplomaten nobel übergangen, die junge Frau nützte sie triumphierend aus, und der Kriegsinvalide war von seiner Geliebten dermaßen fasziniert, dass er die Welt um ihn herum manchmal völlig vergaß. Außerdem war die Frau beim Eintreffen in Wien im vierten Monat schwanger. Dieses Leben zu dritt hatte Ende 1798 begonnen und wurde von Maria Karolina, der zehnten Tochter Maria Theresias und damaligen Königin von Neapel-Sizilien, nicht unzutreffend als „Triangel" bezeichnet.

– Wer waren die Akteure des „Triangels"? –

Der Diplomat

Der elegante, gebildete, äußerst wohlhabende Schotte Sir William Hamilton (1730–1802) war seit 1764 englischer Botschafter im Königreich Neapel-Sizilien. Dort regierte König Ferdinand IV. aus dem Hause Bourbon, ein Schwächling, der aber mit Maria Karolina eine resolute Gattin hatte. Sir Hamiltons erste Gemahlin, Catherine Barlow, eine ausgezeichnete Pianistin, war sehr reich, nach ihrem plötzlichen Tod 1782 lebte der Witwer nur mehr seinen Neigungen. In seiner Sommerresidenz am Fuße des Vesus trieb er intensive Studien über den Vulkan und verfasste wissenschaftliche Abhandlungen darüber. Vater und Sohn Mozart waren bei ihm zu Gast und gaben ein Gesellschaftskonzert. 1784 begegnete Sir William der damals 19-jährigen Emma Lyon, die sich Hart nannte. Sie war zu dieser Zeit die Geliebte seines Neffen Charles Creville. Dieser hatte Schulden und spekulierte auf das Erbe des reichen Onkels. Und so kam es zu einem merkwürdigen „deal": Der junge Creville vermittelte Emma an den alternden Diplomaten und erhielt dafür dessen

Zusage, für seine Schulden Bürgschaft zu leisten sowie ihn zum Erben einzusetzen. Es dauerte einige Zeit, bis alles erledigt war, aber am 6. September 1791 wurde Emma in London Lady Hamilton, Madame l'Envoyée à Naples.

In welchen Kreisen man sich bewegte, wurde deutlich, als das frisch vermählte Paar auf der Rückreise von England nach Italien in Paris Station machte und dort von dem bereits unter Hausarrest stehenden Ludwig XVI. empfangen wurde. Marie Antoinette gab den Reisenden einen Brief an ihre ältere Schwester, die Königin von Neapel, mit.

Die Lady

Amy Lyon wurde vermutlich 1765 als Tochter eines einfachen Arbeiters in der englischen Grafschaft Cheshire geboren. Später nahm sie den Vornamen Emma an. Als Kindermädchen kam sie nach London, wurde dann Verkäuferin und schließlich Kellnerin. Durch einige Liebschaften lernte sie die Welt des Theaters kennen. Nach der Geburt einer unehelichen Tochter lebte sie mit mehreren Aristokraten zusammen, darunter schließlich auch dem Neffen von Sir William.

Ihre Theaterzeit hatte Emma auf den Gedanken gebracht, sich selbst manchmal zu kostümieren und diese oder jene Gestalt aus der Antike zu mimen. Solche Vorstellungen wurden „Attitüden" genannt, sie bezauberte damit die Gesellschaft, sogar Goethe war begeistert. In seinem Tagebuch der italienischen Reise notierte er:

> „Der Ritter Hamilton, der noch immer als Gesandter hier lebt, hat nun, nach so langer Kunstliebhaberei, nach so langem Naturstudium, den Gipfel aller Natur- und Kunstfreude in einem schöne Mädchen gefunden. Er hat sie bei sich, eine Engländerin von etwa 20 Jahren. Sie ist sehr schön und wohlgebaut. Er hat ihr ein griechisch Gewand machen lassen, das

sie trefflich kleidet: dazu löst sie ihre Haare auf, nimmt ein paar Shawls und macht eine Abwechslung von Stellungen, Gebärden, Mienen, etc., dass man zuletzt wirklich meint, man träume. Man schaut, was so viele tausend Künstler gerne geleistet hätten, hier ganz fertig, in Bewegung und überraschender Abwechslung. Stehend, kniend, sitzend, liegend, ernst, traurig, neckisch, ausschweifend, bußfertig, lockend, drohend, ängstlich, etc., eins folgt aufs andere und aus dem anderen. Sie weiß zu jedem Ausdruck die Falten des Schleiers zu wählen, zu wechseln und macht sich hundert Arten von Kopfputz mit denselben Tüchern. Der alte Ritter hält das Licht dazu und hat mit ganzer Seele sich diesem Gegenstand ergeben. So viel ist gewiss, der Spaß ist einzig! Wir haben ihn schon zwei Abende genossen."

Die Schönheit der Lady Hamilton beginnt in dem Maße zu schwinden, wie ihr Alkoholkonsum beträchtliche Ausmaße annimmt. Sie wird dick, ja unförmig – ihr Reiz auf viele Männer bleibt jedoch bestehen. Leidenschaftlich ist sie dem Kartenspiel Pharao verfallen.

Am 11. September 1793 läuft ein Schiff der britischen Kriegsmarine in Neapel ein, der Kommandant ist ein 35-jähriger aufstrebender Seeoffizier. Niemand ahnt zu diesem Zeitpunkt, dass sich daraus eine große Liebesgeschichte entwickeln sollte.

Der Seeheld

Horatio Nelson wurde 1758 als Sohn eines englischen Landpfarrers geboren. Als Kind schwächlich, blieb er als junger Mann klein, mager und zu Krankheiten neigend. Aber die Seefahrt nahm ihn gefangen und begeisterte ihn; mit 13 Jahren wurde er Kadett, mit 19 Leutnant und als 21-Jähriger wurde ihm als Kapitän sein erstes Kommando über ein eigenes Schiff übertragen. Anlässlich einer Fahrt zu den Westindischen Inseln heiratete er die Witwe Fanny Nisbeth, die einen drei Jahre alten Sohn in die Ehe mitbrachte. 1793 begann der Erste Koalitionskrieg der europäischen Königreiche gegen das revolutionäre Frankreich. Nelson wurde Befehlshaber eines Kriegsschiffes im Mittelmeer und lernte in Neapel die Frau des englischen Botschafters kennen. „Sie ist eine junge Frau mit gewinnenden Manieren und macht der Stellung Ehre, zu welcher sie aufgestiegen ist", notiert er in seinem Tagebuch.

Zwischen dieser ersten flüchtigen Begegnung 1793 und dem Wiedersehen 1798 ist Nelson nicht nur zum Helden aufgestiegen, er wurde auch ziemlich malträtiert. Bei einem Gefecht auf Korsika flog ihm nach einem Kanonentreffer ein Gesteinssplitter ins Gesicht. Das rechte Auge wurde schwer verletzt, nach einer Woche war er auf diesem Auge blind. Drei Jahre später erhielt er während eines Landungsunternehmens in Teneriffa einen Schuss in den rechten Arm, sodass dieser amputiert werden musste. Die erste Sternstunde Nelsons kam am 1. August 1798. In der Seeschlacht bei Abukir im Nildelta vernichtete er die französische Flotte, welche die Ägypten-Expedition des General Napoleon Bonaparte decken sollte. Es war das erste Mal, dass Napoleon eine Niederlage einstecken musste, Nelson wurde für seinen Sieg zum „Baron vom Nil" geadelt und mit dem Titel „Lord" ausgezeichnet.

Auf dem Rückweg von Abukir machte Nelson in Neapel Station und traf nach fünf Jahren wieder mit der Frau des Botschafters zusammen. Es wird berichtet, dass die Lady in Ohnmacht gefallen sei. Das ist verständlich, wenn man das „havarierte" Aussehen Nelsons bedenkt. Während die Flotte repariert wurde, befand sich der Kommandant in der Pflege einer der schönsten Frauen dieser Zeit. Es begann eine intensive öffentlich-skandalöse Liebesbeziehung zwischen den beiden, die jeweils mit andren Partnern verheiratet waren. Nelson und Emma wurden ein Paar, das wusste innerhalb kürzester Zeit ganz Europa. Sir William komplettierte das „Triangel". Die Affäre wirbelte mäch-

WIE LADY HAMILTON, BEI WINDSTILLE DEN AUSBLICK AUF DIE RUHIGE SEE GENIESSEND, ADMIRAL NELSONS SCHIFF OHNE FEIND=EINWIRKUNG BEINAHE ZUM KENTERN GEBRACHT HÄTTE.

tig Staub auf, der Botschafter wurde schließlich abberufen. Im Juni 1800 begann die Rückreise der Hamiltons und Nelsons nach England. Nicht auf dem Seeweg, sondern als Landreise über Wien, Dresden und Hamburg.

– Was trieb die Reisegesellschaft in Wien? –

Nach seinem Sieg bei Abukir war Nelson auch in Wien außerordentlich populär. Sogar die Damenmode wurde dadurch inspiriert und entsprechende Kopfbedeckungen kamen auf den Markt. In der Zeitschrift *Der wiederaufgelebte Eipeldauer*, einem Massenblatt der damaligen Zeit, stand zu lesen: „Jetzt tragen unsre Frauenzimmer neue Modehauben à la Nelson und à la Bonaparte. Meine Frau Gemahlin, die jetzt zum Schein auf einmal eine Patriotin sein will, tragt jetzt auch eine Hauben à la Nelson und da sieht's darin aus wie ein Krokodil." Das war sicherlich auch eine Anspielung auf den Nil. Auch die Toiletten von Lady Hamilton nahmen Bezug auf den Seehelden. Sie schrieb: „Meine Kleidung von Kopf bis Fuß ist à la Nelson. Sogar mein Shawl ist in blau, übersät von goldenen Ankern. Meine Ohrringe sind Nelson-Anker; kurz, wir sind vollständig benelsont."

Für die Wienerinnen und Wiener waren der kleine Lord und seine charmante Begleiterin ganz nach ihrem Geschmack. Nelson legte ein ungemein leutseliges Verhalten an den Tag, das „Triangel" besuchte viele Gesellschaften, das alte Burgtheater und vor allem auch das „Kasperl-Theater" in der Vorstadt. Sie wurden selbstverständlich auch vom Kaiserpaar empfangen, Nelson schrieb darüber: „... und eine Stunde lang hatten wir den Lärm von fünf netten, gesunden Kindern zu ertragen." Dies waren Marie Louise (geb. 1791), die spätere Frau Napoleons, Ferdinand (geb. 1793), der spätere Kaiser von Österreich, Leopoldine (geb. 1797), spätere Kaiserin von Brasilien, Klementine (geb. 1798), eine spätere Schwiegertochter des Königspaares von Neapel, und Joseph Franz (geb. 1799), der im neunten Lebensjahr starb.

Anfang September 1800 folgte das „Triangel" einer Einladung von Fürst Nikolaus II. Esterházy zu einem Ausflug nach Kismarton. So hieß damals das heutige Eisenstadt, es lag ja noch in Ungarn. Dort gab es zwei Konzerte unter der Leitung von Joseph Haydn. Lady Emma sang eine Kantate, und es wurde vier Tage lang gefeiert. Augenzeugen berichten: „Auf Nelsons Gesundheit wurde mit einem Trompetentusch und Kanonenschüssen getrunken. Lady Hamilton ist die ungebildetste, ungeschliffenste, unangenehmste Frau, der ich je begegnete ... Statt ihnen [Anm.: den Musikern] zuzuhören, setzte sie sich an den Pharao-Tisch, spielte Karten und gewann zwischen 300 und 400 Gulden." Auch die Leibesfülle der Lady wurde bekrittelt, niemand wusste allerdings, dass sie schwanger war. Im Januar 1801 brachte sie Nelsons Tochter Horatia zur Welt.

Haydn und die „Nelson-Messe“

Die große Sympathie Joseph Haydns für England ist bekannt, seine Aufenthalte in Britannien zeugen davon. Zwischen 10. Juli und 31. August 1798 komponierte Haydn eine Messe in d-Moll. Das Manuskript trägt weder einen Titel noch ein Motto, Haydn trug in seinem Entwurfkatalog lediglich „missa in angustiis“, d. h. „Messe in Bedrängnis“, ein. Die Messe wurde weder aus Anlass von Nelsons Sieg noch für ihn selbst geschrieben, dennoch bezeichnete man sie nach Haydns Tod allgemein als „Nelson-Messe“.

Dieser Titel wurde allerdings nicht grundlos verliehen, denn wie die Wiener Musiktradition berichtet, soll Haydn während der Komposition die Nachricht von Nelsons Sieg bei Abukir erhalten haben, die ihn zu dem plötzlich einsetzenden fröhlichen Chor am Ende des Benedictus anregte. Die hier eingesetzten Trompeten und Trommeln sind vielleicht auch als musikalische Siegesbotschaft zu deuten. Sehr wahrscheinlich führte Haydn diese Messe anlässlich des Besuches von Nelson und seiner Begleitung in Kismarton auf. Damals könnte die d-Moll-Messe ihren Namen bekommen haben, denn der Seeheld wurde bei jeder sich bietenden Gelegenheit überschwänglich geehrt und gefeiert. Immerhin handelt es sich dabei um eine katholische Kirchenmesse, die den Namen eines anglikanischen Seefahrers trägt – eine Rarität.

Das weitere Schicksal des „Triangels“

Am 26. September 1800 verließ die Gesellschaft Wien. Die Reise führte über Prag und Dresden nach Hamburg und von dort zu Schiff nach England. Am 8. November war die Ankunft in London. Nelson trennte sich von seiner Frau Fanny, d. h. er verließ sie, allerdings ausgestattet mit einer hohen Jahresrente. Zu einer offiziellen Scheidung kam es nie.

Am 29. Januar 1801 brachte Lady Hamilton im Geheimen eine Tochter zur Welt, die später den Namen Horatia Nelson erhielt. Das „Triangel" lebte gemeinsam in Merton, einem wunderschönen Landgut zwischen Wimbledon und Epson, heute längst durch die Riesenstadt London verschlungen. Im Februar 1804 wurde eine zweite Tochter geboren, die jedoch nur wenige Monate lebte.

Sir William Hamilton starb am 6. April 1802 im Alter von 72 Jahren. Universalerbe seines großen Vermögens wurde sein Neffe Creville, der frühere Liebhaber von Emma. Lady Hamilton bekam 800 Pfund Jahresrente, für die damalige Zeit ausreichend Geld, aber nicht genug für die verschwenderische Frau. Nelson musste Schulden machen, um den Lebensstil von Emma zu finanzieren.

1803 wurde Nelson wieder ein Kommando in der Mittelmeerflotte übertragen, 1805 kehrte er für kurze Zeit nach Hause zurück. Am 14. September desselben Jahres ging er jedoch wieder an Bord seines Flaggschiffes „Victory", um die französische Flotte zu einer Entscheidungsschlacht zu zwingen. In diesem Dritten Koalitionskrieg gewann Napoleon zwar zu Land gegen Österreich und Russland (2. Dezember 1805 bei Austerlitz), die britische Flotte aber führte Lord Nelson am 21. Oktober 1805 zu einem triumphalen Sieg über die Franzosen bei Trafalgar, einem Vorgebirge südlich von Cádiz an der Westküste Spaniens. Während dieser Seeschlacht wurde Nelson von einem französischen Scharfschützen in die Wirbelsäule geschossen, erlitt eine Querschnittsläsion und starb nach drei Stunden an einer inneren Blutung. Der Leichnam wurde zwecks Konservierung in ein mit Cognac gefülltes Fass gelegt und kam nach eineinhalb Monaten in London an.

Emma nahm an dem Staatsbegräbnis in der St. Pauls Kathedrale nicht teil. Ihr weiterer Lebenslauf endete tragisch. Sie hätte ein bequemes, ja luxuriöses Leben führen können, aber sie lebte weiterhin über ihre Verhältnisse und warf das Geld zum Fenster hinaus. Die Schulden häuften sich, sie musste nach Frankreich fliehen und starb 1815 50-jährig als Alkoholikerin in Calais.

Ein Großunternehmer im Theresianischen Wien

Aus ärmlichen Verhältnissen stammend, im österreichisch-ungarischen Grenzgebiet geboren, wurde der Gesuchte mit zwei Jahren Vollwaise. Nach Absolvierung der Buchdruckerlehre bekam er 1739 eine Anstellung beim Hofbuchdrucker Van Ghelen in Wien. 1748 kaufte er auf Kredit eine Druckerei im Schottenhof. Schlau verstand er es, sich Druckaufträge von der Geistlichkeit zu sichern, z. B. Breviere und Missalen; das war sein erstes Gewinn bringendes Geschäft. Sein zweiter, noch größerer Erfolg war der Auftrag, die damals zensurpflichtigen Lehr- und Schulbücher zu drucken. Letztlich erhielt er das Privileg zur Herausgabe der Staats- und Militärschriften. Damit war er ein gemachter Mann, errichtete acht Buchhandlungen und fünf Druckereien und erbaute zwei Papierfabriken sowie ein gewaltiges Gebäude in der Wiener Innenstadt. 1764 erhob ihn Kaiser Franz I. Stephan in den Reichsritterstand. Es war bei den Habsburgern traditionell üblich, ein Handwerk zu „erlernen", und so wurden zwei spätere Kaiser (Josef II. und Leopold II.) von unserem Gesuchten in die Buchdruckerkunst eingewiesen.

Einen besonderen wirtschaftlichen Coup landete er 1761: Auf sein Ansuchen hin wurde ein Verbot der Einfuhr ausländischer Drucklettern erlassen und seine Schriftgießerei mit einem diesbezüglichem Monopol bedacht. Er hatte in seinem Gewerbe eine Ausnahmestellung sondergleichen, die Konkurrenz tobte vergeblich. Den Höhepunkt seiner wirtschaftlichen Macht erreichte er durch „Abkupfern" im wahrsten Sinne des Wortes.

1773–1777 ließ er ein riesengroßes Zinshaus errichten, das noch heute seinen Namen trägt.

– Wer war dieser geschäftstüchtige Unternehmer? –

Johann Thomas (später Edler von) Trattner wurde 1717 in Johrmannsdorf nächst Güns, damals ungarisch, geboren. Zweifellos war er tüchtig, in seinen Geschäftspraktiken aber auch skrupellos und gerissen. Als er z. B. Klopstocks *Messias* druckte, wurde das Werk für die österreichischen Leser zuerst „christ-katholisch“ modifiziert, um ja nicht mit dem Klerus bzw. der Habsburgerfamilie in Konflikt zu kommen.

– Welcher buchdruckerischen Methode
verdankt er seinen (oft angefeindeten) Ruhm? –

Da es zu seiner Zeit keine Rechtsverbindlichkeiten gab, druckte Trattner ohne Rücksicht auf das Urheberrecht bzw. das heutige „Copyright“ praktisch alle bedeutenden literarischen und wissenschaftlichen Werke, die vorher außerhalb Österreichs erschienen waren, in seinen eigenen Werkstätten nach. Als er diese Nachdrucke auch noch ausschließlich über seine Buchhandlungen verkaufte, brach ein Sturm der Entrüstung los. Um den Begriff des geistigen Eigentums wurde erbittert gekämpft, Tantiemen wurden gefordert und die Schriftsteller der damaligen Zeit erklärten, „Büchernachdruck gleiche dem Straßenraub“.

– Um welches Zinshaus handelt es sich, wer hat dort gewohnt? –

Der Trattner-Hof war ein 5-stöckiges Geschäfts- und Mietshaus mit vier Stiegen und zwei Höfen zwischen Graben und Goldschmiedgasse im Zentrum von Wien. Hier befand sich der Hauptsitz des Geschäftes, zu den bekanntesten Mietern zählten Ignaz von Castelli, Mathias Artaria, die Witwe Christoph Willibald Ritter von Glucks, Hugo Wolf, Hermann Bahr und neun Monate hindurch – von Januar bis Ende September 1784 – Wolfgang A. Mozart. Nach Trattners Tod im Jahre 1798 gab es keine interessierten Erben, die Firma ging zum Großteil auf Georg Ueberreuter über.

Ein Familien-Clan verändert die Welt

Bei einem seiner zahlreichen Wutausbrüche soll er gesagt haben: „Hat wohl irgendein anderer Mensch in Europa so viel Ärger mit seiner Familie wie ich!“ Das stimmte, aber er hatte seiner Familie auch sehr viel zu verdanken. Wer war dieser „Er“? Sein Name ist weltweit bekannt, von den einen wird er als Lichtfigur, von den anderen als Scheusal bezeichnet. Fest steht, dass „Er“ den Ablauf der Geschichte entscheidend beeinflusst und die Geografie eines ganzen Erdteils neu gestaltet hat. Dabei wurde er von einem teils blutsverwandten, teils durch Heiraten vergrößerten Familien-Clan unterstützt. Die Spuren dieser Familie wirken bis in die Gegenwart, allerdings wird nur „Er“ in den Vordergrund gerückt und für alles verantwortlich gemacht. Zu Unrecht, denn ohne die Hilfe und den Beitrag der Familie wäre alles ganz anders gekommen.

Die Familie stammte aus der Toskana. Im 16. Jahrhundert übersiedelte ein gewisser Francesco, genannt „il Moro“, auf eine Insel und trieb dort Acker- und Weinbau. Man stieg in den Kreis der „Nobili“ auf, geadelt durch Bildung und Leistung, nicht durch ein Ernennungspatent. 1746 wurde Carlo, der zum Vater des Clans werden sollte, in der Via Malerba, der „Unkrautgasse“, geboren. Er studierte Jus und brachte es zum Doktortitel. Zuvor hatte er jedoch bereits mit 18 Jahren geheiratet, die Braut war 14. Sie hieß Letizia Ramolino und wurde zur Clan-Mutter.

Die Ehegatten waren gegensätzlicher, als man es sich überhaupt vorstellen kann. Die Frau zeigte sich bereits in der Jugend ernst und streng, verschlossen und misstrauisch, sparsam bis zum Geiz, humorlos, von großer Frömmigkeit, mäßig gebildet und ohne tiefere geistige Interessen. Er war genau das Gegenteil: heiter, lebhaft, extrovertiert, bildungsbeflissen, selbstbewusst und der Politik sowie der Literatur zugewandt. Wichtig aber war, dass die beiden einander liebten, eine glückliche Ehe führten und schließlich acht Kinder großzogen.

Das war zu jener Zeit und an jenem Ort gar nicht so leicht, denn auf der Insel, wo sie damals sesshaft waren und die der französische König Ludwig XV. von Genua gekauft hatte, tobte ein Partisanenkrieg der italienischen Ureinwohner gegen die Franzosen. Ein Großteil der Inselbewohner kapitulierte 1769, ein kleiner Rest floh nach England. Carlo, der selbstverständlich auch ein Freiheitskämpfer war, gab eine später berühmt gewordene Erklärung ab: „Unabhängigkeit ist für uns unmöglich geworden, aber Kolonie werden wir auch nicht mehr sein – wir sind Franzosen geworden!"

Mit diesem Wechsel des Vaterlandes war der Grundstein für den beispiellosen Aufstieg der Familie gelegt. Carlo machte als Rechtsanwalt, Richter und Politiker rasch Karriere, erreichte die offizielle Anerkennung eines kleinen Adelstitels und ließ seine Kinder unter für damalige Verhältnisse außergewöhnlichen Umständen aufwachsen. Man hatte ein Badezimmer und eine Bibliothek von über elfhundert Bänden, dazu das Abonnement mehrerer Zeitungen. Das war wichtig, denn ein öffentliches Schulwesen gab es auf der Insel nicht. 1785 starb der königliche Richter und Advokat Carlo im Alter von 39 Jahren an Magenkrebs, sein jüngstes Kind war damals gerade ein Jahr alt.

– Wer waren die acht Kinder von Carlo und Letizia? –

Um die Sache nicht allzu leicht zu machen, wollen wir nur die originalen Taufnamen nennen, die erst später ins Französische übertragen wurden. In den Standesfamilien jener Epoche war es üblich, dass der erstgeborene Sohn Offizier und der zweite Geistliche wurde. Carlo und Letizia stellten diesen Brauch auf den Kopf und steckten den ältesten Sohn in ein Priesterseminar.

1. Der erste Sohn erhielt den Namen Giuseppe, er wurde 76 Jahre alt und lebte von 1768–1844. Die Zeit im Priesterseminar behagte ihm gar nicht, nach Absolvierung der philosophischen Unterklasse stieg er wieder aus und studierte Rechtswissenschaften. Im Zuge der turbulenten Ereignisse der Revolution wurde er „Kriegskommissar" und organisierte die Lieferungen an das Militär. Beim Einkauf von Uniformstoffen machte er in Marseille die Bekanntschaft des reichen Tuchhändlers Clary und heiratete dessen Tochter. Durch die Mitgift war er mit einem Schlag seine finanziellen Sorgen los. Die jüngere Clary-Tochter Désirée wurde seinem Bruder versprochen, diese Liebschaft ging jedoch in die Brüche, das Mädchen heiratete einen General und wurde später Königin.
2. Der zweite Sohn war „Er", der die Familie zu Ruhm und Macht führen sollte. Sein Leben war nicht allzu lang (1769 bis 1821), er starb im Alter von nur 52 Jahren. Im Todesjahr des Vaters wurde er Unterleutnant der Artillerie und war mit seinem Offiziersgehalt die finanzielle Stütze der Familie. Dank Kühnheit, Skrupellosigkeit, Talent und Glück kletterte er die militärische Karriereleiter rasch hinauf und wurde 1795 General. Durch einen Staatsstreich, unterstützt von seinen Brüdern, gelangte er 1799 an die Spitze der Republik. Er war damit sowohl Staatschef und Oberbefehlshaber der Armee als auch Oberhaupt der ersten Familie des Landes.
3. Das dritte Kind war die Tochter Maria Anna, später Elisa genannt. Sie lebte von 1777 bis 1820, wurde also nur 43 Jahre alt. Verheiratet mit dem unbedeutenden Gardehauptmann Pasquale Bacciochi, der ein viel besserer Geigenspieler als Soldat war, führte sie ein ziemlich zufriedenes Leben – soweit man in einer solchen Familie zufrieden sein kann, wenn einzelne Verwandte in ungeahnte Höhen von Macht, Ruhm und Einfluss katapultiert werden.

4. Das vierte Kind hieß Luciano und lebte von 1775 bis 1840. Sowohl für die Militärschule als auch für das Priesterseminar völlig ungeeignet, wurde er ein radikaler Politiker und stieg zum Parlamentspräsidenten auf. In dieser Funktion war er 1799 Steigbügelhalter für den Putsch des älteren Bruders. Als Luciano die Liebe seines Lebens, Alexandrine, heiratete, war „Er" strikt dagegen. Es kam zum dauernden Zerwürfnis zwischen den Brüdern, Luciano ging mit seiner Familie ins Exil, ließ sich im Kirchenstaat nieder, betrieb eine große Landwirtschaft und sammelte etruskische Antiquitäten.
5. Das fünfte Kind wurde Luigi genannt und absolvierte eine Ausbildung zum Armeeoffizier. Er lebte 1778–1846 und heiratete Hortense, die angeheiratete Stieftochter seines älteren Bruders. Als diese zwei Söhne zur Welt brachte, war der Familienchef glücklich, weil die Nachfolge innerhalb der Familie durch diese Neffen gesichert schien. Die übrigen Geschwister allerdings verzehrten sich in glühender Eifersucht.
6. Das sechste Kind hieß Paoletta und wurde 45 Jahre alt (1780–1832). „Er" persönlich bestimmte ihren Ehemann, den schneidigen Brigadegeneral Emanuel Leclerc. Fünf Jahre nach der Hochzeit starb dieser in Haiti am Gelbfieber. 1803 heiratete Paoletta, die damals schon einen französischen Vornamen trug, einen Fürsten aus Italien. Sie war die schönste der Schwestern, wurde Modell für eine berühmte Skulptur des Canova, blieb aber selbst naiv-neckisch, unbeschwert jeglicher geistiger Ambitionen und wurde vom berühmten Bruder spöttisch „Madame Firlefanz" genannt.
7. Das vorletzte Kind war Maria Annunziata (1782–1839), die später ebenfalls den Namen wechselte. „Er" verheiratete sie mit seinem Chefadjutanten, der später Feldmarschall, dann Großherzog und schließlich König wurde.
8. Das jüngste Kind, Geronimo (1784–1860), ging später zur Marine und stieg dort rasch zum Korvettenkapitän auf. In der Karibik stationiert, kam Geronimo auch in die jungen Ver-

einigten Staaten und verliebte sich dort in Elisa Patterson, die Tochter eines reichen schottischen Kaufmanns. Heimlich wurde 1803 geheiratet, denn „Er", der Bruder, war inzwischen zu höchsten Staatsämtern aufgestiegen und hätte eine solche Verbindung nie gebilligt. So blieb Geronimo längere Zeit in Amerika untergetaucht und kehrte erst 1805 nach Europa zurück. Der Bruder verlangte sofort die Auflösung der Ehe, und Geronimo gab nach. Als Belohnung wurde er zuerst Konteradmiral, dann Divisionsgeneral und schließlich sogar König. Elisa Pattterson behielt den angeheirateten Familiennamen und begründete mit ihrem Sohn den amerikanischen Zweig der Familie.

– Woher stammt der Name dieser Familie? –

Im 13. Jahrhundert herrschte in Italien ein großer Streit zwischen der päpstlichen Anhängerschaft und der kaiserlichen Partei. Das damalige Familienoberhaupt schlug sich auf die Seite des Kaisers, seiner Ansicht nach jene der „guten Partei". Aus diesem Anlass legte er sich den Namen „de Buona Parte" zu, also „von der guten Partei". Er signalisierte damit etwas, das heute vielleicht als „der mit dem richtigen Parteibuch" gedeutet werden könnte. Erst viel später, mit der Annäherung an Frankreich, wurde der Familienname in „Bonaparte" umgewandelt.

Aufstieg und Fall eines Machtmenschen

In der ausklingenden Französischen Revolution waren die Verhältnisse chaotisch. Es trat im wahren Sinne ein, was als Schlagwort kolportiert wurde: Die Revolution fraß ihre Kinder. Nicht nur König Ludwig XVI. und Marie Antoinette waren hingerichtet worden, sondern auch etwa 5000 Pariser und schließlich auch Danton, Desmoulins und Robespierre. Damit war das Regime des Terrors überwunden und gemäßigtere Machthaber ergriffen das Ruder. Es wurde nur mehr selten guillotiniert, die Missliebigen stattdessen aus der Hauptstadt verbannt oder in die Strafkolonie Guayana deportiert. Die Staatsspitze bildete ein fünfköpfiges Direktorium. Der Mann, der etwas zu sagen hatte, hieß Paul Barras, ein politischer Wendehals, der geschickt immer auf Seiten der Stärkeren stand. Aber mit Politik allein war es nicht getan, die Republik musste nach innen und außen verteidigt werden. Dazu brauchte Barras einen tatkräftigen Militär, eine Kommandantennatur. Dafür bot sich nur einer an: „Er", der zweite Sohn von Carlo und Letizia, der 27-jährige Nabulione Buonaparte, der sich jetzt bereits Napoleon nannte und das „u" aus dem Familiennamen gestrichen hatte.

Es kam zu einem Arrangement, das die Weltgeschichte in andere Bahnen lenken sollte. Barras ernannte Napoleon zum „Général en chef" der Italienarmee und trat ihm überdies seine gerade aktuelle Mätresse ab, eine gewisse Josephine de Beauharnais (1763–1814), Witwe eines hingerichteten Generals. Napoleon revanchiert sich dafür mit siegreichen Schlachten.

Diese Josephine stammte von der französisch besiedelten Karibikinsel Martinique und hatte einen 15-jährigen Sohn Eugène und eine 13-jährige Tochter Hortense. Im März 1796 fand die Ziviltrauung zwischen General Bonaparte und der Witwe Beauharnais statt. Sie war sechs Jahre älter als Napoleon, was allerdings elegant dadurch umgangen wurde, dass keine persönlichen Dokumente vorgelegt wurden. Laut offizieller Heiratsurkunde waren beide 28 Jahre alt, Napoleon machte sich ein Jahr älter, Josephine verjüngte sich um fünf Jahre. Barras bestätigte alles als Trauzeuge. Einen Tag nach der Heirat zog Napoleon nach Italien in den Krieg, dann folgte die ägyptische Expedition. An der Italienfront ging es hauptsächlich gegen die Österreicher, Ägypten sollte eine Zwischenstation sein, um später die britische Kolonie Indien zu kassieren.

In der Zwischenzeit war auch zu Hause einiges geschehen.

Aus Bruder Giuseppe war Joseph geworden, ein Abgeordneter im „Rat der Fünfhundert". Lucien, früher Luciano, wurde Präsident dieses Rates. Schwager Leclerc, der Mann von Pauline (Paoletta), bekleidete ein hochrangiges Amt im Kriegsministerium. Die Gattin Josephine beherrschte die Gesellschaft in ihrem Salon, die Schwestern machten Mundpropaganda durch Klatsch und Tratsch im Hintergrund. Die Posten waren strategisch gut verteilt, die Zeit erschien reif für einen starken Mann. Am 9. und 10. November 1799, nach Zeitrechnung der Revolution war es der 18. und 19. Brumaire, kam der präzise vorbereitete Putsch: General Murat ließ Truppen in den Ratssaal marschieren, Lucien leitete die Abstimmung und ersetzte das Direktorium durch ein dreiköpfiges Konsulat, Napoleon schwor, der Republik allzeit die Treue zu halten. Das Ganze war nichts anderes als eine schlau inszenierte Machtergreifung, der Beste und Tüchtigste der Familie wurde dabei erster Konsul und damit *de facto* Staatsoberhaupt. Sofort begann eine Neuorganisation Frankreichs. Die wichtigsten Schritte waren die Gründung einer Zentralbank, die Herausgabe eines Zivilrechtswerkes („Code civil") und die Einführung öffentlicher Strafgerichtsverfahren. Von Napoleon sind die berühmten Worte überliefert: „Die Revolution hat ihre Ziele erreicht, sie ist damit beendet." Tatsächlich herrschte einige Zeit Friede in Europa.

– Was zeichnete die Persönlichkeit Napoleons aus? –

Es war die Verbindung einer unerhörten Willenskraft, einer fast magischen Beherrschung seines Volkes und seiner Soldaten und einer flinken, beweglichen Intelligenz – alles auf die Erlangung und Erhaltung der Macht ausgerichtet. Als grandioser Stratege benötigte Napoleon den ständigen Kampf, zuletzt gegen die ganze Welt. Und daraus wird ersichtlich, dass er kein gefinkelter Politiker war. In allem, was sich auf den Krieg bezog, vermochte er unendlich viel zu ahnen, politische Ränkespiele hingegen durchschaute er häufig nicht. So hatte auch seine Hofhaltung als Kaiser einen militärischen Anstrich, trotz aller Prachtentfaltung ging es zu wie in einer Kaserne. Der Befehlston gehörte zu seiner bevorzugten Umgangsform. Er war ein Lügner, ein Rowdy, ein Egoist, brutal und unverschämt, sein Auftreten hatte etwas Großartig-Gemeines, Parvenühaftes. Er verletzte die Gesellschaft durch seinen ungehobelten Kasernenhofton und war krampfhaft bemüht, sich durch die Ehe mit einer Habsburgertochter zu nobilitieren.

Am 18. Mai 1804 wurde Napoleon vom französischen Senat zum „Kaiser der Franzosen" proklamiert und von nun an mit „Majestät" angesprochen. Eine neue Monarchie war geschaffen, aber nicht von Gottes Gnaden, sondern durch eine Volksabstimmung mit überwältigender Mehrheit. Das war neu. Das erstarkte Frankreich strebte nach der Vorherrschaft in Europa und einer Aufgliederung der Einzelstaaten nach den Vorstellungen Napoleons. Es gab also wieder Krieg. England, Österreich und Russland schlossen eine Koalition gegen die Expansionspolitik Frankreichs. Napoleon errang einen militärischen Sieg nach dem anderen, sein glänzendster Erfolg wurde die Schlacht bei Austerlitz in Südmähren am 2. Dezember 1805. Er operierte dabei mit völlig neuen strategischen Tricks: So lockte er den Gegner auf gefrorene Teiche und zerschoss dann mit Kanonenfeuer das Eis.

1806 legte Kaiser Franz II., der in den habsburgischen Erblanden den Titel Franz I., Kaiser von Österreich, trug, die deutsche Kaiserwürde nieder; das Heilige Römische Reich Deutscher Nation war damit erloschen. In den nächsten Jahren erlebte Napoleon seine größte Machtentfaltung, die Einflusssphäre Frankreichs reichte von Spanien über Italien, Belgien, Holland, die Staaten des Rheinbundes und Polen bis an die Grenze Russlands. Diese Grenze überschritt Napoleon 1812 mit dem Einmarsch in das Zarenreich. Die Grande Armée drang zwar bis Moskau vor, musste aber infolge des strengen Winters und aus

Proviantmangel den Rückzug antreten und wurde dabei fast zur Gänze aufgerieben. Diese Niederlage brachte den Wendepunkt der Napoleonischen Herrschaft.

Napoleons taktisches Geschick und sein Ende

Napoleon war ein Meister der Strategie und Taktik, hatte einen sechsten Sinn für alle Kriegssachen und einen siebenten Sinn für alles, was in einer Schlacht zum Vorteil führte. Genaueste Kenntnis des Geländes war Voraussetzung für seine Erfolge und die große Beweglichkeit seiner Truppenverbände eröffnete ihm die Möglichkeit von überraschenden Angriffen an unerwarteten Stellen sowie von Ablenkmanövern, die den Gegner verwirrten. Seine Armeeteile waren beweglicher als jene der Kontrahenten. Außerdem verfügte Napoleon über die motivierteren Soldaten, er selbst trug in der Schlacht stets einen grauen Armeemantel und war immer an der vordersten Front zu finden. Jedem seiner Kriege ging eine genaue Planungsphase voraus: Bewaffnung, Bekleidung, Nachschub, Finanzen und die Verwaltung der eroberten Gebiete waren festgelegt, noch bevor der erste Schuss fiel. Heute würde man sagen, Napoleon war auch ein Meister der Logistik.

Natürlich irrte er sich auch gelegentlich. Sein Einfall in Spanien etwa war ein Fehler, denn in der Folge begann dort ein Partisanenkrieg. Ein noch viel größerer Fehler war der Russlandfeldzug. Das politische Ziel war einfach falsch: Als Napoleon in dem zu neun Zehntel verbrannten Moskau stand, wollte er möglichst lange dort bleiben, um den Anschein der Eroberung und des Besitzes zu demonstrieren. Wo blieb da seine Weitsicht? Er hatte nichts gewonnen, denn der Zar und die russische Elite waren durch ihre Flucht viel besser gesichert als durch einen Friedensschluss. Napoleon hielt eine verbrannte Stadt besetzt, wobei er dem Gegner die Gelegenheit gab, stärker zu werden. Mit

600 000 Soldaten war er in Russland eingedrungen, mit 100 000 erreichte er Moskau, weniger als 20 000 kehrten zurück. Mit 180 000 Pferden war er losgezogen, übrig geblieben sind 15 000.

1813 begannen die „Befreiungskriege“: Russland, Preußen, Österreich, England und Schweden marschierten gegen Napoleon. Am 6. April 1814 dankte dieser ab, als Souverän mit Kaisertitel wurde ihm die Mittelmeerinsel Elba als Wohnsitz übertragen. Der Wiener Kongress, der von September 1814 bis Juni 1815 tagte, sollte Europa nach dem Sturz Napoleons territorial und bündnismäßig neu ordnen. Differenzen der Siegermächte untereinander und die mangelnde Begeisterung der Franzosen über die Rückkehr der unfähigen Bourbonen veranlassten Napoleon, noch einmal nach der Macht zu greifen. Am 1. März 1815 verließ er Elba, landete bei Cannes, sammelte Truppen und entfachte erneut die Begeisterung der Bevölkerung für sich. Auf dem Weg von der Küste bis Paris fiel kein einziger Schuss gegen ihn, alle ihm entgegengeschickten Armeen liefen zu ihm über.

Durch einen taktischen Fehler verlor Napoleon jedoch die Entscheidungsschlacht bei Waterloo am 18. Juni. Er hatte die gegnerischen Truppen bereits auseinander gedrängt, sodass der Engländer Wellington und der Preuße Blücher nicht mehr gemeinsam operieren konnten. Das war am 15. Juni. Napoleon zögerte jedoch, war unentschlossen und raffte sich nicht zum entscheidenden Vorstoß auf. Am 18. Juni war es zu spät, Blücher konnte seine Armee mit Wellingtons Truppen vereinigen und Napoleon wurde besiegt. Die Zeit seiner Rückkehr ging in die Geschichtsbücher als die „Hundert Tage“ ein, vom 1. März bis zum 18. Juni sind es jedoch, wenn man genau nachzählt, 110 Tage.

Nach der Niederlage von Waterloo reiste Napoleon in größter Eile nach Paris, um zu retten, was noch zu retten war. Er fand jedoch ein Parlament vor, das fest entschlossen war, seine Abdankung zu erzwingen; am 22. Juni fügte er sich den Umständen

und verzichtete zu Gunsten seines damals vier Jahre alten Sohnes auf den Thron. Bei dem Versuch, vom Hafen Rochefort nach Amerika zu entkommen, wurde Napoleon von englischen Kriegsschiffen blockiert und musste sich schließlich ergeben. Indem er sich, wie er meinte, „freiwillig dem Schutz der englischen Gesetze anvertraut hatte", setzte er hohe Erwartungen in die Großmut der britischen Regierung, bald jedoch folgte die Enttäuschung. Nach einem Übereinkommen der Siegermächte wurde Napoleon nicht als Gast Englands, sondern als Kriegsgefangener betrachtet und auf die Insel St. Helena im Südatlantik deportiert. Sieben Personen seines Gefolges und zwölf Diener begleiteten ihn.

Ein altes, baufälliges Haus auf einer Hochebene, genannt Longwood, wurde notdürftig adaptiert und der kleinen Gesellschaft als Wohnsitz zugewiesen. Die Örtlichkeit wurde streng bewacht, die Bewegungsfreiheit war eingeschränkt. Sir Hudson Lowe, der englische Gouverneur, war strikt, hielt sich peinlichst genau an die Vorschriften seiner Regierung und lag in ständigem Zwist mit „General Bonaparte", da er einen „Kaiser" auf der Insel nicht anerkannte.

Seit Napoleon als Verbannter auf St. Helena lebte, waren die Blicke der ganzen Welt auf diese einsame Insel gerichtet. Noch zu frisch war die Erinnerung an die geglückte Flucht von Elba. Das war auch der Hauptgrund für die Wahl St. Helenas: Die Insel war uneinnehmbar und absolut sicher zu bewachen, jeder geheime Kontakt mit der Außenwelt unmöglich. Napoleon Bonaparte, Exkaiser von Frankreich, starb am 5. Mai 1821 nach längerer Krankheit im 52. Lebensjahr. Er litt an einem Magenkarzinom, unmittelbare Todesursache waren innere Blutungen.

Das Schicksal der übrigen Mitglieder der Familie Bonaparte

Die Mutter

Letizia hatte als 14-Jährige geheiratet und war mit 35 Jahren Witwe. Sie wurde 86 Jahre alt (1750–1836). Acht Kinder hat sie großgezogen, zwei weitere starben kurz nach der Geburt. Am Prunk und der Machtentfaltung des Napoleonischen Empire beteiligte sie sich nicht, sondern lebte stets zurückgezogen. An der Kaiserkrönung ihres Sohnes nahm sie nicht teil, dennoch wurde sie auf dem offiziellen Krönungsgemälde in der Ehrenloge sitzend dargestellt. Ihr offizieller Titel lautete „Son Altesse Impériale Madame la Mère de l'Empereur", woraus sich die gängige Kurzformel „Madame Mère", also „Frau Mutter" entwickelte. Nach dem Sturz Napoleons lebte sie in Rom.

Die Brüder

Joseph, früher Giuseppe, wurde als Nachfolger der entthronten Bourbonen 1806 zum König von Neapel bestellt, danach war er von 1808 bis 1814 der ungeliebte König von Spanien, „El Rey Don José". Seine Königsherrschaft löste den spanischen Unabhängigkeitskrieg aus, denn für die Einheimischen war er „El Rey Intruso", „König Eindringling". Ein wichtiger Teil der französischen Armee war dadurch ständig in Spanien gebunden, das schließlich mit der Hilfe Englands wieder seine Freiheit erlangte. Joseph emigrierte zunächst nach Nordamerika, lebte als Großfarmer in Philadelphia und ließ sich dann in Florenz nieder.

Lucien, früher Luciano, blieb als Einziger unter den Geschwistern ein überzeugter Republikaner und nahm vom Kaiser weder Ämter noch Titel an. Er stand den Jakobinern wesentlich näher als der Monarchie. Sein revolutionärer Eifer machte auch vor der eigenen Familie nicht Halt. Er war es, der die allzu christlichen Vornamen der Schwestern änderte: Maria Anna wurde zu Elisa, Maria Annunziata zu Caroline, er selbst nannte sich Brutus.

Lucien war der Großvater von Marie Bonaparte (1882 bis 1962), verheiratet mit Prinz Georg von Griechenland. Diese Marie war eine der ersten Schülerinnen Sigmund Freuds und wurde später eine bekannte Psychoanalytikerin. Sie bezahlte für Freud die von den Nazis bei seiner Emigration 1938 geforderte „Reichsfluchtsteuer" und von ihr stammt auch jene antike altgriechische Vase, in der Sigmund Freuds Asche aufbewahrt wird.

Louis, früher Luigi, heiratete Hortense, die Tochter von Josephine Beauharnais und Stieftochter Napoleons. Er war also eigentlich der (angeheiratete) Onkel seiner Frau. Von 1806 bis 1810 regierte er als König von Holland und wurde für das Land ein guter Herrscher. Sein jüngerer Sohn Louis Napoleon (1808–1873) wurde von 1852 bis 1870 als Napoleon III. der zweite Kaiser der Franzosen. Er begründete das französische Kolonialreich und führte Frankreich zur europäischen Großmacht, bis er einem noch schlaueren Politiker unterlag, nämlich Bismarck.

Jerôme, früher Geronimo, heiratete nach der Auflösung seiner Ehe mit Elisa Patterson Prinzessin Katharina von Württemberg. Er erhielt das neu geschaffene Königreich Westphalen, das in etwa die Gegend zwischen Elbe, Harz und Ems mit dem Zentrum Kassel umfasste. Er war seinen Aufgaben in keiner Weise gewachsen und regierte als „König Lustig“. Diesen Spitznamen erhielt er, weil der einzige Satz, den er auf Deutsch sprechen konnte, lautete: „Morgen wieder lustig.“ Aber da er ja ein deutschsprachiges Land regierte, musste auch sein Name eingedeutscht werden, und so hieß er in Westphalen „Hieronymus“. Nach der Niederlage Napoleons lebte er in Österreich und Italien und wurde 1852 im zweiten Kaiserreich Senatspräsident mit dem Recht der Thronfolge.

Die Schwestern

Elisa, früher Maria Anna, Napoleons älteste Schwester, wurde als Fürstin von Piombino und Lucca in Westitalien eingesetzt. Sie bewies hohe Verwaltungskunst, schuf ein wirtschaftliches und kulturelles Zentrum und wurde schließlich zur Großherzogin der Toskana ernannt. Ihr Mann, der Geige spielende Soldat, erhielt nur die Titel, nicht aber die Herrschaftsrechte seiner Frau. Beide residierten aber immerhin im Palazzo Pitti in Florenz.

Pauline, früher Paoletta, heiratete in zweiter Ehe Fürst Camillo Borghese und folgte ihm nach Italien. Die Borghese waren im Besitz einer großartigen Antikensammlung, die für den Spottpreis von 13 Millionen Francs an Napoleon verkauft werden musste. Große Teile erhielten sie zwar nach dem Zusammenbruch des Kaiserreiches wieder zurück, der Rest jedoch verblieb im Louvre, so etwa der berühmte Borghesische Fechter, ein Hauptwerk des späten Hellenismus.

Caroline, früher Maria Annunziata, heiratete Joachim Murat, den Kommandanten der Garde Napoleons. Er war ein tapferer, fähiger, treu ergebener Militär, der sich gerne in pompöse Fantasieuniformen kleidete, weshalb er auch den Spitznamen „Zirkusdirektor der Armee“ erhielt. Das Ehepaar regierte zwei

Jahre lang als Großherzoge den Rheinbundstaat Berg-Kleve, 1808 wurden sie König und Königin von Neapel.

Murat war zum einen fast ständig mit Napoleon auf den diversen Kriegsschauplätzen unterwegs, zum anderen förderte er aber in Neapel die nationalen Interessen gegenüber den französischen Ansprüchen. Das führte zwangsläufig zum Bruch mit dem Kaiser, und Murat arrangierte sich mit Österreich. Während der „Hundert Tage" schloss er sich jedoch wieder Napoleon an, wurde bei einem Landungsversuch in Italien gefangen genommen und 1815 standrechtlich erschossen. Caroline lebte später in Österreich. Dies hatte sie Metternich zu verdanken, mit dem sie einige Zeit ein intimes Verhältnis unterhielt.

Die Ehefrauen

Die Heirat Napoleons mit *Josephine de Beauharnais* wurde von seiner Familie nicht gebilligt. Was der Bonaparte-Clan gegen Josephine einzuwenden hatte, ist unklar, sehr wahrscheinlich war es aber schlicht unerbittliche Eifersucht auf jene Frau, die ihnen den viel bewunderten Bruder abspenstig machte. Aber Napoleon liebte Josephine, soweit er zu einem solchen Gefühl überhaupt fähig war. Die Ehe hielt 13 Jahre, von 1796 bis 1809.

Den Sohn Josephines aus ihrer ersten Ehe, Eugène de Beauharnais (1781–1824), hat Napoleon adoptiert und später zum Vizekönig von Italien gemacht. Nomineller Herrscher blieb er selbst. Die Tochter, Hortense de Beauharnais (1783–1837), hat er gleichfalls adoptiert und mit seinem Bruder Louis verheiratet. Aus dieser Verbindung führte der Weg zum zweiten Kaiserreich. Schließlich gab es noch eine Nichte Josephines, Stephanie de Beauharnais (1789–1860), auch sie wurde adoptiert und dann mit dem Erbprinzen Karl von Baden verheiratet. An sie knüpft sich ein weiteres Rätsel, das später dargestellt werden soll.

Es steht fest, dass Napoleon von Josephine keine Kinder zu erwarten hatte. Seine Zeugungsfähigkeit wird allerdings durch mindestens zwei uneheliche Söhne aus jener Zeit dokumentiert. Um die Dynastie zu sichern, ließ sich Napoleon 1809 aus Gründen der Staatsräson und der Thronfolge scheiden. Alles lief rasch und problemlos: Die zivile Scheidung erfolgte offiziell wegen der unkorrekten Altersangabe bei der Heirat. Die kirchliche Trauung wurde für ungültig erklärt, weil damals zwei Trauzeugen gefehlt hatten. So einfach ging das!

Wer die zweite Frau Napoleons werden sollte, war kurze Zeit unklar. Am liebsten wollte er eine Schwester des Zaren, aber dieser winkte ab. Da brachte der österreichische Außenminister Metternich *Marie Louise*, eine Tochter von Kaiser Franz I., ins Spiel und eine Verbindung von Frankreich und Österreich war politisch durchaus interessant. Marie Louise (1791–1847) war bei der Eheschließung 19 Jahre alt, also 22 Jahre jünger als Napoleon. Die Kaisertochter aus Wien wurde 1810 Kaiserin von Frankreich. Am 20. März 1811 wird in Paris der erhoffte männliche Thronfolger geboren. Es war eine schwere Entbindung, das Kind musste wegen Querlage in der Gebärmutter auf den Fuß gewendet und der Kopf mittels Zange entwickelt werden. Noch am selben Tag erfolgte die Nottaufe: Napoleon, François, Joseph, Charles. Das Kind wurde zum „König von Rom" proklamiert und am gleichen Abend in der Kapelle der Tuillerien gesalbt, um damit anzuzeigen, dass Frankreich das Erbe des Hl. Römischen Reiches übernommen habe.

Nach der militärischen Niederlage und der Abdankung Napoleons verließen Marie Louise und ihr Sohn 1815 Frankreich und kehrten über Umwege nach Wien zurück. Marie Louise lebte seit Anfang 1816 offiziell mit dem Feldmarschall-Leutnant Adam Albrecht Graf Neipperg zusammen, den sie nach dem Tod Napoleons auch heiratete. Zuvor hatte sie dem Grafen die Töchter Albertine und Mathilde sowie den Sohn Wilhelm Albrecht geboren. Sie war Herzogin von Parma geworden und zeigte keinerlei Interesse an Napoleons Schicksal. Auch um ihren ersten Sohn hat sie sich nie gekümmert.

Erstaunlich war auch die Karriere der Neippergs. Wilhelm Albrecht wurde in den Fürstenstand erhoben und der Name italienisiert. Aus Neipperg (ursprünglich Neuberg) wurde Montenuovo, und der Enkel Marie Louises, Alfred Fürst Montenuovo, war die letzten 19 Jahre Obersthofmeister von Kaiser Franz Joseph. Obwohl sein Familienursprung nicht ganz standesgemäß war, oder vielleicht gerade deshalb, achtete er in Fragen des höfischen Protokolls auf unerbittliche Einhaltung aller Vorschriften. Dadurch kam er in großen Konflikt mit Thronfolger Erzherzog Franz Ferdinand und dessen „unebenbürtiger" Gattin Sophie von Hohenberg.

Die anderen Damenbekanntschaften und deren Kinder

Angeblich war Napoleon ein miserabler Liebhaber – aber was macht das schon bei einem Spitzenmilitär, Konsul und sogar Kaiser? Da es ihm leicht gemacht wurde, nutzte er während seiner Ehe mit Josephine jede sich bietende Gelegenheit zu einem Seitensprung. Sängerinnen, Schauspielerinnen, Tänzerinnen, die Hofdamen seiner Frau sowie die Ehefrauen seiner Minister und Generäle waren seine bevorzugten Gespielinnen. Wie solche Rendezvous in der Regel abliefen, wurde selbstverständlich von den Hofbeamten notiert:

> „Der Kaiser sitzt gewöhnlich an einem kleinen Tisch und unterzeichnet seine zahllosen Dekrete. Wenn eine Dame angekündigt wurde, bat er sie, ohne von seinem Arbeitstisch aufzublicken – im Bett auf ihn zu warten. Später geleitete er sie mit einem Leuchter in der Hand aus dem Schlafzimmer, um unverzüglich an seinen Tisch zurückzukehren ... wesentliche Teil des Rendezvous hatte keine drei Minuten gedauert."

Über eine Schauspielerin wurde berichtet:

„Zum Stelldichein geladen lässt ihr Bonaparte mitteilen, er habe noch zu arbeiten, sie solle sich schon einmal ins Schlafzimmer begeben. Als sie sich nach einigen Stunden vergeblichen Wartens in Erinnerung bringt, erhält sie die Aufforderung, sich zu entkleiden, er werde gleich erscheinen. Nackt und frierend lässt sie nach geraumer Zeit erneut anfragen; diesmal entscheidet Bonaparte, in seine Arbeit vertieft und sichtlich entnervt, Madame möge sich wieder anziehen und verschwinden."

All das störte die meisten jedoch nicht, der Prestigegewinn einer Liaison mit dem ersten Mann Frankreichs war zu groß.

Napoleon ging es bei seinen zahllosen Frauenkontakten um etwas ganz Bestimmtes: Die Ehe mit Josephine blieb kinderlos, sollte er also wirklich nicht imstande sein, ein Kind zu zeugen? Ganz Europa tuschelte darüber. Also suchte er eine Bestätigung seiner Zeugungsfähigkeit, und die Kinder trafen auch ein.

Im Januar 1806 wird das Mädchen Emilie geboren, die einzige Tochter Napoleons. Mutter ist die Ehefrau des adeligen Geschäftsmannes de Pallagra. Emilie heiratete zweimal und hatte selbst einige Kinder. Sie starb mit 65 Jahren nach einem ruhigen Leben ohne größere Ereignisse.

Napoleons erster Sohn kommt im Dezember 1806 auf die Welt und wird Leon genannt. Eleonore Denuelle de la Plaigne, eine Hofdame von Schwester Caroline, verheiratete Murat, ist die Mutter. Der Vorschlag der Mutter, das Kind Napoleon zu taufen, wurde kategorisch abgelehnt, lediglich die zweite Hälfte des Namens wurde erlaubt und so hieß das Kind Leon. Eleonore starb 1868 in Paris. Leon erhielt zwar einen Grafentitel, wurde jedoch ein Taugenichts und Spieler. Die Bonapartes mussten laufend für seine immensen Schulden aufkommen, 1881 starb er verarmt.

Die berühmteste Liebesgeschichte Napoleons ist die zwei Jahre dauernde Beziehung zur polnischen Gräfin Maria Walewska. Als sie im Januar 1797 in Warschau bei einem Galaempfang Napoleon vorgestellt wurde, war sie 21 Jahre alt und seit drei Jahren mit dem 72-jährigen Grafen Walewski verheiratet. Marias Hauslehrer war der französische Emigrant Nicolas Chopin, der Vater des Komponisten. Seit 1795 war das Königreich Polen aufgelöst, die Gebiete unter Preußen, Russland und Österreich verteilt und König Stanislaus II. Poniatowski zur Abdankung gezwungen worden. Im Krieg zwischen Frankreich und Preußen wurde Polen nach der Schlacht bei Jena und Auerstedt Kampfgebiet, da hier eine russische Armee aufmarschierte, um dem Preußenkönig zu helfen. So kam Napoleon nach Polen und wurde dort als Befreier empfangen. Niemand ahnte, dass ihm das Schicksal des polnischen Staates völlig gleichgültig war und er es lediglich auf Rekruten aus Polen für seine Armee abgesehen hatte.

Napoleon war vom ersten Augenblick der Begegnung an von Maria Walewska fasziniert. Sie zögerte zwei Monate. Doch dann folgte sie ihm nach Ostpreußen, Paris und Wien. 1809 lebten Maria Walewska und Napoleon zwei Monate im Schloss Schönbrunn. Wahrscheinlich in Wien gezeugt, bringt Maria im Mai 1810 den Sohn Alexander Florian Josef zur Welt, da war Napoleon aber schon mit Marie Louise verheiratet. Die Walewska kommt zwar mit dem Kind nach Paris, die Beziehung ist jedoch zu Ende. Der kleine Alexander wird in den Grafenstand erhoben und großzügig finanziell ausgestattet. Nach dem Zusammenbruch des Kaiserreiches besuchten Maria und Sohn Napoleon auf Elba, später trafen sie einander einmal noch in Paris, dann nicht mehr. 1816 heiratete Maria den Grafen Ornano. Sie starb im Dezember 1817 41-jährig an einem Nierenleiden.

Napoleons Sohn Alexander machte eine glänzende Karriere. Er wurde ein führender polnischer Freiheitskämpfer, trat dann in die französische Fremdenlegion ein und stieß schließlich zur Politik. Unter der Herrschaft seines „Cousins" Napoleon III., dem Sohn von Hortense und Louis, wurde er französischer Außenminister und Präsident der gesetzgebenden Körperschaft. Er erhielt den Herzogtitel und das Kreuz der Ehrenlegion. Herzog Alexander Walewski starb 1868 im Alter von 57 Jahren an einem Schlaganfall.

Das Schicksal von Napoleons einzigem legitimen Sohn

Der einzige legitime Sohn Napoleons, das Kind der Marie Louise von Österreich, hatte einen tragischen Lebensweg. Der vierjährige Knabe wurde nach der Niederlage seines Vaters bei Waterloo und der neuerlichen Abdankung Napoleons am 23. Juni 1815 von der Deputiertenkammer in Paris zum Kaiser Napoleon II. ausgerufen. Die alliierten Siegermächte – England, Russland, Preußen, Österreich – holten jedoch den Bourbonenkönig Ludwig XVIII. zurück, der am 9. Juli in Paris einzog. Das Kind war dennoch etwas mehr als zwei Wochen Kaiser der Franzosen, danach aber war alles aus.

Der Knabe kam zwar zunächst mit seiner Mutter nach Wien, Marie Louise reiste aber mit ihrem Liebhaber Neipperg nach Parma weiter, ohne ihrem Sohn etwas davon zu sagen. Das Kind blieb in Wien und bekam beträchtliche Differenzen mit seinen österreichischen Erziehern, denn er war ein schlimmes Kind, ein unglückliches Kind und wurde wie ein Staatsgefangener gehalten. Metternich fürchtete immer noch einen künftigen Napoleon II. und um von vornherein zu verhindern, dass der Erbe der Dynastie Bonaparte eines Tages Anspruch auf den französischen Thron erhob, sollte aus dem Sohn des französischen Kaisers ein österreichischer Prinz gemacht werden. Er durfte aber in der Hierarchie des Hofes nicht zu hoch stehen – welchen Titel konnte man ihm also unbesorgt verleihen? Darüber wurde lange debattiert, schließlich einigte man sich auf „Herzog von Reichstadt". Dies hatte den Vorteil, dass die wenigsten Menschen sich darunter etwas vorstellen konnten, weil kaum jemand diesen Ort in Böhmen kannte. Die Talfahrt in der Hierarchie war rasant: Vom „König von Rom" (1811) über „Kaiser Napoleon II." (1815) und „Prinz von Parma" (1816) war der Sohn Napoleons mit neun Jahren (1818) zum „Herzog von Reichstadt" geworden. Inhaber eines Herzogtums, das auf der Landkarte gar nicht zu finden war.

Der junge Herzog hatte von seiner Mutter nichts zu erwarten, er war praktisch Vollwaise. Da griff der Hof zu einem erprobten Mittel: Schon als Kind wurde ihm ein Übermaß an Ablenkungen und Zerstreuungen geboten, zunächst Theater, Ballveranstaltungen und Jagden, später Frauen. Letzteres war nicht schwer, der Jüngling war außergewöhnlich schön und überdies unglücklich – welches Frauenherz konnte da widerstehen? Sehr früh begann er zu trinken, die Alkoholmengen waren beträchtlich. Und dann wurde er krank. Die Tuberkulose begann, als er 16 Jahre alt war, und wurde längere Zeit von den Ärzten nicht erkannt (oder sie wollten sie nicht erkennen). Das Leiden dauerte sechs Jahre, am 22. Juli 1832 starb der Sohn Napoleons im Alter von 21 Jahren in Schönbrunn.

– Wo liegt Napoleons Sohn begraben? –

Der Sarg des Herzogs von Reichstadt blieb bis 1940 in der Wiener Kapuzinergruft. Auf Anordnung Adolf Hitlers und als großzügige Geste an den damaligen Präsidenten des besetzten Frankreich, Marschall Pétain, wurde der Sarkophag mit den sterblichen Überresten in diesem Jahr nach Paris überführt. Zunächst standen dort die Särge von Vater und Sohn nebeneinander im Invalidendom, später wurde der Sohn in die Krypta der Unterkirche gebracht.

Da dem Transportkommando der Nationalsozialisten jedoch die komplizierten Begräbnisbräuche am Wiener Hof nicht geläufig waren, wurde zwar der Sarg nach Paris geschickt, Herz und Eingeweide aber blieben in Wien. In der Familie Habsburg war es Tradition, das herausgenommene Herz in der Loretto-Kapelle der Augustinerkirche, im so genannten „Herzgrüftl", aufzubewahren; die Eingeweide kamen in Metallkesseln in die Katakomben des Stephansdoms. So wurde der Sohn des Franzosen Napoleon und der Österreicherin Marie Louise nach seinem Tod schließlich zwischen beiden Ländern aufgeteilt.

Eine ganz wilde Geschichte

Am 26. Mai 1828 tauchte in Nürnberg ein junger Mann auf, der weder ordentlich sprechen noch richtig gehen konnte, grelles Licht scheute und sich vor den Menschen fürchtete. Er trug zwei Briefe bei sich, in denen stand, dass er vor 16 Jahren von seiner Mutter ausgesetzt worden sei, Kaspar heiße und nun bayerischer Soldat werden sollte. Er selbst schrieb ungelenk auf ein Stück Papier „Kaspar Hauser" und unter diesem Namen ist er in die europäische Geschichte eingegangen. Er kam zu einer Pflegefamilie, lernte sprechen, lesen und schreiben und berichtete, den Großteil seines Lebens in einer Art Gefängniszelle verbracht zu haben. Gerüchte tauchten auf, er sei ein Angehöriger eines herrschenden Fürstenhauses und aus Gründen der unerwünschten Erbfolge aus dem Weg geräumt worden. Gerichtspräsident Anselm von Feuerbach (1755–1833) stellte Ermittlungen an und stieß auf die Familie der Großherzöge von Baden, wo der Zweig der regierenden Zähringer abrupt und unerwartet ausgestorben und durch den Zweig der Hochberger ersetzt worden war.

Feuerbach verfasste 1832 eine Denkschrift, in der er die Vermutung äußerte, Kaspar Hauser sei der gewaltsam entfernte Erbe der Zähringer-Linie. Im darauf folgenden Jahr 1833 starb

Feuerbach unter ungeklärten Umständen, man sprach von einer Arsenvergiftung; allerdings muss man bedenken, dass Feuerbach 78 Jahre alt wurde, ein für die damalige Zeit höchst seltenes und ungewöhnliches Alter. Am 14. Februar 1833 wurde Kaspar Hauser niedergestochen und erlag drei Tage später seinen Verletzungen.

– Wie könnte sich die Geschichte
um Kaspar Hauser abgespielt haben? –

Stephanie de Beauharnais, eine Nichte der ersten Gattin Napoleons, wurde von diesem adoptiert und aus politischen Gründen 1806 mit Erbprinz Karl von Baden, einem Zähringer, verheiratet. Die Ehe lief schlecht, beide Partner passten überhaupt nicht zueinander. 1811 wurde Karl nach dem Tode seines Großvaters Karl Friedrich regierender Großherzog von Baden. Dieser alte Karl Friedrich war zweimal verheiratet gewesen; aus der ersten Ehe, der Zähringer-Linie, ging der Erbprinz und spätere Großherzog Karl hervor, aus der zweiten Ehe stammte das Geschlecht der Hochberger, ohne Thron und ohne Macht, aber in Warteposition.

Nach der Aussöhnung der Ehegatten brachte Stephanie fünf Kinder zur Welt, drei Töchter und zwei Söhne:

1811	Luise, spätere Frau des schwedischen Prinzen Wasa
1812	Ein Sohn stirbt (?) nach 17 Tagen; er erhielt angeblich auf Wunsch der französischen Mutter den Vornamen Gaspard, also Kaspar.
1813	Josephine, spätere Frau des Karl Anton von Hohenzollern-Sigmaringen
1817	Ein weiterer Sohn starb im Kleinkindalter.
1817	Marie, spätere Frau des Herzog Hamilton

Stephanies Mann, Großherzog Karl, starb 1818, und nun gab es keinen männlichen Thronerben der Zähringer, denn beide

Söhne der Stephanie waren tot. So übernahm Karls Onkel Ludwig (1763–1830) die Regentschaft. Dessen Geliebte war die zweite Frau und Witwe des 1811 gestorbenen Karl Friedrich, Luise Karoline Geyer von Geyersberg, Reichsgräfin von Hochberg (1768–1820). Diese Luise war demnach die Stiefgroßmutter des verstorbenen Karl und damals 50 Jahre alt, sein Onkel Ludwig war 55 Jahre alt.

Und nun vermuten einige Historiker, dass sich Folgendes abgespielt hat: Luise Karoline, eine Hochberg, wollte Leopold, ihren einzigen Sohn mit dem alten Karl Friedrich, auf den Thron bringen. Dabei war Gaspard, der Sohn von Stephanie und dem Zähringer Karl, im Weg und musste verschwinden. Das Kind wurde jedoch nicht getötet, sondern gegen einen sterbenskranken Säugling ausgetauscht und in Einzelhaft isoliert. So ging die Nachfolge im Hause Baden auf die Hochberg-Linie über, Leopold wurde später Großherzog. Warum das ausgetauschte Kind nicht umgebracht wurde, ist rätselhaft, denn man war nicht zimperlich in jener Zeit, wenn es um die Erbfolge ging. Vielleicht wollten sich Luise Karoline und auch Ludwig für alle Fälle ein Faustpfand gegen Leopold in der Hand behalten. Über das Motiv der Freilassung des Häftlings im Jahre 1828 herrscht Unklarheit. Fest steht, dass die Zähringer im Großherzogtum Baden unter dubiosen Umständen durch die Hochberger abgelöst wurden.

Völlig offen bleibt die Frage, ob Stephanie Beauharnais die Mutter Kaspar Hausers war. In den Jahren 1996 sowie 2002 wurden DNA-Analysen zum Erbgutvergleich zwischen Nachfahren von Stephanie und Haaren sowie Blutresten auf der Kleidung von Kaspar Hauser durchgeführt. Hochrangige Experten leiteten die Analysen und kamen zu unterschiedlichen Ergebnissen. So blieb als Fazit der Gutachten nur der Satz: „Die Ergebnisse sind widersprüchlich und helfen keinem weiter." Die Spekulationen über die Herkunft des Kaspar Hauser sind daher noch nicht zu Ende.

Was hat Andreas Hofer mit Eugène Beauharnais zu tun?

Nach dem Sieg Napoleons bei Austerlitz beendeten Frankreich und Österreich im Dezember 1805 den Krieg. Die von Frankreich diktierten Friedensbedingungen verlangten von Österreich unter anderem die Anerkennung eines mit dem französischen Kaisertum verbundenen Königtums in Italien. Vizekönig wurde dort Eugène Beauharnais, Napoleons adoptierter Stiefsohn. Als weitere Friedensbedingung erhielt das neu geschaffene Königreich Bayern neben anderen Ländereien von Österreich auch Tirol. König von Bayern wurde der Wittelsbacher Max Joseph, der Schwiegervater des Eugène Beauharnais.

Sofort wurde von München aus jede Art von Brauchtum, Eigenständigkeit und Selbstverwaltung im Lande Tirol drastisch unterdrückt. Es kam zu Aufständen des Volkes gegen die bayerische Herrschaft. Einer der Anführer war Andreas Hofer, Gastwirt und Viehhändler. Er glaubte an eine Unterstützung durch Österreich, diese blieb jedoch aus. Der militärische Amateur Hofer gewinnt zwar mehrere Gefechte am Berg Isel gegen die Bayern, schreibt aber nach der Enttäuschung durch Österreich an Eugène mit der Bitte um Anschluss an das Königreich Italien oder das französische Kaiserreich. Eugène teilt dies Napoleon mit: „Was ich bezeugen kann, ist ein unüberwindlicher Hass aller Tiroler gegen Bayern! Die Aufständischen würden gerne die Waffen niederlegen, aber nur gegen das Versprechen, dass sie keinesfalls bei Bayern verbleiben und nimmermehr unter bayerische Gesetze kommen! Sie wollen Italiener oder Franzosen werden." Napoleon entscheidet anders, Tirol wird geteilt, der Süden kommt zu Italien, während der Norden bei Bayern bleibt (bis er 1814 wieder an Österreich zurückfällt).

Damit ist niemand zufrieden, der von Eugène ausgehandelte Waffenstillstand wird gebrochen und die Rebellion gegen Bayern, das nun auch französische Hilfe bekommt, flammt wieder auf. Andreas Hofer wird von den Franzosen gefangen genommen und nach kriegsgerichtlicher Verurteilung in Mantua erschossen, auf dem Boden des Königreiches Italien. Hätte Napoleon den Hofer und seine Tiroler zu Franzosen oder Italienern gemacht, so wäre der „Sandwirt von Passeier" niemals ein Freiheitskämpfer und lokaler Volksheld geworden.

Napoleon mischte immer mit

Zu keiner anderen Zeit wurden die Kleinstaaten Europas derart durcheinander gewirbelt wie in der Napoleonischen Ära. Neugründungen, Zusammenlegungen, Trennungen und vom Imperator eingesetzte sowie wieder abberufene Fürsten machten die Geografie wie auch die Herrschaftsverhältnisse ziemlich unübersichtlich. So kam es nicht selten zu kuriosen Kombinationen von Ländern und Regenten, deren Folgen noch fast ein Jahrhundert nachwirkten.

Nehmen wir als Beispiel das italienische Herzogtum Parma und Piacenza: Papst Paul III. trennte diese Gebiete 1545 vom Kirchenstaat ab und übertrug sie seinem leiblichen Sohn, Pier Luigi Farnese, als erbliches Herzogtum. Ab 1731 folgten Spanier, Österreicher und Franzosen als Herzöge. 1801 errichtete Napoleon das Königreich Etrurien, das die Toskana mit der Hauptstadt Florenz und neben anderen Gebieten auch Parma und Piacenza umfasste. Mit dieser Gründung wollte er die Bourbonen etwas versöhnen, denn er setzte Ludwig I. (1773–1803) aus der Linie Bourbon-Parma als König ein. Ludwig war mit der spanischen Infantin Marie Luise verheiratet, die nach dem frühen Tod ihres Mannes stellvertretend für ihren Sohn Karl Ludwig bis 1807 regierte. Dann wurde Etrurien von Napoleon wieder aufgelöst und die Gebiete zum Großteil von Frankreich annektiert. Marie Luise kehrte nach Spanien zurück.

Nach dem Sturz Napoleons sprach der Wiener Kongress Parma und Piacenza der Habsburgertochter und Gemahlin Napoleons, Marie Louise, zu. Die Namensgleichheit der beiden Damen ist Zufall, sonst nichts. Nach dem Tod der Witwe Napoleons 1847 fielen die Herzogtümer zurück an den Sohn der spanischen Marie Luise, Karl Ludwig von Bourbon-Parma (1799–1883), der ja als Kind bereits nominell König von Etrurien gewesen war. 1859 aber war mit dem Herzogtum Parma und Piacenza Schluss, die Gebiete wurden dem neu entstehenden Königreich Italien eingegliedert. Das Haus Bourbon-Parma war damit zu „ehemals regierenden" Fürsten geworden. Dies machte aber gar nichts, denn einen Herrschaftsanspruch verliert man nicht mehr und bleibt daher eigentlich auf ewig den regierenden Fürsten ebenbürtig. Das ist wichtig, denn sonst wäre eine wesentliche Heirat der Hocharistokratie nicht möglich gewesen. Die Urenkelin des Karl Ludwig von Bourbon-Parma, die Tochter des letzten regierenden Herzogs, Robert, hieß Zita und heiratete 1911 Karl von Habsburg, welcher der letzte Kaiser von Österreich werden sollte. Wohin man auch blickt, in den letzten 200 Jahren der Geschichte Europas hatte Napoleon immer irgendwie seine Hand im Spiel.

Auch am Ende des Deutschen Reiches war Napoleon schuld

Betrachten wir beispielhaft das Jahr 1790. Das ehrwürdige Heilige Römische Reich Deutscher Nation erschien noch völlig intakt und funktionsfähig. Es starb zwar gerade ein Kaiser, Josef II., der älteste Sohn Maria Theresias, aber es wurde sofort ein neuer Kaiser gewählt, sein Bruder Leopold II. Die Revolution in Frankreich war seit einem Jahr im Gange, die Reaktion der Fürsten im Reich fiel unterschiedlich aus. Einerseits bestand natürlich die Sorge, dass die eigenen Untertanen ebenfalls einen Aufruhr planen könnten, andererseits schien es beruhigend, die Großmacht im Westen innerlich geschwächt und mit den eigenen Problemen beschäftigt zu wissen.

In diesem Jahr 1790 war Napoleon 21 Jahre alt, König Ludwig XVI. und Marie Antoinette hatten noch knapp drei Jahre zu leben, Mozart schrieb *Così fan tutte* und Goethe arbeitete einerseits am *Faust*, andererseits an den *Metamorphosen der Pflanzen*. Hinter dem äußerlichen Reichsfrieden nahm die Rivalität zwischen der alten Vormacht Österreich und dem aufsteigenden Brandenburg-Preußen zu. Die mittleren und kleinen deutschen Fürstenstaaten spielten noch keine größere Rolle.

Der Kaiser war auf die Stärke seiner eigenen Hausmacht angewiesen, deren Schwerpunkt für die regierenden Habsburger am östlichen Rand des Reiches und auch jenseits von dessen Grenzen lag, denn z. B. Ungarn gehörte nie zum Deutschen Reich. Als Herrscher seiner Erblande hatte der Kaiser die gleichen Interessen wie die anderen Fürsten: Aufrüstung und Stärkung der Armee, Straffung der inneren Verwaltung und Sicherung des eigenen Territoriums. So bildeten sich also zahlreiche Einzelstaaten, was mit dem alten Reichsgedanken nicht übereinstimmte. Das Reich selbst verlor auch für den Kaiser seine historische Bedeutung, denn eigentlich war es seit langem nur mehr ein ideelles Konstrukt.

Und nun schlitterte Europa ab 1792 in einen Strudel von Kriegen, der erst 23 Jahre später enden sollte. Österreich und Preußen versuchten auf das vermeintlich geschwächte Frankreich Druck auszuüben, die revolutionäre französische Regierung reagierte auf die diplomatischen Drohgebärden jedoch anders als erwartet und erklärte Österreich den Krieg. Und dann ging alles Schlag auf Schlag. Frankreich erwies sich vor allem unter Napoleons Führung als siegreiche Militärmacht. Alle ursprünglichen Reichsterritorien links des Rheins bis zu den österreichischen Niederlanden gingen verloren, dann erreichte der Krieg Süddeutschland. Von beiden Kriegsparteien wurde geplündert und verwüstet, niemand wusste genau, wem er sich anschließen sollte und was günstiger wäre. Damit bröckelte der Reichsgedanke zunehmend auseinander.

Österreich und Preußen standen überdies unter dem Verdacht, das Reich unter sich aufteilen zu wollen, Frankreich wurde von den kleinen süddeutschen Fürstentümern als Schutzmacht angesehen. Bayern, Württemberg und Baden strebten nach territorialer Vergrößerung und Napoleon förderte diese Bestrebungen, um die beiden Großmächte Österreich und Preußen nicht allzu stark werden zu lassen. Der Einfluss von Wien und Berlin wurde im Reich zurückgedrängt. Es erfolgte eine Säkularisierung der geistlichen Fürstentümer, so kam etwa im Sommer 1805 das Fürsterzbistum Salzburg an Österreich. Dazu eine geschichtliche Anmerkung: Streng genommen war Wolfgang Amadé Mozart kein gebürtiger Österreicher, denn 1756, bei Mozarts Geburt, war Salzburg noch ein selbstständiges Fürstentum. Es gehörte zum Reich, aber nicht zu Österreich.

Am 25. Februar 1803 kam es zum Reichsdeputationshauptschluss: Zwei Kurfürstentümer (Köln und Trier), 19 Reichsbistümer, 44 Reichsabteien und 45 Reichsstädte verloren ihre eigenständige politische Existenz und wurden neuen Herren unterstellt. Das Desinteresse der Großmächte an einer Erhaltung des einheitlichen Reiches war deutlich. Als Kaiser Franz II. sich selbst 1804 in Reaktion auf Napoleons Kaiserkrönung zum erblichen Kaiser von Österreich machte, war dies ein eklatanter Bruch der ursprünglichen Reichsverfassung. Gleichzeitig Kaiser sowohl des Reiches als auch von Österreich zu sein, war ein Widerspruch in sich selbst. Nach den Niederlagen Österreichs und Russlands gegen Frankreich ging die Neuordnung Europas los. Bayern und Württemberg wurden Königreiche, Baden ein Großherzogtum. Dies alles stärkte die deutschen Reichsfürsten, während die Macht des Kaisers weiter geschwächt wurde. Immer mehr deutsche Fürsten schlossen Sonderverträge mit Napoleon, die Einheit des Reiches wurde zerstört. Am 6. August 1806 legte Franz II. die deutsche Kaiserkrone nieder und erklärte das Ende des Heiligen Römischen Reiches. Er regierte als Kaiser Franz I. nunmehr ausschließlich das Kaisertum Österreich.

Anmerkungen zum Heiligen Römischen Reich

Es entstand in der Nachfolge des antiken Römischen Reiches, des Imperium Romanum. Seit Konstantin dem Großen (288–327) verschmolzen römisches und christliches Reichsbewusstsein. Dann kam die Spaltung in Weströmisches und Oströmisches Reich, wobei die eigentliche Fortsetzung des Imperiums in Byzanz erfolgte. Die Päpste in Rom gingen jedoch ein Bündnis mit dem aufstrebenden Frankenreich ein, es kam zur Gründung des Kirchenstaates und schließlich wurde der Frankenkönig Karl der Große am Weihnachtstag des Jahres 800 in Rom zum Kaiser gekrönt. Die Vorgeschichte dazu ist nicht ganz einfach: In Byzanz herrschte damals die Kaiserin Irene. Ein Sohn der Irene, der spätere Kaiser Konstantin VI., war mit einer Tochter Karls des Großen verlobt, ein Zusammenschluss der Reiche schien in Aussicht. Es wurde jedoch keine Ehe daraus, und Irene selbst stürzte ihren Sohn, um von 797 bis 802 allein zu regieren. Weil eine Frau nicht Beschützer der Christenheit sein konnte, erklärte der Papst den Kaiserthron als vakant und setzte Karl die Krone auf. Damit kam es zum offenen Bruch mit Byzanz, und es entstand das lateinisch-abendländische, das heilige römische Kaisertum. Man muss aber wissen, dass es zwei Kaiser gab: den römisch-deutschen und den byzantinischen. Das oströmisch-byzantinische Kaisertum endete 1204 mit der Eroberung, Plünderung und Zerstörung Konstantinopels durch die Kreuzfahrer.

Seit Otto dem Großen (912–973) besaß der zum deutschen König gewählte Fürst den Anspruch, in Rom die Kaiserkrone zu empfangen. Durch diese Kaiserwürde wurde der jeweilige deutsche König der weltliche Beistand von Papst und Christenheit: Das Heilige Römische Reich Deutscher Nation war entstanden und dauerte in seiner Reichsidee eigentlich fast ein Jahrtausend lang, von Otto I. (962) bis Franz II. (1806). Der römisch-deutsche Kaiser war der ranghöchste Fürst der Christenheit. Damit war jedoch zwangsläufig eine Rivalität zum geistlichen Oberhaupt, dem Papst, gegeben. Streitigkeiten waren an der Tagesordnung, aber man wusste sich zu arrangieren – sonst wären beide Amtsinhaber in Gefahr gewesen.

Formal ging die Erhebung zum Kaiser so vor sich: Die sieben Kurfürsten wählten den deutschen König, der auch sofort gekrönt wurde. Kam es später zu einer päpstlichen Kaiserkrönung, so war es gut, wenn nicht, machte es auch nichts, denn ab 1508 nahmen die Herrscher den Titel „Erwählter Römischer Kaiser" an und eine Bestätigung durch den Papst war nicht mehr notwendig. Gewählt wurde der König und damit war er automatisch auch Kaiser. Die Kaiserkrone war nicht offiziell vererbbar, sie musste durch die Wahl der Kurfürsten erworben werden. Es gab daher jedes Mal Wahlkampf. Der Papst mischte sich immer ein und brachte einen Kandidaten ins Spiel, die Kurfürsten selbst waren sich nur selten einig und außerdem gab es später unter ihnen Katholiken und Protestanten.

Das wirkliche Sagen hatten die Großinvestoren und die Banken, das Ganze lief also sehr gegenwartsnah ab. Geld benötigte man zunächst einmal für Bestechungen, dann zur Begleichung der Schulden des Vorgängers und schließlich zur Aufrüstung eines Heeres. Eine schlagkräftige Truppe war und ist ein gutes Argument, wenn es um die Macht geht. Die Summen, die da bewegt wurden, gingen ins Gigantische. Der objektive Gegenwert des Geldes belief sich auf Tonnen von Gold! Die Fugger und Welser in Augsburg, die Gualtarotti in Florenz sowie die Fornari und Vivaldi in Genua zogen mittels ihrer Kredite die Fäden. Zurückgezahlt wurde sehr zögerlich, beliebt war die Verleihung von Adelstiteln als Gegenleistung für Schuldenerlass. Ein entscheidender Punkt war wichtig: Dem gekrönten Kaiser stand es zu, bereits zu Lebzeiten, also „vivente imperatore", einen Nachfolger, einen römischen König, wählen zu lassen, der später die Erbfolge übernahm. Vor allem die Habsburger nutzten diese Chance und die Kaiserwürde blieb somit in der Familie.

Der Zusammenschluss der einzelnen Fürstentümer und Staaten zum „Reich" war ein rein ideeller, es handelte sich um einen eher theoretischen Lehensverband gegenüber dem Kaiser. Dieses Reich zerbrach im Gefolge der Napoleonischen Kriege und der damit verbundenen Neuordnung Europas.

Der rosarote Prinz

Er hat den Kahlenberg als Ausflugsgelände für die Wiener Bevölkerung erschlossen und liegt auch im dortigen Waldfriedhof begraben. So wie dieser Friedhof versteckt und vergessen ist, interessiert sich heute kaum jemand für den einstigen Feldmarschall, Reisenden, Kosmopoliten, Höfling, Schriftsteller und Lebenskünstler. Selbst wenn man seinen Namen nennt, sagt dieser den wenigsten etwas.

Der intelligente, lebensfrohe und hoch gebildete Rokokoprinz lebte lange Zeit in Wien, war aber eigentlich international. Gegen Ende seines Lebens stellte er die Berechnung an, dass er rund 25 Jahre im Reisewagen zugebracht hatte. Könige und Denker suchten gleichermaßen seine Gesellschaft. Er besaß die Fähigkeit, sowohl mit Maria Theresia als auch mit Friedrich dem Großen, mit Voltaire und Rousseau, mit Josef II. und Casanova befreundet zu sein, mit den gegensätzlichsten Naturen also.

Der „rosarote Prinz" – so wurde er wegen der Farbe, die seine Häuser, Bucheinbände, Kaleschen, ja selbst die Uniformen seiner Soldaten trugen, genannt – kam aus den österreichischen Niederlanden. Dort hatte seine Familie große Besitzungen, die er später alle verlor. Nach glanzvollen Zeiten an den Höfen von Versailles und Wien sowie bei Katharina II. wurde er in Wien zur Zeit von Kaiser Franz (II.)I., d. h. nach der Gründung des österreichischen Kaisertums, zu einem geistsprühenden, aber verarmten Relikt einer vergangenen Zeit. Die Epoche der Aufklärung war vorüber, individuelle und universelle Geister wie er waren nicht mehr gefragt. Der Prinz schlug schon damals vor, die Juden sollten die Chance erhalten, in Palästina einen eigenen Staat zu gründen.

Goethe nannte ihn den frohesten Mann des Jahrhunderts, und er verfügte auch über einen bemerkenswerten Humor. Als er einmal gefragt wurde, was er im Leben am liebsten werden wollte, antwortete er: „Bis dreißig eine schöne Frau, bis sechzig General einer Armee und bis achtzig Kardinal." Sogar an seinem Todestag lieferte er noch ein Bonmot. Es war ein kalter, schöner Dezembertag, also schlug man vor, das Fenster zu öffnen, draußen sei „le temps beau" – schönes Wetter. Der 79-Jährige antwortete schlagfertig: „Oui – le tombeau" – „Ja, das Grab."

– Wer war dieser frohe, rosarote Prinz? –

Charles Joseph Lamoral, Prince de Ligne (1735–1814) wurde in Brüssel geboren. Sein Vater war Reichsfürst Claudius, seine Mutter Elisabeth stammte aus dem deutschen Haus Salm-Salm. Der junge Prinz gehörte zu den reichsten und beliebtesten Kavalieren des Ancien Régime, stand jedoch den Österreichern weit näher als den Franzosen. Als Napoleon die Kaisertochter Marie Louise heiratete, sagte er dazu: „Es ist besser, dass eine Erzherzogin zum Teufel geht als eine ganze Monarchie."

Als Freund und Gesinnungsgenosse von Kaiser Josef II. weigerte er sich, beim Aufstand der österreichischen Niederlande gegen Habsburg mitzumachen. Österreich verlor Belgien und Luxemburg, de Ligne Besitzungen und Vermögen. Im Alter führte er in Wien in seinem Haus auf der Mölkerbastei und seinem Landhaus auf dem Kahlenberg ein Leben in fröhlicher Armut. Sein Bonmot: „Der Kongress tanzt, aber er geht nicht vorwärts" ist eigentlich alles, was von ihm im Bewusstsein einer breiteren Öffentlichkeit übrig geblieben ist, obwohl seine Schriften mehr als 40 Bände umfassen.

Erkenntnisse der Gartenarbeit

Der junge Mann war naturwissenschaftlich hoch begabt und sehr an Pflanzen und Tieren interessiert – soweit er diese Interessen als Sohn eines Kleinbauern im nordöstlichen Mähren eben realisieren konnte. Obstbaumveredelung und Bienenkunde, damit hat er sich beschäftigt. Nur unter großen Entbehrungen war der Besuch des Gymnasiums möglich, ein Universitätsstudium aber blieb unfinanzierbar. In seinem eigenhändigen Lebenslauf schrieb er später ganz offen, dass er von bitteren Nahrungssorgen „gezwungen" wurde, in den geistlichen Stand zu treten. 1843 trat er als 21-jähriger Novize in ein Augustinerkloster ein und erhielt den Namen Gregorius. Vier Jahre später wurde er zum Priester geweiht, war jedoch für das Amt eines Seelsorgers völlig ungeeignet. So schickte ihn der Abt als Hilfslehrer an das Znaimer Gymnasium, wo er Latein, Griechisch, Deutsch und Arithmetik unterrichtete. Er war bei Schülern und Kollegen beliebt und geschätzt, fiel jedoch zweimal bei der offiziellen Lehramtsprüfung durch. Daher konnte er nicht fix angestellt werden und erhielt auch nie den in Österreich so wichtigen Professorentitel. Der Abt jedoch erkannte sein Talent und sandte ihn 1851 zum Studium der Naturwissenschaften an die Universität Wien. Dort besuchte er Vorlesungen in Physik, Chemie, Zoologie, Botanik und Mathematik. Er wurde auch Mitglied des Zoologisch-Botanischen Vereins der Haupt- und Residenzstadt und veröffentlichte in der Verbandszeitung erste wissenschaftliche Arbeiten über Gemüseschädlinge. 1853 kehrte er zurück und wurde trotz fehlender Lehramtsprüfung an der Staats-Realschule als supplierender Lehrer für Naturgeschichte und Physik angestellt. 15 Jahre blieb er im Schuldienst und führte während dieser Zeit Experimente im Klostergarten durch.

Begonnen hatte der Mönch seine Experimente eigentlich mit Mäusen, aber deren Schmutz und Gestank störte die Klosterbrüder, sodass er auf Pflanzen im Garten umstieg. Das war ein Riesenglück für ihn, denn mit Mäusen wären seine Versuche gescheitert. Er pflanzte und kreuzte viele tausend Gewächse der Gattung „Pisum“, protokollierte die Ergebnisse und stieß zu allgemein gültigen Regeln vor, wie die Übertragung der Erbmerkmale von einer Generation auf die andere erfolgte. Am 8. Februar und am 8. März 1865 trug der forschende Mönch seine Ergebnisse bei Sitzungen eines lokalen naturforschenden Vereins vor. Das Publikum war offensichtlich überfordert und verstand die Bedeutung seiner Arbeit nicht. Es gab keine Wortmeldung und keine Diskussion. Ein Jahr später, 1866, erschien seine klassische, nur 47 Seiten umfassende Abhandlung unter dem Titel *Versuche über Pflanzenhybriden* im Druck. 120 Universitätsbibliotheken und 40 bekannte Fachleute erhielten Exemplare davon, aber kein zeitgenössischer Wissenschaftler erkannte die außergewöhnliche Bedeutung des Mönchs und Lehrers, alles geriet in Vergessenheit. Erst 34 Jahre später wurden seine Arbeiten wieder entdeckt. Heute wissen wir, dass sie gleichbedeutend neben den Erkenntnissen von Charles Darwin und Albert Einstein stehen.

– Wer war dieser naturforschende Klosterbruder? –

Johann, später Gregor, Mendel (1822–1884)

Er war der Sohn einfacher Bauersleute aus Heinzendorf im mährisch-schlesischen Grenzgebiet. Die Gegend gehörte zum Königreich Böhmen und damit zum österreichischen Kaisertum. Mendel wuchs deutschsprachig auf und besuchte bis zu seinem 11. Lebensjahr die einklassige Dorfschule, wo die Kinder auf Veranlassung der Gräfin Truchseß-Waldburg-Zeil ungewöhnlicherweise auch in Naturlehre unterrichtet sowie in die Obstbaumzucht und Bienenkunde eingeführt wurden. Dies sicher deshalb, weil es in der Umgebung ausgedehnte gräfliche Gärten gab, die gepflegt werden mussten. Als sein Vater 1838 nach einem schweren Arbeitsunfall kaum mehr arbeitsfähig war, musste sich der junge Mendel ab dem 16. Lebensjahr selbst durchschlagen. Das ging gerade noch bis zum Abschluss des Gymnasiums, dann gab es nur mehr den Weg ins Kloster. Er trat in das Augustinerstift St. Thomas in Altbrünn ein, und das war der richtige Ort für ihn. Das Kloster wurde sehr liberal geführt, Wissenschaft und Lehre betrieb man sogar eifriger als die Seelsorge. Das war gar nicht so abwegig, war es doch der ausdrückliche Wunsch von Kaiser Franz II. gewesen, dass sich die Klöster der Förderung der Wissenschaften und dem Lehramt widmen mögen.

Für den naturwissenschaftlich sehr interessierten Mendel eröffneten sich ungeahnte Möglichkeiten: Die Klosterbibliothek mit ihren über 20.000 Bänden war eine der modernsten der Zeit, alle Fachbücher waren vorhanden. Sofort nach ihrem Erscheinen wurden sogar die Werke von Charles Darwin angeschafft. Der *Index Librorum Prohibitorum*, das von der katholischen Kirche herausgegebene Verzeichnis der beanstandeten Bücher, liegt seit Mendels Zeit unaufgeschnitten in der Klosterbibliothek. Ein Garten sowie ein Gewächshaus standen für die Pflanzenzucht zur Verfügung. Das Amt als Gymnasiallehrer ließ Mendel genügend Zeit für seine Pflanzenexperimente und ein umfassendes Studium der Literatur. Die berühmten Kreuzungsversuche mit Erbsen ließen ihn zum Begründer der Genetik werden.

Von 1854 bis 1868, also zwischen seinem 32. und 46. Lebensjahr, arbeitete der Mönch im Garten und studierte die Vererbungsmechanismen charakteristischer Pflanzenmerkmale. Er zog unzählige Versuchspflanzen heran, befruchtete sie künstlich und verfolgte, was in den nächsten Generationen geschah. Immer schon der Mathematik zugeneigt, drückte Mendel seine Beobachtungen in Zahlenverhältnissen aus und stellte sie arithmetisch, sprich statistisch, dar. Das war der entscheidende Unterschied zu seinen Vorgängern bei Kreuzungsexperimenten. Diese hatten nur beschrieben und vage von „vielen“, „einigen“, „wenigen“ gesprochen, Mendel hingegen zählte und rechnete. Warum er gerade mit Erbsen arbeitete, mag Zufall gewesen sein, ein Glücksfall war es sicherlich. Heute wissen wir, dass Erbsen ein ideales Versuchsobjekt darstellen. Mit Mäusen hätte er das nie geschafft, aber auch nicht mit anderen Gewächsen.

Das Jahr 1868 brachte im Leben und in der wissenschaftlichen Tätigkeit Mendels eine entscheidende Wendung, denn da wurde er zum Abt des Klosters gewählt. Die administrativen und repräsentativen Verpflichtungen ließen ihm in Hinkunft kaum mehr Zeit für den Garten und die Wissenschaft. Er unternahm zahlreiche Reisen, besuchte Dresden, Frankfurt, München, Strassburg, Paris und London, knüpfte jedoch keine wissenschaftlichen Kontakte. In Wien wurde er vom Kaiser, in Rom vom Papst empfangen. Er hatte zunehmend mit Gewichtsproblemen zu kämpfen, mehrere Abmagerungskuren brachten nur vorübergehende Abhilfe. Wahrscheinlich litt er an Zuckerkrankheit, denn ein Nierenleiden, eine Augenaffektion und Herzprobleme machten ihm sehr zu schaffen. Am 6. Januar 1884 starb Mendel in Brünn, er wurde 62 Jahre alt. In einem Nachruf seiner Klosterbrüder steht „flores amavit“, „er liebte die Blumen“. Dass er den Pflanzen seine Weltberühmtheit verdanken sollte, ahnte damals noch niemand.

Die Entdeckungen des P. Gregorius Mendel

Der Augustinermönch war neben Charles Darwin zweifellos der einflussreichste Biologe des 19. Jahrhunderts. Beide waren keine akademisch gebildeten Fachleute, sondern begabte Amateure. Wie Darwin mit seiner Weltreise und der Heirat einer reichen

Erbin Glück hatte, so traf es auch Mendel mit seinem Eintritt in ein wissenschaftlich orientiertes Kloster eigentlich optimal, denn die „Pflege der Wissenschaft nach allen Richtungen hin wurde von dem Stifte stets als eine der ersten Aufgaben betrachtet".

Mendel war seit seiner Jugend am elterlichen Bauernhof an der Förderung der Landwirtschaft und der Ertragsverbesserung interessiert. Er wusste, dass bei Nutzpflanzen durch Hybridisierung Veränderungen, vor allem eine Erhöhung des Ertrages, möglich waren. Was geschieht bei einer Hybridisierung? Ein Hybride ist ein Mischling, der durch Kreuzung von zwei Arten mit verschiedenen Eigenschaften entsteht. Wird z. B. ein widerstandsfähiger, ertragreicher Rebstock mit einer geschmacklich hochwertigen Edelrebe gekreuzt, kommt dabei ein Weinstock heraus, der sowohl reichlich Früchte trägt, als auch ausgezeichnete Trauben hervorbringt. Hybriden gibt es nicht nur im Pflanzenreich, jeder Mischlingshund ist ebenfalls ein Hybride. Das gilt auch für jeden Menschen, soweit er nicht aus einer strengen Inzuchtfamilie stammt oder ein Klon ist.

Ein exakter Forscher

Bei seinen physikalischen Studien lernte Mendel exakt zu experimentieren. Nach sorgfältiger Prüfung der Eigenschaften und nachdem er jeweils reinerbige Pflanzenstämme gewonnen hatte, entschied er sich, seine Experimente mit Erbsen durchzuführen. Die Merkmale, die er auswählte und kreuzte, waren leicht und einfach zu sehen: hochwüchsig – niedrig, rot blühend – weiß blühend, gelbe Samen – grüne Samen und anderes. Normalerweise erfolgen Vermehrung und Vererbung bei Erbsen durch Selbstbefruchtung, wobei die nachfolgenden Generationen immer die gleichen Merkmale aufweisen. Mendel verwendete also Inzuchtstämme, in der Fachsprache reinerbig genannt. Nun kreuzte er rot blühende Erbsen mit weiß blühenden und in der nächsten Generation entwickelten sich nur rot blühende Pflanzen. Das Merkmal „weiß blühend“ war verschwunden. Diese erste Tochtergeneration der rot blühenden Erbsen kreuzte Mendel dann untereinander weiter und in der zweiten Generation trat das Merkmal weiß blühend wieder auf. Es war also nur eine Generation lang unterdrückt gewesen, nicht aber ausgelöscht. Rot blühend ist also eine Eigenschaft, die weiß blühend unterdrücken kann, aber nicht umgekehrt. Mendel nannte rot blühend das „dominante“, weiß blühend das „rezessive“ Merkmal und stellte fest, dass diese Merkmale in der zweiten Generation im Verhältnis 3:1 auftraten: Von vier Pflanzen zeigten drei das dominante und eine das rezessive Merkmal.

Aus diesem Zahlenverhältnis gelang Mendel die geniale Erklärung des Phänomens: Es gibt, so schloss er, für jedes Merkmal zwei kombinierbare Erbschaftsträger, jeweils einen von jedem Elternteil. Den dominanten Erbschaftsträger nannte er A, den rezessiven a. In der ersten Nachkommengeneration haben alle Pflanzen den Erbtyp Aa, in der zweiten Generation dagegen entweder AA oder Aa oder aA oder aa. Da A dominant ist, werden drei Viertel der Nachkommen das A-bestimmte Merkmal aufweisen und nur ein Viertel das a-bestimmte andere Merkmal. Das war der Beginn der Entwicklung von Vererbungsregeln. Nach der damaligen Auffassung fehlte der Merkmalsvererbung jegliche Gesetzmäßigkeit und war dem Zufall überlassen. Mendel dagegen bewies, dass Einzeleigenschaften auf selbstständige Erbeinheiten zurückgehen, die später Gene genannt wurden. Von Chromosomen und dergleichen hatte er freilich noch keine Ahnung.

Mendel erzielte seine Ergebnisse aus der Beobachtung von 12.980 aus eigenhändiger künstlicher Befruchtung hervorgegangenen Hybridpflanzen. Wendet man die Vererbungsregeln auf Mendel selbst an, so ist bemerkenswert, dass sein Großvater mütterlicherseits ein Gärtner war. In der zweiten Nachkommengeneration hat sich dieses Merkmal anscheinend durchgesetzt.

Mendels Publikation *Versuche über Pflanzenhybriden* (1866)

gehört zu den wesentlichsten Arbeiten in der Entwicklung der Naturwissenschaften. Nicht nur wegen der revolutionären Erkenntnisse, sondern vor allem weil jedes Wort bis heute uneingeschränkte Gültigkeit hat. Nichts ist überholt, nichts musste geändert werden. Selten ist eine Arbeit so nahe an die wissenschaftliche Perfektion herangekommen.

Das Desinteresse und der Mangel an Verständnis seitens seiner Zeitgenossen lösten bei Mendel eine tiefe Resignation aus. Doch da stellte das Schicksal die Weichen für seinen weiteren Lebensweg neu. Am 30. März 1868 wurde Mendel zum Abt des Klosters in Brünn gewählt. Überhäuft mit Ämtern und Würden, blieb ihm keine Zeit mehr für intensive wissenschaftliche Arbeit. Er führte lediglich seine meteorologischen Beobachtungen, Grundwassermessungen und die Bienenzucht weiter. Dreimal täglich bestimmte er den Ozongehalt der Luft und führte Protokoll darüber. Hoch geachtet im geistlichen Amt wie auch in der weltlichen Gesellschaft, verbrachte er seinen Lebensabend, seine Vererbungsexperimente waren damals schon vergessen. Er selbst hoffte auf die Zukunft, als er wenige Monate vor seinem Tod sagte: „Mir haben meine wissenschaftlichen Arbeiten viel Befriedigung gebracht, ich bin überzeugt, dass es nicht lange dauern wird, da die ganze Welt die Ergebnisse dieser Arbeit anerkennen wird.“ Das sollte allerdings erst im Jahre 1900 Wirklichkeit werden. Heute sind die Mendel'schen Vererbungsregeln Grundlage der Pflanzen- und Tierzucht sowie der Humangenetik geworden.

Grundbegriffe der Genetik

Die *Genetik* ist die Wissenschaft von den Mechanismen und Gesetzmäßigkeiten der Vererbung. *Gene* sind die steuernden Einheiten, d. h. sie tragen die Erbinformation und geben sie weiter. Diese Gene bestehen aus Gruppen linear hintereinander angeordneter Nukleinsäuren (DNA = *d*esoxyribo*n*ucleic*a*cid), die ein bestimmtes Muster bilden, den genetischen Code. Es gibt vier *DNA-Typen*, deren Variation in der Anordnung hintereinander das Muster, den Code, bildet. Und dieser Code beinhaltet alle Informationen, die zum Aufbau eines Eiweißkörpers notwendig sind. Botenstoffe übertragen diese Informationen in die zelluläre Fabrik für Eiweißherstellung. Die Eiweiße werden nach diesen Anleitungen zusammengebaut und sind die Träger von Struktur und Funktion im gesamten Körper.

Die genetischen Informationen sind also in einer jeweils charakteristischen Abfolge der erwähnten vier DNA-Typen festgelegt. Diese Stränge der DNA befinden sich in den *Chromosomen.* Auf einem durchschnittlichen Chromosom sind 2.000 bis 5.000 Gene vorhanden. Die Gesamtheit des DNA-Musters aller Chromosomen einer Zelle bzw. eines Organismus wird als *Genom* bezeichnet. Das Genom-Muster des Menschen ist nahezu aufgeklärt, was aber noch lange nicht bedeutet, dass wir alle Mechanismen verstehen bzw. sie steuern können. Das aufgeklärte Genom ist mit einem Telefonbuch vergleichbar: Wir kennen zwar die Namen und die entsprechenden Nummern, wissen aber nicht, was die betreffenden Leute und ihre Familienmitglieder gerade tun. Trotzdem versuchen wir, sie zu beeinflussen. Auch sollte man bedenken, dass eine Raupe und der daraus entstandene Schmetterling das gleiche Genom haben, aber doch völlig unterschiedlich aussehen und auch funktionieren. Desgleichen nützt es gar nichts, wenn wir zwar ein Wort kennen, aber nicht wissen, was es bedeutet. Dazu ein Beispiel: „Mayday" ist als internationales Notsignal bekannt, aber was soll „Maientag" aussagen? Gar nichts, denn eigentlich ist es französisch und heißt „m'aidez", also „helft mir". Genauso geht es uns bei der Interpretation des gegenwärtigen Wissens über die Genetik.

Das Interesse an der Entschlüsselung der Vererbungsgesetze war zwar vorhanden, in der ersten Hälfte des 19. Jahrhunderts fand jedoch niemand eine Erklärung. Und dann rückte ein anderes Problem in den Mittelpunkt der Diskussion, ja des Streites. 1859 erschien die erste Ausgabe von Charles Darwins *On the Origin of Species*, wobei die erste Titelübersetzung lautete: *Über die Entstehung der Arten im Thier- und Pflanzenreich durch natürliche Züchtung oder Erhaltung der vervollkommneten Rassen im Kampf ums Dasein*. Damit hatte eine wissenschaftliche Bombe eingeschlagen, die Evolutionstheorie hatte Eingang in die Öffentlichkeit gefunden. Die Auseinandersetzung darüber involvierte nicht nur die wissenschaftliche Welt, sondern auch die Religion, die Politik, die Gesellschaft. Dagegen hatte die kleine Schrift eines Mönchs aus Brünn keine Chance, obwohl die Kenntnis der Mendel'schen Erbregeln Charles Darwin viel Mühe und Ärger erspart hätte. Die Diskussion erreichte 1871 ihren Höhepunkt, als Darwin sein zweites großes Buch veröffentlichte *The Descend of Man and Selection in Relation to Sex*, die Übersetzung lautete hier: *Die Abstammung des Menschen und die geschlechtliche Zuchtwahl*. Auch Darwin hatte Kreuzungsexperimente durchgeführt, auch er hatte gezählt, aber er nahm keine Umrechnung in Verhältniszahlen vor und beobachtete viel zu viele Merkmale gleichzeitig. Vor allem kannte er Mendels Untersuchungen nicht, obwohl Sonderdrucke von Brünn nach London geschickt worden waren.

Die Entdeckung Mendels kam zum schlechtestmöglichen Zeitpunkt. Denn wie sollten verschiedenfarbige Erbsen wissenschaftliche Bedeutung gewinnen, wenn gleichzeitig die allgemeine Diskussion um den Menschen als „Krone der Schöpfung" einsetzte und lautstark gegen die „Abstammung vom Affen" polemisiert wurde? Mendel und seine Erbsen gingen im Strudel der sich überstürzenden Ereignisse unter, der Kampf um die Abstammungslehre beherrschte das Feld. Dazu kam noch, dass Mendel alles andere als ein Propagandist seiner Erkenntnisse war. Außerdem hatte er nicht die leiseste Ahnung von der Tragweite seiner Entdeckung der Vererbungsgesetze.

Im Jahre 1900 war dann schlagartig alles anders. Drei Forscher hatten unabhängig voneinander selbst jahrelang Kreuzungsexperimente durchgeführt und waren beim Literaturstudium auf Mendel gestoßen. Alle drei haben sofort erkannt und anerkannt, dass Mendel der Erste gewesen war, der die Vererbungsgesetze entdeckt hatte. Es ist in der Wissenschaft nicht immer üblich, einen vergessenen Autor wieder ans Licht zu holen und dadurch die eigene Priorität zu verlieren. Der Holländer Hugo de Vries (1848–1935) in Amsterdam, der Deutsche Carl Correns (1864–1933) in Tübingen und der Österreicher Erich Tschermak von Seysenegg (1871–1962) in Wien veröffentlichten zwischen März und Juni 1900 ihre eigenen Untersuchungen und wiesen jeweils auf Mendel hin. Von Correns stammt übrigens die Bezeichnung „Mendel'sche Regeln". Johann Gregor Mendel hatte – wenn auch verspätet – Anerkennung gefunden. Das 20. Jahrhundert wurde zum Zeitalter der Genetik.

Unter „Brüdern"

Klatsch und Tratsch gehören zu den beliebtesten Vergnügungen der Menschheit. Die Freimaurer, die sich untereinander bekanntlich „Brüder" nennen, sind auch nur Menschen. Obwohl sie geloben, menschenfreundlich und brüderlich miteinander und mit der Welt umzugehen, schlug und schlägt immer wieder allzu Menschliches durch. Ein im wahrsten Sinne des Wortes „klassisches" Beispiel wurde vor kurzem wieder veröffentlicht. Es handelt sich um die Aufzeichnungen über persönliche Begegnungen mit der Crème de la crème der damaligen Freimaurerei. Die Berichte stammen von einem Chronisten, der sich kein Blatt vor den Mund nahm und, wie wir heute wissen, auch die entlarvende Wahrheit schrieb.

Als 1791 ein neuer Rektor für das Gymnasium der Stadt gesucht wurde, fiel die Wahl auf einen 31-jährigen Philologen und Altertumsforscher. Er kam gerade recht, denn nach der Sturm-und-Drang-Periode war die Sehnsucht nach der klassischen Antike ausgebrochen. Man war über den gelehrten Neuzugang höchst erfreut, keiner ahnte, dass er alle Intimitäten und Indiskretionen sammeln und später veröffentlichen würde.

Das las sich dann beispielsweise so:

> „In W. geht es schrecklich zu. Der H. läuft mit G. wie ein wilder Bursche auf den Dörfern herum, er besäuft sich und genießet brüderlich einerlei Mädchen mit ihm."

Und auf einem Billet schrieb G. angeblich an H.:

> „Da sitz ich hier noch immer in der Scheiserei, in der abscheulichen Scheiserei. Willst du, Lieber, bei mir diesen

Mittag essen, so habe ich nichts vorzusetzen, als ein totgeschlagenes und der Jagd entrissenes Rebhuhn. Das Übrige musst du mitbringen."

Über den Hofprediger bei der Arbeit erfahren wir:

„Eines ist auffallend. Er macht von Anfang bis zum Ende keine einzige Bewegung mit den Händen, die er immer im Priesterrock zusammengeschlagen hält. Aber desto sprechender ist die übrige Haltung des Körpers, desto ausdrucksvoller jede Hebung und Beugung seiner schönen, sonoren Stimme, die jedoch, da sie in starkem Flusse schnell fortläuft, eine größere Kirche kaum ausfüllen kann."

Auch die angeblichen Äußerungen des pensionierten Prinzenerziehers sind interessant:

„Ich habe immer die Meinung gehabt, dass die Menschen eigentlich nur als eine höhere Classe von Affen mit einer besonderen Perfectibilität, die bey ihnen statt des Instincts ist, zu betrachten wären."

Als G. befürchten musste, dass die Äußerungen des allzu offenherzigen Chronisten seine Olympierstellung gefährden könnten, wurde der Gymnasialdirektor hinausintrigiert. Wie es sich gehört, schob man ihn die berufliche Karriereleiter hinauf, er wurde Hofrat in einer anderen Stadt und einem anderen Fürstentum.

– Wer war dieser Gesellschaftsinsider und
schonungslose Chronist? –

Karl August Böttiger (1760–1835), tüchtig und hochgelehrt, ein Schulmann und Schriftsteller, war der Klatschkolumnist des klassischen Weimar. Dementsprechend unbeliebt wurde er charakterisiert als „in allen gelehrten und ungelehrten Zeitschriften, in allen Kaffee- und Teezirkeln zu Hause". Er war tatsächlich überall unübersehbar, unvermeidbar, ein „Meister ubique", wie Schiller ihn nannte. Seine Aufzeichnungen wurden erst 1998 unzensuriert unter dem Titel *Literarische Zustände und Zeitgenossen* in Buchform veröffentlicht. Von ebendiesen Zeitgenossen wurde der Chronist seiner Zeit als „Arschgesicht, Vogelscheuche und Schmeißfliege" tituliert. Er muss mit seinen Berichten irgendwie Recht gehabt haben …

Der protestantische Geistliche, Gelehrte und Schriftsteller Herder hatte den studierten Altphilologen Böttiger nach Weimar geholt, dort wurde er sofort Oberkonsistorialrat und hoffähig. Schließlich erhielt er Zutritt zum Gelehrtenverein, der sich jeden ersten Freitag im Monat bei der Herzoginmutter Anna Amalia traf; damit drang er in das geistige und gesellschaftliche Zentrum Weimars vor.

Seit 1781 war Böttiger Mitglied der Loge „Zum Goldenen Apfel" in Dresden. Er war ein sehr aktiver Freimaurer, auch Illuminat. Goethe zählte ihn allerdings zu den „gründlichsten Schuften, die Gott erschuf".

– Wer sind H., G., der Hofprediger und der Prinzenerzieher? –

„H." steht für Herzog Carl August von Sachsen-Weimar Eisenach (1757–1828). Er wurde im Februar 1782 in die Weimarer Loge „Anna Amalia" aufgenommen. In seiner Jugend, im Kreise der Sturm-und-Drang-Genies, „erstickte er bald" – laut Böttiger – „im Schmutz, wusch und kämmte sich nicht und bekam endlich gar Ungeziefer", womit er wohl Läuse meinte.

„G." steht für Johann Wolfgang von Goethe (1749–1832). Im Juni 1870 in die Loge „Anna Amalia" aufgenommen, war er auch Mitglied der Illuminaten. Natürlich liebte er Böttiger nicht, wenn dieser über das literarische Bündnis mit Schiller sagte: „Goethe quetscht gern solche Citronen aus."

Der Hofprediger Johann Gottfried Herder (1744–1803), Generalsuperintendent in Weimar, wurde 1766 in Riga Freimaurer und später Mitglied der Loge „Anna Amalia". Böttiger charakterisierte ihn hart: „Er hat viel Herrschsüchtiges und einen großen Egoismus, dem nichts gut dünkt, dem er nicht selbst das Siegel der Billigung aufgedrückt hat."

Der Prinzenerzieher Christoph Martin Wieland (1733–1813) wurde 1809 in die Loge „Anna Amalia" aufgenommen. Über ihn schrieb Böttiger, „er habe bis in sein 50. Jahr ein ganz vortreffliches Gedächtnis gehabt. Jetzt wisse er oft über den 2. Tag nicht, was er geschrieben habe".

Erst als Böttiger im Jahr 1804 von Weimar nach Dresden geholt wurde, kehrte am Olymp der deutschen Klassik wieder Ruhe ein – die Götter waren wieder unter sich. Wer von Augen- und Ohrenzeugen erfahren will, was sich in Weimar wirklich abgespielt hat, der möge Böttigers Buch lesen.

Der Broker und der Prediger

Der eine wurde am 7. Juni 1848 in Paris geboren. Sein Vater Clovis war ein republikanischer Journalist und seine Mutter Aline brachte als Tochter der peruanischen Feministin und Sozialistin Flora Tristan Exotik in die Familie. Das Jahr 1848 war eine schlechte Zeit für Republikaner, denn im November hatte Louis Napoleon die Macht in Frankreich ergriffen und seine politischen Gegner an die Wand gedrückt. Vater Clovis versuchte dem auszuweichen, man fuhr auf Verwandtenbesuch nach Peru. Während der Überfahrt starb Clovis an einem Herzanfall. Aline blieb mit dem Kleinkind und dessen älterer Schwester Marie sechs Jahre in Lima, dann kehrten sie nach Frankreich zurück, um in Orléans ein großväterliches Erbe anzutreten. Das provinziell-bürgerliche Orléans war ein deprimierender Kontrast zum farbenfrohen, subtropischen Peru. Der Junge hasste es. Als er 17 Jahre alt war, heuerte er zunächst auf einem Handelsschiff an, diente später bei der Kriegsmarine und bereiste so von 1865 bis 1871 die Welt.

Nach seiner Entlassung aus dem Militärdienst schien es allmählich an der Zeit, einen Beruf zu ergreifen. Sein Patenonkel, der Bankier Gustave Arosa, vermittelte ihm eine Stelle bei einem angesehenen Pariser Börsenmakler. Der junge Mann verdiente gut und erzielte bei Börsenspekulationen beträchtliche Gewinne. Heute würde man ihn als erfolgreichen Broker bezeichnen. 1873 heiratete er die Dänin Mette Sophie Gad, die ebenfalls einiges an Geld mitbrachte. Sie führten zunächst eine glückliche Ehe, innerhalb von zehn Jahren kamen fünf Kinder zur Welt. Eine Karriere als Familienvater, Banker und Börsianer schien vorgezeichnet. Doch alles kam ganz anders.

Der Börsenmakler hatte ein Hobby, er malte gern. Hin und

wieder stellte dieser Sonntagsmaler einige seiner Bilder aus, erhielt recht ordentliche Kritiken und verkaufte auch das eine oder andere zu guten Preisen. Der Börsenkrach von 1882 brachte schließlich die Entscheidung. Der 34-jährige Makler gab seine Arbeit auf, voller Vertrauen, dass er seine Familie mit der Malerei ernähren könnte. Doch der Kunstmarkt stagnierte in der allgemeinen Krise, Ersparnisse mussten angegriffen werden und nach einem Jahr war die Familie pleite. Die Frau kehrte mit den Kindern nach Dänemark zurück und lebte dort als Französischlehrerin. Der Vater wurde ein Aussteiger und verhungerte beinahe in Paris. Da verließ er Europa. „Ich muss meine Kräfte wieder finden", schrieb er, „ich reise nach Panama, um dort wie ein Eingeborener zu leben." Und so wurde er 1887 Streckenarbeiter beim Bau des Panamakanals. Nach einigen Monaten kehrte er fieberkrank, enttäuscht und ohne Geld nach Frankreich zurück. Im Oktober 1888 nahm er eine Einladung an, die Wintermonate in Südfrankreich zu verbringen. Dort kam es zu einer seltsamen Begegnung mit einer anderen gescheiterten Existenz.

Der andere, Sohn einer Pastorenfamilie aus Brabant, war fünf Jahre jünger als der gescheiterte Börsenmakler. Er entstammte einer Familie von Theologen, Predigern, Kunsthändlern und Beamten. Die Mutter war die Tochter eines Buchbinders und hatte künstlerisches Talent, der Vater blieb ein mittelmäßiger Pastor. Mit 16 Jahren musste der Junge die Schule aus Geldmangel verlassen und erhielt eine Lehrstelle in einer Kunsthandelsfirma, zuerst in Den Haag, dann in London und schließlich in Paris. Sein Onkel war Teilhaber dieser Firma. Nach sechs Jahren interessierte der Kunsthandel den jungen Mann nicht mehr, er gab seine Stellung auf und wurde Hilfslehrer und Prediger in einer Methodistenschule in England. Er glaubte, eine religiöse Berufung zu verspüren, schaffte aber die Aufnahmsprüfung nicht, um Theologie studieren zu können. Nach einer kurzen Einschulungszeit für Missionare und Laienprediger zog er 1878 in das Elendsgebiet des südbelgischen Kohlebergbaues. Er verschenkte seine

Kleidungsstücke, ließ den Kohlenstaub auf seinem Gesicht, um unter den rußverschmierten Bergleuten nicht aufzufallen, und schlief auf dem Fußboden.

1880, mit 27 Jahren, kam es zur großen Wende in seinem Leben, sein künstlerisches Genie erwachte, er wurde Zeichner und Maler. Gleichzeitig erfolgte seine Loslösung von Religion und Kirche. Er schreibt: „Ich kann im Leben und auch in der Malerei sehr gut ohne den lieben Gott auskommen, aber ein leidender Mensch, der ich bin, kann ich nicht auskommen ohne etwas, das größer ist als ich, das mein Leben ist – die Kraft zu schaffen." Die Bilder, die er malte, waren damals ohne jeglichen Handelswert. Er blieb zu seiner Zeit der am meisten verkannte Künstler, später wurde er zum berühmtesten Maler des 19. Jahrhunderts, heute ist er jedenfalls der teuerste. Er wich bewusst von den realen Farbtönen seiner Vorlagen und Modelle ab, setzte an ihre Stelle Farben mit Symbolwert und Suggestivkraft. Am liebsten hatte er Gelb, das für ihn die Herrlichkeit der Sonne, den goldenen Weizen und überhaupt den Akt der Schöpfung verkörperte. So zog er nach Südfrankreich in die sonnendurchflutete Provence.

Eine heraufdämmernde Geisteskrankheit bekämpfte er mit Alkohol, wobei er bis zum Exzess trank. In manischer Produktivität schuf er innerhalb von 14 Monaten etwa 200 Gemälde und zahlreiche Zeichnungen, also durchschnittlich vier Bilder pro Woche. Dieser Ausbruch schöpferischer Kraft trieb ihn an die Grenze psychischer und physischer Belastbarkeit. Es genügte nur noch ein Funken, um die Katastrophe auszulösen. Der Mann, der diesen Funken zünden sollte, war der gescheiterte Börsenmakler, der am 20. Oktober 1888 in dem südfranzösischen Provinznest ankam, um gemeinsam mit dem Ex-Prediger zu malen. Nach zwei Monaten war die Spannung zwischen beiden Männern unerträglich geworden, es kam zu Handgreiflichkeiten, am 23. Dezember floss Blut.

– Wer traf wen und wie verlief ihr weiteres Schicksal? –

Vincent van Gogh (1853–1890)

Der ehemalige Laienprediger einer reformierten Missionsgesellschaft Vincent Willem van Gogh lebte seit Februar 1888 in der südfranzösischen Kleinstadt Arles. Im Frühling wurde er von der Helligkeit und Farbenpracht überwältigt, von den blühenden Bäumen, den Blumen und den bunten Feldern. Berauscht von der Sonne, gelangte er zu der Überzeugung, dass in Südfrankreich eine neue Art der Malerei entstehen werde. Er wollte deshalb auch eine Künstlergemeinschaft gründen. Dazu hatte er den ehemaligen Finanzmakler Paul Gauguin (1848–1903) eingeladen, der – persönlich genauso schwierig wie Vincent – nach langwierigen Überredungen zu ihm nach Arles kam. In der Zeit bis zur Ankunft von Gauguin hatte Vincent einige Bilder von Sonnenblumen gemalt und damit das Zimmer des Gastes dekoriert. Diese Bilder sind heute weltberühmt.

Die Zusammenarbeit der beiden außergewöhnlichen Menschen ging nur kurze Zeit gut, während der sie ein gemeinsames Atelier und die gleichen Modelle hatten und auch gemeinsam in die Landschaft zogen. Da jeder der beiden sich aber für den Größten hielt, nahmen Rivalität und Eifersüchteleien zu. Bezeichnend ist, dass die zwei Berufs- und Wohnungsgenossen einander zeitlebens „Sie" sagten. Dass Paul Gauguin zu Vincent van Gogh in den Süden kam, hatte überhaupt mehr wirtschaftliche als künstlerische Gründe, denn der Kunsthändler Theo, Vincents Bruder, finanzierte den Aufenthalt und verkaufte auch einige Gauguin-Bilder. Die beiden Malergenies besaßen eine von Theo gespeiste Gemeinschaftskasse für Tabak, Miete, Essen und Bordellbesuche. Sie arbeiteten wie die Besessenen und jeder schuf pro Woche mindestens drei bis vier Bilder. Am Abend vor Weihnachten, dem 23. Dezember 1888, brach Van Gogh zusammen, es folgte die katastrophale Explosion seiner gestörten Psyche.

Nach einer Auseinandersetzung mit Gauguin schnitt sich

Vincent einen Teil seiner linken Ohrmuschel ab und trug den abgetrennten Teil in Zeitungspapier gewickelt zu einem Mädchen ins Bordell. Auf dem bekannten „Selbstporträt mit abgeschnittenem Ohr" ist es nur scheinbar die rechte Ohrmuschel, da das Bild ja vor dem Spiegel gemalt wurde und daher seitenverkehrt ist. Gauguin reiste sofort ab, Van Gogh wurde ins Krankenhaus gebracht. Nach wenigen Tagen war der Anfall vorüber, Vincent konnte wieder klar denken und ahnte nicht im Geringsten, was mit ihm geschehen war.

Im Februar 1889, einen Monat nach seiner Entlassung aus dem Krankenhaus, erlitt er einen zweiten Anfall. Wie schon beim ersten Ausbruch seiner Krankheit sah er sich von unheimlichen Klängen und Stimmen bedrängt und war jetzt überdies davon überzeugt, dass ihn jemand vergiften wollte. Während eines Ausgangs vom Krankenhaus versuchte er einen Liter Terpentinöl zu trinken – das war der erste Selbstmordversuch. Schließlich sah er ein, dass er sich und seine Umgebung vor sich selbst schützen musste. Er ging freiwillig in die etwa 25 Kilometer von Arles entfernte Irrenanstalt der Stadt Saint-Rémy. Die Anfälle kehrten wieder, ausgelöst offensichtlich immer durch emotionale Belastungen. Vincent erhielt allerdings die Erlaubnis, die Anstalt in Begleitung eines Wärters zu verlassen und in der Umgebung zu malen. Einmal versuchte er in einem unbewachten Moment, seine giftigen Farben zu verschlucken – das war der zweite Selbstmordversuch. Er malte trotz seiner Rückfälle durchschnittlich zwei Bilder pro Woche. Das erste Gemälde, das er in der Irrenanstalt fertig stellte, waren die „Schwertlilien"; heute bekannt und berühmt, da dieses Bild in den 1990er-Jahren um 50 Millionen Dollar versteigert wurde. Die Farben und Formen nahmen jedoch zusehends halluzinatorischen Charakter an, alles bewegte sich, warf Wellen, bildete Spiralen und stürzte ein.

Am 17. Mai 1890 verließ Van Gogh Saint-Rémy und reiste nach Paris. Die Aufregung war jedoch zu groß für ihn, er musste wieder Hilfe suchen und fand diese in Auvers-sur-Oise, nordwestlich von Paris, wo er von Dr. Paul Gachet (1828 bis 1918) betreut wurde. Vincent wohnte zwar allein im Hause des Gastwirtes Ravoux, Dr. Gachet kam jedoch mehrmals in der Woche vorbei. Vincent war beruhigt, einen Arzt in der Umgebung zu haben, und begann wieder wie besessen zu arbeiten. In den 69 Tagen, die er in Auvers verlebte, entstanden 82 Bilder. Seine Schaffenskraft erschöpfte sich zunehmend, er war unfähig, seine Bilder fertig zu stellen; sie blieben im Zustand der Skizze. Vincent wusste, dass dies zu geschehen pflegte, wenn wieder ein Anfall bevorstand, und dieser Gedanke erfüllte ihn mit Schrecken. Er nahm daraufhin den Revolver seines Gastwirtes Ravoux an sich und trug ihn einige Tage lang mit sich. Am Sonntag, dem 27. Juli 1890, betrat er einen Bauernhof, schritt hinter einen Düngerhaufen und drückte den Revolver ab. Er richtete die Waffe dabei allerdings nicht auf den Kopf oder das Herz, sondern gegen den Unterleib. Dann schleppte er sich in sein Zimmer zurück, wo er aufgefunden wurde. Am Dienstagmorgen, dem 29. Juli, um 1.30 Uhr, fast 36 Stunden nach seiner Tat, starb er. Die letzte Todesursache bleibt unklar, man sprach von inneren Blutungen.

Als Vincent starb, war er mittellos. Sein Nachlass bestand aus einer Vielzahl damals unverkäuflicher und daher wertloser Bilder. Das hat sich inzwischen geändert. 1990 erzielte ein Porträt des Dr. Gachet einen Preis von 82,5 Millionen Dollar. Das einzige Bild, das zu Lebzeiten Van Goghs verkauft wurde, „Die roten Weingärten von Arles“, brachte etwa 150 Dollar.

– Woran litt Vincent van Gogh? –

Es existieren keine für die heutige Zeit brauchbaren ärztlichen Berichte und auch die Schilderungen der Symptome durch den

Patienten selbst sowie durch seine Umgebung lassen keine eindeutigen Schlüsse zu.

Die Krankheit manifestierte sich in Anfällen, bei denen Van Gogh unruhig und erregt war, Halluzinationen, Angst sowie Bewusstseinseinengungen bis zur Ohnmacht hatte. Dies alles sind Symptome eines schizophrenen Charakters. Allerdings handelte es sich nicht um eine typische Schizophrenie, denn es fehlte der Energieverlust, die Antriebsverminderung. Im Gegenteil, Vincent hatte auch manisch-euphorische Phasen, abgelöst von Depressionen, und vor allem behielt er Distanz und Einsicht gegenüber seiner Krankheit. Alkohol und sicher auch die Giftstoffe des Absinth schädigten sein Nervensystem zusätzlich. Absinth war ein bitter-aromatischer Likör, hauptsächlich aus Alkohol und Wermutöl bestehend, wozu noch andere Pflanzenextrakte kamen. Der giftige Inhaltsstoff war das Thujon, ein pflanzliches Öl des Wermut, das Verwirrtheit, Halluzinationen, Erregungen des vegetativen Nervensystems und Krampfanfälle verursachte. Aus diesem Grund wurde das Getränk Anfang des 20. Jahrhunderts verboten; der Ersatz ist Anisette, das unter der provenzalischen Bezeichnung „Pastis" zum Begriff wurde.

Dr. Gachet pflanzte in Auvers auf das ursprüngliche Grab Vincent van Goghs einen Thujabaum. 15 Jahre später wurde der Leichnam exhumiert und gemeinsam mit Bruder Theo in einem Doppelgrab bestattet. Der Thujabaum wurde umgepflanzt, er steht heute im Garten des ehemaligen Hauses von Dr. Gachet. Aus solchen Bäumen wird das Thujaöl gewonnen, der giftige Bestandteil des Absinth. Ein seltsamer Zufall!

Nach dem heutigen Stand der medizinischen Kenntnis war die Krankheit Vincent van Goghs mit hoher Wahrscheinlichkeit die Mischform einer Psychose, bei der „schizophrene" Symptome und Manifestationen einer „manisch-depressiven" Krankheit zusammenkamen. Selbstaggressive Handlungen bis zum Selbstmord sind dabei typisch. Da es bei der ärztlichen Beurteilung eines Patienten immer verschiedene Meinungen gibt, wurden bei Van Gogh auch andere Krankheiten diskutiert:

Akute intermittierende Porphyrie: Dies ist eine Störung im Aufbau des Blutfarbstoffes, wobei vor allem Bauchkoliken und Muskelschwäche an den Extremitäten auftreten. Beides wurde bei Vincent nie erwähnt.

Epilepsie: Da die Krankheitsschübe anfallsartig auftraten, dachte man an epilepsieartige Erscheinungen. Aber auch dafür fehlt jeglicher Beweis.

Sechs Monate nach Vincent starb am 25. Januar 1891 sein Bruder Theo im Alter von 33 Jahren an den Folgen der Syphilis. Der dritte der Van Goghs, Cornelis, wurde ebenfalls 33 Jahre alt und starb im Jahre 1900 in Südafrika. Sehr wahrscheinlich war es Selbstmord.

Paul Gauguin (1848–1903)

Er gehörte zu den revolutionärsten Malern des 19. Jahrhunderts. Seine Kunst gestaltete er genauso unkonventionell wie sein Leben. Eigentlich war er ein bildnerischer Universalkünstler, denn sein Talent beschränkte sich nicht nur aufs Malen, er war auch ein geschickter Holzschnitzer, Töpfer und Bildhauer. Der nur 1,63 m große Mann mit der gekrümmten Nase und dem herrischen Temperament blieb von seinem 37. Lebensjahr bis zu seinem Tod ohne feste Stellung, er wurde ein Aussteiger. Als Vierzigjähriger fand er seinen eigenen unverwechselbaren Stil. Er arbeitete mit großen, ungebrochenen Farbflächen, die er entweder direkt aneinander stoßen ließ oder nur durch dünne, dunkle Linien trennte.

Neun Wochen verbrachte Gauguin bei Van Gogh in Arles, dann scheiterte die Künstlergemeinschaft. Die Sehnsucht nach den Tropen trieb Paul 1891 in die französische Kolonie Tahiti, mitten im Pazifischen Ozean. In der Inselhauptstadt Papeete war seine Enttäuschung über das erhoffte Paradies groß. Zu seinem Entsetzen fand er alles aus Europa dort wieder: Huren im Hotel, Konservenbüchsen beim Kaufmann und die Bürokratie der französischen Kolonialverwaltung. Er zog in der Folge zu den Ureinwohnern in eine Hütte, ließ sich von einheimischen Kindfrauen verwöhnen und machte sich keine Gedanken über drei uneheliche Kinder.

1893 tauchte er wieder in Paris auf, seine Werke wurden von Kritikern gelobt: „Unter euch lebt ein genialer Künstler – Wände! Wände! Gebt ihm Wände!" Eine unverhoffte Erbschaft machte es möglich, dass er mit Annah Martin, einer Javanerin, zusammenzog und ein Atelier mietete. Diese Frau, „eine wunderbare Mulattin mit glühenden Augen", betrog und bestahl ihn jedoch nach Strich und Faden, schließlich plünderte sie sein Atelier aus und verschwand. Gauguin kehrte in die Südsee zurück.

Doch wiederum war es nichts mit einem paradiesischen Leben. Der fast 50-jährige Gauguin war müde, zerrüttet, krank. Die Syphilis zwang ihn zu immer längeren Krankenhausaufenthalten. Er hatte Erstickungsanfälle und spuckte fast täglich Blut. Wir können mit großer Wahrscheinlichkeit eine Tuberkulose annehmen. Am 8. Mai 1903 wurde Gauguin in seiner Hütte tot aufgefunden, knapp 55 Jahre alt. Der ortsansässige Geistliche schrieb: „Das einzige nennenswerte Ereignis hier war der plötzliche Tod eines verachtenswürdigen Individuums namens Gauguin, ein Künstler von großem Ansehen, aber ein Feind Gottes."

Eine falsche Lebende und mehrere echte Tote

Die Frau, die aus dem Wasser kam

Berlin, Dienstag 17. Februar 1920: Gegen 9 Uhr abends wird aus dem Landwehrkanal, einem künstlich angelegten Wasserweg im Zentrum Berlins, eine Frauensperson geborgen. Sie war von der Bendlerbrücke gesprungen, konnte jedoch gerettet werden. Es war finster und kalt und man brachte die Frau zu einer Polizeistation und gab ihr ein warmes Getränk. Es folgten die üblichen Fragen: „Wie heißen Sie?“, „Woher kommen Sie?“, „Sind Sie gesprungen oder rutschten Sie aus?“, „Wurden Sie gestoßen?“, „Wo sind Ihre Papiere?“ Die Unbekannte gab keine Auskunft und hatte allem Anschein nach große Angst. Die wenigen Worte, die sie sprach, waren deutsch mit einem osteuropäischen Akzent. Noch am selben Abend kam sie in das Elisabeth-Krankenhaus. Außer ihrer ärmlichen Kleidung trug sie nichts bei sich, was zu ihrer Identifizierung beitragen konnte, keinen Ausweis, kein Portemonnaie, keine Initialen auf der Wäsche. Als die Ärzte und die Polizei sie am nächsten Morgen neuerlich befragten, erklärte die Frau, sie werde nichts sagen. Dann drehte sie den Kopf zur Wand, zog die Bettdecke über das Gesicht und schwieg. Diese Geste sollte sie noch sehr oft wiederholen.

Nach sechs Wochen steckten die Behörden die Unbekannte in die Irrenanstalt Dalldorf bei Berlin. Bei der dortigen Aufnahme stellten die Ärzte fest: „157 cm groß, 55 kg schwer, etwa 20 Jahre alt, sehr zurückhaltend, trotzig. Sie will nichts sagen, habe Gründe dafür. Den Selbstmordversuch gibt sie zu, lehnt aber eine Begründung oder Erklärung ab. Ihr Körper ist von Narben bedeckt.“ Die Unbekannte wurde fotografiert, und ihre Fingerabdrücke genommen wurden. Der Vergleich mit allen Vermisstenanzeigen verlief jedoch ergebnislos.

Wegen großer Schmerzen zog ihr der Anstaltsarzt in der Folgezeit sechs oder sieben Zähne, aber dass sich dadurch ihr Äußeres änderte, war der Frau nur recht. Ihr ganzes Bestreben war darauf ausgerichtet, nicht identifiziert zu werden, weil man sie dann ermorden würde. Die Krankenschwestern in Dalldorf sagten übereinstimmend, sie habe gefürchtet, erkannt und nach Sowjetrussland transportiert zu werden.

Wer ist die Unbekannte?

Nachdem im Laufe der Zeit ein gewisses Vertrauensverhältnis zwischen den Pflegerinnen und der Unbekannten entstanden war, begann diese zu erzählen und immer wieder um Zeitungen und Bücher zu bitten. Sie las sehr viel und auch sonst war ihr Benehmen ziemlich anders als das der übrigen Patientinnen. Ihre vornehmen Manieren hoben sich wohltuend von dem Mangel an Disziplin bei den anderen Patientinnen ab. Die Ärzte jedoch diagnostizierten „psychopathische Anzeichen" und bezeichneten sie als „zweifellos anormal".

Völlig ungeklärt ist, wie es dazu kam, dass Fräulein Unbekannt schließlich behauptete, sie sei die jüngste Tochter des ermordeten Zaren Nikolaus II., die Großfürstin Anastasia. In diesem Zusammenhang lassen sich zwei Quellen verfolgen.

Zunächst die Gespräche mit den Krankenschwestern. Man unterhielt sich über jene Themen, die damals ausführlich in den Zeitungen behandelt wurden, und dazu gehörte zweifellos das plötzliche, ungeklärte Verschwinden der Zarenfamilie in Russland. Es war damals nicht anders als heute, die Boulevardpresse verbreitete die abenteuerlichsten Geschichten. Besonders die populäre *Berliner Illustrierte* brachte einen Bericht nach dem anderen und veröffentlichte zahlreiche Fotografien. Und irgendwie und irgendwann wurde im Kreis der Pflegerinnen diskutiert, ob nicht eine der abgebildeten Zarentöchter eine auffallende Ähnlichkeit mit ihrer schweigsamen Patientin hätte. Die *Berliner Illustrierte* vom 23. Oktober 1921 erschien mit der Titelgeschichte „Die Wahrheit über den Zarenmord", worin auch zu lesen stand, dass die Zarentochter Anastasia entkommen sein soll. Mit dieser Schlagzeile wurde ein Gerücht in die Welt gesetzt. Die Frage: „Lebt eine Zarentochter?" fiel auf fruchtbaren Boden. Kurz nach jener Zeitungsmeldung erklärte das Fräulein Unbekannt in Dalldorf, sie sei Großfürstin Anastasia Nikolajewna. Als eine der Krankenschwestern ihrem Freund, einem Arzt, davon erzählte, antwortete dieser nur, was sie denn sonst in einer Irrenanstalt erwartet hätte.

Die zweite Quelle, die schließlich zur Anastasia-Legende führte, war eine Mitpatientin namens Klara Peuthert, die vor dem Ersten Weltkrieg als Schneiderin in Russland gelebt hatte. Sie trank zu viel und redete noch mehr. Wegen haltloser Verleumdungen und aggressiven Verhaltens war sie Ende 1921 in die Anstalt gekommen. Dort lief sie eines Tages mit einer Illustrierten in der Hand zum Bett von Fräulein Unbekannt, deutete auf ein Foto und rief: „Ich habe dich erkannt! Du bist die Großfürstin Tatjana!" Danach gab es kein Zurück mehr, alle im Krankensaal hatten mitgehört. Ob Anastasia oder Tatjana schien im Moment gar nicht so wichtig, die Sensation war perfekt.

Die Unbekannte in der Irrenanstalt Dalldorf brauchte einige Wochen, dann legte sie sich fest: Sie sei Anastasia. Als man einwandte, sie sei doch wesentlich älter als die jüngste Zarentochter, erklärte sie, dies liege an ihren fehlenden Zähnen. Und so entstand gegen Ende 1921 der Mythos von der Großfürstin Anastasia. Die echte Anastasia wurde 1901 geboren, die viel später identifizierte Frau schon 1896, sie war also fünf Jahre älter.

– Wie konnte sich eine Hochstaplerin über 60 Jahre als Zarentochter ausgeben? –

Nach den Wirren der Revolution und der Machtergreifung der Kommunisten gab es in allen Ländern Europas russische Flüchtlinge. Mehr als 100 000 kamen nach Berlin, nur in Paris waren es noch mehr. Die meisten Exilanten waren überzeugt, dass sich das Sowjetregime nicht lange halten würde, und machten sich daher für die Rückkehr bereit. Die Gruppe der konservativen Monarchisten benötigte einen Thronanwärter, einen Zaren im Exil. Ein „Oberster Monarchistischer Rat," wurde gegründet und es wurde beschlossen, dass der zukünftige Zar aus der Familie Romanow stammen müsse. Da gab es aber mehrere Kandidaten und dementsprechende Streitigkeiten um den imaginären unerreichbaren Thron. Die Nachricht, dass eine Großfürstin in der Irrenanstalt Dalldorf lebe, schlug daher wie eine Bombe ein. Sofort wurden einige Vertrauensleute dorthin geschickt, und ab diesem Zeitpunkt schieden sich die Geister. Es bildeten sich zwei Parteien: jene der Befürworter, der bedingungslosen Anastasia-Anhänger, und jene der Gegner, die sofort erklärten, es handle sich um eine Schwindlerin.

Vier Jahre nach dem Verschwinden der Zarenfamilie waren noch genügend Personen am Leben, die engen Kontakt mit den Großfürstinnen gehabt hatten: Hofdamen, Lehrer, Militärs, Bedienstete und vor allem die noch lebenden Verwandten. Das machte die Sache aber nicht einfacher, sondern im Gegenteil komplizierter. Da war vor allem die Mutter des Zaren, Maria Fjodorowna, die im Exil in Dänemark lebte. Sie hatte ihre eigene, nicht unkluge Sicht der Dinge: Als ranghöchstes Mitglied der Familie Romanow weigerte sie sich bis an ihr Lebensende (1928), die Geschichte von der Ermordung des Zaren, seiner Frau und der Kinder zu glauben. Sie war sicher, dass alle noch irgendwo in Russland am Leben waren. Das bedeutete jedoch, dass der Zarenthron nicht verwaist war und alle sich vordrängenden Anwärter (noch) keinerlei Berechtigung hätten, es sich also lediglich um Möchtegern-Zaren handelte.

Neben den politischen, familiären und dynastischen Problemen brachte das Auftauchen einer Anastasia aber noch einen weiteren Aspekt ins Spiel: die Aussicht auf das Romanow'sche Gelddepot bei der Bank of England. Niemand wusste genau, ob dieses Geld überhaupt existierte, jedenfalls wurde von über zehn Millionen Dollar gesprochen. Die echte Anastasia wäre erbberechtigt, also verstärkte man die Bemühungen um eine Anerkennung. Außerdem konnte, solange die Zarentochter noch nicht offiziell für tot erklärt worden war, kein anderes Mitglied der Familie Romanow an das Konto heran. Das Sowjetregime in Russland hatte keinerlei Interesse an einer Toterklärung der Zarenfamilie, denn damit hätte man die Ermordung von elf Menschen, darunter völlig unschuldige Frauen, Bedienstete und Kinder, eingestanden. In den Rang von Märtyrern erhobene Romanows konnten die Bolschewiken überhaupt nicht brauchen. Daher blieb alles irgendwie geheimnisvoll und die Legende um Anastasia blühte weiter.

– Wie erklärte „Anastasia" ihre Flucht aus Russland? –

Zuerst die historischen Tatsachen, wie wir sie heute kennen, wie sie allerdings um 1920 noch keineswegs allgemein bekannt waren.

Die militärische Niederlage im Ersten Weltkrieg hatte das innenpolitisch schwer angeschlagene zaristische Herrschaftssystem vollends zerrüttet. Nach der Februarrevolution von 1917 kam es zur Bildung einer bürgerlichen provisorischen Regierung und Zar Nikolaus II. trat zurück. Im September erklärte Ministerpräsident Kerenski Russland zur Republik, durch die Oktoberrevolution übernahm dann der Rat der Volkskommissare die Macht: Vorsitzender war Lenin, Kommissar für Äußeres wurde Trotzki und Stalin erhielt das Kommissariat für Nationalitätenfragen. Eine Ausreise der Zarenfamilie in ein westeuropäisches Exil wurde von England und Frankreich als „nicht opportun" abgelehnt. Der Zar, seine Frau, die vier Töchter und der Zarewitsch Alexej wurden verhaftet und in Sibirien interniert. In der Nacht vom 16. zum 17. Juli 1918 wurden Nikolaus II., Alexandra Fjodorowna, ihr Sohn und die Töchter Olga, Tatjana, Maria und Anastasia in Jekaterinenburg umgebracht. Mit ihnen starben der Leibarzt Doktor Botkin, der Diener Trupp, der Koch Charitonow und das Dienstmädchen Demidowa. Das Massengrab mit den Skelettresten wurde 1979 entdeckt, die Identifizierung 1993 angeschlossen. Und da kam es zur Sensation: Alexej und ein Mädchen – Maria oder Anastasia – fehlten!

Die mit Sicherheit falsche Anastasia erzählte in Berlin ihre Geschichte so: Ein Soldat mit Namen Alexander Tschaikowski habe sie bei dem Gemetzel in Jekaterinenburg gerettet. Sie sei zwar schwer verletzt gewesen, aber zumindest lebte sie. In einem Bauernkarren seien sie von Russland nach Bukarest gefahren, dort habe sie dem Tschaikowski ein Kind geboren, einen Knaben. Kurz darauf hätten sie geheiratet und vom Erlös des Schmuckes gelebt, der in ihren Kleidern eingenäht gewesen war. Dann sei ihr Mann bei Unruhen in den Straßen von Bukarest erschossen worden. Die junge Witwe habe ihren Sohn zurückgelassen und sei mit dem Bruder ihres Mannes nach Berlin gereist, um dort die Angehörigen der Familie ihrer Mutter zu finden. Als ihr Reisebegleiter plötzlich verschwunden war, sei sie in Panik geraten und ins Wasser gesprungen. Und deswegen war sie nun im Irrenhaus.

18 Monate waren seit dem Massaker in Jekaterinenburg vergangen. Diese Geschichte war eigentlich schwer zu überprüfen, trotzdem wurde in Bukarest nachgeforscht, aber nirgends die Spur eines Alexander Tschaikowski oder eines Waisenkindes gefunden.

Das weitere Schicksal der falschen Anastasia

1920 bis 1922 Aufenthalt in der Irrenanstalt Dalldorf, dann Wohnung in Berlin bei Baron Arthur von Kleist, einem früheren zaristischen Polizeibeamten. Erkrankung an Knochentuberkulose, deswegen mehrere Jahre hindurch immer wieder längere Krankenhausaufenthalte. „Anastasia" wird in Emigrantenkreisen ständig herumgereicht, manche sind von der Ähnlichkeit überrascht, andere streiten eine solche völlig ab. 1926 erhält sie eine Zahnprothese, verbirgt ihren Mund aber weiterhin fast immer hinter einem Taschentuch oder einem Fächer. Weit reichende Unterstützung von verschiedenen Emigrantengruppen. 1927 Aufenthalt in Oberbayern beim Herzog von Leuchtenberg, einem Großenkel von Zar Nikolaus I. Bekanntschaft mit den Verwandten von Dr. Botkin, dem in Jekaterinenburg ermordeten Leibarzt. Im April 1927 erscheint in der *Berliner Nachtausgabe* ein Artikel mit der Meldung, „Anastasia" sei die polnische Fabrikarbeiterin Franziska Schanzkowsky, die 1916 bei einer Munitionsexplosion am Kopf verletzt und danach für geisteskrank erklärt wurde. Der Streit um die Identität „Anastasias" flammte erneut auf.

Fürst Felix Jusupov, der Mann, der Rasputin getötet hatte, erklärte nach einer Begegnung, „dass sie nicht Anastasia Nikolajewna ist, sondern ... eine kranke Hysterikerin und eine furchtbare Komödiantin". Gleb Botkin, der jüngste Sohn von Dr. Botkin, war dagegen von ihrer Echtheit überzeugt. Er arbeitete als Journalist in Amerika und brachte „Anastasia" 1928 nach New York, worüber die amerikanische Presse groß berichtete. Prinzessin Xenia Georgijewna, verheiratete Mrs. Leeds, nahm „Anastasia" in Long Island auf, wo sie sich allerdings dermaßen aufführte, dass man sie am 24. Juli 1930 für geisteskrank erklärte, „für sich selber und andere gefährlich", dazu „Unordentlichkeit, extremes Misstrauen und Verfolgungswahn".

Als man sie 1931 nach Deutschland zurückschickte, erhielt sie einen neuen, von ihrem Anwalt und Manager Edward Fallows willkürlich gewählten Namen: Anna Anderson. Der Anwalt hatte darüber hinaus auf raffinierte Weise eine Quelle erschlossen, um Geld herbeizuschaffen: Er gründete die Gesellschaft „Grandanor" (eine Abkürzung von „Grand Duchess Anastasia Nikolajewna of Russia"). Hier konnte man Anteilscheine erwerben, und sollte Anastasia ihre legendären Millionen erhalten, würden die Investoren das Fünffache ihres Beitrages ausbezahlt bekommen. Dazu ist es allerdings nie gekommen, nach dem Romanow-Erbe wird noch heute gesucht.

Nach Deutschland zurückgekehrt, kam Anna Anderson in das psychiatrische Pflegeheim Ilten bei Hannover. Dort blieb sie ein Jahr. Trotz allem, was vorgefallen war, wurde sie weiterhin von einigen deutschen Adeligen anerkannt und unterstützt. Sie lebte einmal hier und einmal dort, in Berlin, Bayern, Pommern, Westfalen, Hessen usw. Manchmal nur wenige Tage, manchmal mehrere Monate. So überstand sie auch die Naziherrschaft und den Zweiten Weltkrieg. 1949 bezog sie eine alte Militärbaracke in Unterlegenhart im Schwarzwald, die Prinz Friedrich von Sachsen-Altenburg gekauft hatte. Frau Anna Anderson hatte vier Hunde und mehr als 40 Katzen zur Gesellschaft, sonst niemanden. So lebte sie 19 Jahre, betreut von einer Gruppe deutscher Damen.

Zwei Ereignisse waren in dieser Zeit von großer Bedeutung. Zunächst der Film *Anastasia* mit Ingrid Bergman in der Titelrolle, die dafür 1956 den Oscar gewann. Frau Anderson wurden vom Drehbuchautor freiwillig 30.000 Dollar überwiesen, die sie dafür verwendete, anstelle der baufälligen Militärbaracke ein kleines Häuschen bauen zu lassen. Als Fotos der Anna Anderson in Zeitungen erschienen, beschwerte sich das Publikum, dass sie nicht aussah wie Ingrid Bergman. Das zweite Ereignis war einer der längsten Prozesse der deutschen Rechtsgeschichte. Es ging um die legale Anerkennung Anna Andersons als Tochter des letzten Zaren von Russland. Das Verfahren dauerte von 1933 bis 1967 und schließlich entschied das Gericht, dass kein Beweis ihrer Identität gelungen sei.

Dann allerdings nahm Frau Andersons Schicksal eine unerwartete Wendung. Auf Einladung von Gleb Botkin reiste sie 1968 wiederum nach Amerika und heiratete dort nach kurzer Zeit den wohlhabenden Historiker Dr. John Manahan. Sie war zweiundsiebzig, er neunundvierzig Jahre alt, man lebte in Charlottesville, Virginia. Eigentlich war Manahan verrückt: Er bezeichnete sich als „Großfürst in Warteposition", leitete den Stammbaum seiner Frau von Dschingis Khan ab und bezichtigte Präsident Roosevelt, eine marxistische Weltverschwörung unterstützt zu haben.

Die Ereignisse vom 20. August 1979 ermöglichten später die zweifelsfreie Identifizierung von Mrs. Manahan alias Frau Unbekannt. An diesem Tag erkrankte sie akut an einem Darmverschluss, hervorgerufen durch Verwachsungen des Bindegewebes, die vom Eierstock her eine Darmschlinge abschnürten. Bei der Notoperation wurden 30 cm Dünndarm entfernt und in der Pathologie des Martha-Jefferson-Krankenhauses in Charlottesville untersucht. Diese Vorgehensweise ist bei allen Operationspräparaten üblich und darüber hinaus besteht die Vorschrift, das Untersuchungsmaterial mindestens 30 Jahre aufzubewahren. Mrs. Manahan hat sich nach der Operation nicht mehr erholt, sie verbrachte den Rest ihres Lebens im Rollstuhl. Am 12. Februar 1984 starb sie in Charlottesville an einer Lungenentzündung und wurde eingeäschert.

1994 und 1995 wurden – inzwischen Standardrepertoire der gerichtsmedizinischen Identifizierung – DNA-Analysen des Operationspräparates durchgeführt, und dabei wurde festgestellt:

1. Die vermeintliche „Anastasia“ hatte keinerlei genetische Übereinstimmung mit der Familie Romanow.
2. Es ergab sich vielmehr eine exakte Übereinstimmung mit der Familie Schanzkowsky. Anna Tschaikowski alias Anna Anderson alias Anastasia Manahan war nicht die Großfürstin Anastasia, sondern wurde zweifelsfrei als Franziska Schanzkowsky (oder Czenkowska), geboren am 22. Dezember 1896, identifiziert.

– Wer war Franziska Schanzkowsky? –

Eine Frau, die mehr als sechzig Jahre lang behauptete, sie sei Großfürstin Anastasia und der die Unwahrheit zu Lebzeiten nicht eindeutig nachgewiesen werden konnte.

Sie wurde 1896 in der preußischen Provinz Posen, unmittelbar an der Grenze zu Russland, geboren. 1914, kurz vor Ausbruch des Krieges, verließ Franziska das Heimatdorf und ging nach Berlin. Dort arbeitete sie zunächst als Kellnerin, dann in einer Munitionsfabrik. 1916 ließ sie eine Granate fallen, die explodierte; dabei wurde der Vorarbeiter getötet, sie selbst erlitt Splitterverletzungen am ganzen Körper und kam in ein Sanatorium. Der Schock blieb; schon damals vergaß sie zeitweilig, wer sie überhaupt war. Im Oktober 1917 wurde sie als „nicht geheilt, aber ungefährlich“ entlassen. In der Folgezeit zog sie von einer Anstalt in die nächste, war unfähig, längere Zeit zu arbeiten, und las viel in der Stadtbibliothek von Berlin. Anfang Februar 1920 erhielt ihr Bruder Felix die letzte Nachricht von ihr, am 17. Februar 1920 verschwand sie.

1995 konnte in Süddeutschland ein Enkel ihrer Schwester Gertrud, Karl Maucher, ausfindig gemacht werden. Die DNA-Analyse ergab eine exakte Übereinstimmung mit der Großtante Franziska, der „Fall Anastasia“ war gelöst.

*St. Petersburg**, *Dienstag 19. Dezember 1916:* Die Polizei befand sich in Alarmzustand, denn seit zwei Tagen wurde nach einem plötzlich verschwundenen Prominenten gesucht. Unter der Petropawlowski-Brücke an der kleinen Njewka entdeckte man zunächst ein Loch im Eis und kurz danach einen unter der Eisdecke angefrorenen Körper. Die Beine waren gefesselt, das Gesicht blutverschmiert. Es fanden sich drei Schusswunden: am Kopf, an der Brust und am Rücken. Zwei Mädchen wurden mit einem Polizeiauto herbeigebracht, sie sollten den Toten identifizieren. Die 19-jährige Maria und die 16-jährige Warwara erkannten ihn sofort: Es war Vater Grigorij Jefimowitsch Rasputin.

Der gerichtsmedizinische Befund ergabt nach der Autopsie Erstaunliches. Die erste Schussverletzung hatte die linke Brustkorbseite getroffen und von dort Magen und Leber durchschlagen; der zweite Schuss war rechts in den Rücken erfolgt; und der dritte hatte die Stirne getroffen und war in das Gehirn eingedrungen. Außerdem wurde starker Alkoholgeruch im Hirn und im Mageninhalt festgestellt. Der Tod war nicht durch die Schüsse, sondern erst durch Ertrinken eingetreten.

Auf ausdrücklichen Wunsch der Zarin, die eine bedingungslose Anhängerin Rasputins war, wurde der Leichnam in Zarskoje Sjelo, dem Wohnsitz der Zarenfamilie, 20 km von St. Petersburg entfernt, beigesetzt. Später sollten dort eine Kapelle und ein Denkmal errichtet werden, dazu kam es aber nicht mehr.

Die Mörder wurden rasch ausgeforscht. Urheber und Haupttäter war Prinz Felix Jusupov (1887–1967), engagierter Monarchist und Erbe der wohlhabendsten Familie Russlands, verheira-

* Eigentlich war die Stadt zu diesem Zeitpunkt wegen des Krieges mit Deutschland in Petrograd umbenannt, aber so richtig hatte sich die immerhin seit Zar Peter dem Großen (1672–1725) bestehende alte Namengebung der Stadt nicht verdrängen lassen.

tet mit einer Nichte des Zaren. Er wurde auf sein Landgut in Kursk verbannt. Zweiter Täter war Großfürst Dimitrij Pawlowitsch, ein Neffe des Zaren. Er wurde an die persische Front geschickt. Mittäter war Wladimir Purischkjewitsch (1870 bis 1920), Großgrundbesitzer und konservativer Abgeordneter. Als Parlamentarier blieb er immun.

Der unfassbare Aufstieg Rasputins

Der mysteriöse Rasputin, geboren 1869 in dem sibirischen Dorf Pokrowskoje, sollte einen unglückseligen Einfluss auf die Zarenfamilie erlangen und nicht wenig zum Untergang der Dynastie beitragen. Sein Vater war ein gut situierter Bauer mit Ackerland sowie Kühen und Pferden, daneben betätigte er sich auch als Fuhrmann. Pferdegespanne waren das einzige Reisemittel in jener Zeit und dieser Gegend. Wenn also Fremde durch Pokrowskoje kamen, stiegen sie im Haus der Rasputins ab. Häufig waren dies Pilger und Wallfahrer, die von fremden Klöstern, heiligen Mönchen und wundersamen religiösen Vorkommnissen erzählten.

Der junge Rasputin, kaum des Lesens und Schreibens kundig, hörte fasziniert zu und wurde früh ein religiöser Schwärmer. Er zeigte ein besonderes Talent im Umgang mit Tieren und beherrschte allein mit seiner eindringlichen Stimme störrische Pferde. Das fiel auf, er wurde zum Pferdeflüsterer in Sibirien. Zugleich zeigte sich auch seine Begabung, Menschen zu beeinflussen, sie mit hypnotisch-suggestiven Kräften zu beeindrucken und in seinen Bann zu ziehen. Unter dem Einfluss der Sekte der „Chlysty" entwickelte er eine eigentümliche Spielart der Religion: Die Befreiung von der Sünde durch die Sünde. Das Grundprinzip erklärte er folgendermaßen:

„Grübelt nicht darüber, woher die Sünde kommt, wie viele Gebete zu verrichten und wie lange zu fasten ist, um der Sünde

"DER HEILIGE TEUFEL"

zu entgehen. Sündigt, wenn die Sünde in euch steckt, nur so könnt ihr sie überwinden. Sündigt, dann werdet ihr nämlich bereuen und das Böse aus euch hinaustreiben. Solange ihr die Sünde heimlich in euch tragt und sie mit Fasten und Beten nur zudeckt, solange bleibt ihr Heuchler. Der Unrat muss aus euch heraus, dann wird Gott an euch Wohlgefallen finden."

Das war die Theorie. Die Praxis dazu bestand in religiös inszenierten Orgien mit viel Alkohol und Gruppensex. Dass dies Erfolg hatte und Verbreitung fand, ist verständlich. Zur Bekehrung und Reinigung nahm Rasputin auch einzelne Frauen mit in sein privates Gotteshaus. Dieser Mischung von sinnlicher Gier und religiöser Sehnsucht konnten nur wenige widerstehen, dazu kam, dass Rasputin selbst mit einer animalischen Sexualität ausgestattet war. Als Rasputin einige kranke Frauen durch ein „gemeinsames Gebet" heilte, drang sein Ruf bis nach St. Petersburg. Er erhielt eine Einladung, vor Theologiestudenten in der Hauptstadt zu sprechen, und kam natürlich sofort. Dort fielen seine Predigten auf einen sehr empfänglichen Boden.

Man schrieb das Jahr 1904 und ebenso wie in Westeuropa tanzte die Petersburger Gesellschaft auf einem Vulkan nahe dem Abgrund. Auch hier war, vielleicht zeitlich etwas später, das *fin de siècle* angebrochen. Luxus, Sinnlichkeit, Angst, Alkohol und Lebensgier mischten sich mit Endzeitstimmung und mystischen Spinnereien. Es war noch nicht ganz klar, ob der für die Jahrhundertwende erwartete Weltuntergang nicht doch eintreffen würde. Bischof Feofan, Rektor der Petersburger Theologischen Akademie und Hofgeistlicher der Zarenfamilie, ebnete Rasputin den Weg in allerhöchste Adelskreise. Die Großfürstinnen Miliza und Anastasia Nikolajewna, Schwestern und gebürtige Prinzessinnen von Montenegro, durch Heirat in den engeren Kreis der Zarenfamilie gekommen, befassten sich intensiv mit religiösen Fragen, bis hin zu Mystizismus, Spiritismus und Okkultismus. Diese beiden „Montenegrinerinnen" waren es, die Rasputin an den Zarenhof brachten. Nikolaus II. war zunächst nicht sehr beeindruckt, die Zarin hingegen verfiel ihm sofort. Damit erreichte Rasputin eine ungeheure Machtposition, vor allem als es ihm gelang, eine innere Blutung des an Hämophilie leidenden Zarensohnes zum Stillstand zu bringen. Er wurde zum „Heiligen", zum „Wundertäter" hochstilisiert.

Wie war ihm das gelungen? An seinen Fähigkeiten war überhaupt nichts Mysteriöses, hat er doch nie eine Krankheit geheilt, sondern immer nur Symptome gebessert. Und wie das geht, wissen wir ja von den „Wunderheilern" der Gegenwart. Die psychische Komponente von Krankheiten wird von der Schulmedizin meist nicht genügend beachtet. Wenn nun ein „Heiler“ mit der entsprechenden Persönlichkeit und psychologischen Begabung auftritt, zuhört, beruhigt, suggestiv auf den Patienten einredet, ja auch Hypnose einsetzt, so werden vor allem Angst und Schmerzen geringer. Und das ist schon ein Erfolg, wird dadurch doch etwas scheinbar Aussichtsloses zum Besseren gewendet. Nichts anderes hat Rasputin gemacht, er war ein Meister der psychosomatischen Behandlung, ausgeschmückt mit religiösem Okkultismus und bei Bedarf auch sexueller Zuwendung. So wurde er bekannt, berühmt, gefragt und gesucht, aber auch beneidet und gehasst.

Der letzte Zarewitsch von Russland

Im November 1894 erfolgte die Trauung von Zar Nikolaus II. (1868–1918) mit Alix Prinzessin von Hessen-Darmstadt (1872–1918). Die nunmehrige junge Zarin wurde schon seit ihrer Geburt Alix genannt, „da der Name Alice in Deutschland so scheußlich ausgesprochen wird“, wie ihre Mutter befand. Diese Mutter war die dritte Tochter von Königin Victoria von England und Alix daher deren Enkelin.

Über Königin Victoria war eigentlich der gesamte Hochadel Europas miteinander verwandt. Die älteste Tochter der englischen Königin hieß ebenfalls Victoria und war die Mutter des letzten deutschen Kaisers Wilhelm II., der älteste Sohn wurde Englands Eduard VII. und ist der Urgroßvater von Königin Elisabeth II. Ihre Tochter Beatrice wurde die Urgroßmutter des derzeitigen Königs von Spanien Juan Carlos. Und Tochter Alice schließlich heiratete in das Großherzogtum Hessen ein und wurde die Urgroßmutter von Prinz Philipp, Herzog von Edinburg, und die Schwiegermutter des letzten Zaren. Irene, eine Tochter von Alice, heiratete einen Preußenprinzen aus dem Hause Hohenzollern.

Die Ehe zwischen Alix von Hessen-Darmstadt und Zar Nikolaus II. war eine Liebesheirat, doch zur Zarin war die junge Deutsche nicht geschaffen. Biologisch nicht und psychisch nicht. Sie war nicht imstande, die Zeichen der Zeit zu erkennen und auch nur den geringsten Teil der Macht an ein Parlament abzutreten. Schließlich fegte die russische Revolution alles hinweg. Mit ihren Kindern erlebte die Zarin eine Tragödie. Zuerst kamen vier Mädchen zur Welt, die Dynastie aber benötigte einen männlichen Thronfolger. Da traten zum ersten Mal die „Montenegrinerinnen" in Erscheinung und empfahlen Dr. Philippe aus Paris. Er wurde als wundertätiger Arzt bei Hofe eingeführt und prophezeite der Zarin nach einiger Zeit, dass sie einen Sohn gebären werde. Daraufhin wurden alle offiziellen Empfänge wegen der Schwangerschaft der Zarin abgesagt, sie trug nur mehr Umstandskleider und lag meist im Bett. Monate vergingen und schön langsam hätte eine Geburt erfolgen müssen. Da stellte sich heraus, dass die Zarin gar nicht schwanger war, es hatte sich um eine suggerierte Scheinschwangerschaft gehandelt. Schließlich kam die Wahrheit ans Licht: „Dr. Philippe" war gar kein Mediziner, sondern ein Fleischhauergeselle aus Lyon, der sich mit Magie und Hypnose beschäftigte.

Bald tauchten kurz hintereinander die nächsten Wundertäter am Zarenhof auf. Der Nächste, der nach „Dr. Philippe" sein Glück versuchte, war Mitja Koljaba, ein Epileptiker und verwachsener Krüppel. Solche Leute wurden als „heilige Idioten" angesehen und verehrt. Während seiner Anfälle stieß Mitja unzusammenhängende Laute aus, die dann von geistlichen Herren orakelhaft gedeutet wurden. Aber es kam zu keiner Prophezeiung, im Gegenteil – der Anblick des Krüppels löste bei der Zarin ein Nervenfieber aus. Der dritte „Wundertäter" war eine Frau, Darja Ossipowa. Auch sie litt an Anfällen und eine Berührung von ihr sollte Fruchtbarkeit verleihen. Aber auch daraus wurde nichts. Als Vierter wurde der Mönch Serafin von Sarow konsultiert – der allerdings schon seit 100 Jahren tot war. Zu seiner

Zeit hatte er Frauen zu Söhnen verholfen, indem er sie zu einer heiligen Quelle führte. Was dort dann genau geschah, ist nicht überliefert. Jedenfalls ließ Zar Nikolaus II., der ja über die uneingeschränkte weltliche sowie geistliche Macht verfügte, Serafin am 30. Juli 1903 heilig sprechen. Die Zarin badete anschließend um Mitternacht in den heiligen Wassern. Und dann kam es zur Sensation: Genau ein Jahr später, am 30. Juli 1904, gebar die Zarin ihren einzigen Sohn, den Zarewitsch Alexej. Ein Rausch des Triumphes angesichts der Macht des Religiösen und der Heiligen brach los.

Niemand konnte ahnen, dass damit eine Tragödie ihren Anfang nahm.

Eine verhängnisvolle Krankheit

Der Sohn des Zarenpaares war ein Bluter, er litt an der Erbkrankheit Hämophilie. Das bedeutete, dass es bei geringsten Verletzungen sowohl äußerlich als auch innerlich zu fast unstillbaren Blutungen kam. Besonders betroffen waren bei dieser Krankheit die Gelenke und die Lendenmuskulatur. Blutete es dort, dann vermochten sich die Patienten nicht zu bewegen und litten heftige Schmerzen. Eine Heilung gab es nicht, heute kann man die aus genetischer Ursache fehlenden Gerinnungsfaktoren medikamentös ersetzen, damals konnte man lediglich versuchen, die Schmerzen zu lindern.

Fünf Wochen nach der Geburt traten bei dem Säugling erstmals Blutungen auf, unter denen er bis zu seinem gewaltsamen Tod immer wieder zu leiden hatte. Es war völlig klar, dass die Bluterkrankheit von der Zarin aus ihrer Verwandtschaftslinie zu Königin Victoria in die Familie Romanow gebracht worden war. An dieser Krankheit erkranken nur Männer, Frauen aber übertragen sie mit ihrem Erbgut; diese Frauen nennt man Konduktorinnen. Die erste Konduktorin war Königin Victoria. Ihr Sohn Leopold war Bluter, die Töchter Alice und Beatrice Konduktorinnen. Alices Töchter Irene und Alix waren Konduktorinnen, ihr Sohn Friedrich starb mit drei Jahren an Hämophilie. Alix' einziger Sohn, der Zarewitsch, war ebenfalls manifest krank. Die Zarin haderte mit ihrem Schicksal und flüchtete vor ihren Selbstvorwürfen in religiöse Mystik und Wunderglauben.

Am 7. Oktober 1907 erlitt der Zarewitsch – er war knapp über drei Jahre alt – einen heftigen Bluterguss in der Leistengegend, bekam furchtbare Schmerzen und Fieber. Morphium verschaffte ihm etwas Linderung, das Urteil der Ärzte aber fiel eindeutig aus: „Tod in spätestens zwei oder drei Tagen." Am 8. Oktober wurde Rasputin gerufen. Es gelang ihm, das sich vor Schmerzen krümmende Kind zu beruhigen, die angespannte Muskulatur löste sich, der Junge hörte ihm zu. Er erzählte Geschichten und Märchen aus Sibirien, bis der Kleine einschlief. Am nächsten Tag hatte sich sein Zustand weit gehend gebessert. Rasputin sagte zur Zarin: „Glaube an die Kraft meiner Gebete und dein Sohn wird leben." In den Augen der Eltern hatte er ein Wunder vollbracht und wurde seit diesem Tag als Heiliger verehrt.

Am 27. September 1912 trat ein großer Bluterguss an der rechten Hüfte des Kindes auf. Die Situation wurde dramatisch, Rasputin aber befand sich im heimatlichen Sibirien. Er wurde verständigt und sandte ein Telegramm. Obwohl kaum zu glauben, hatte diese Nachricht allein einen ähnlichen Suggestiveffekt wie fünf Jahre zuvor – Entspannung und Schmerzerleichterung. Dieses zweite Wunder machte Rasputin unantastbar, er wurde der Freund des Zarenpaares und der Bote Gottes. Am 5. Dezember 1915 stillte Rasputin eine lebensgefährliche Blutung aus der Nase, nachdem die Ärzte erklärt hatten, nichts mehr machen zu können. Das war das dritte Wunder.

Selbstverständlich handelte es sich dabei nicht um ein Wunder, sondern um den Heilerfolg eines außergewöhnlich begabten Menschenkenners und Menschen(ver)führers. Zwei Momente trafen zusammen: zum einen der unerschütterliche Glaube der Zarin und damit auch ihres Sohnes, des kleinen Patienten, an die Heilkraft der Gebete und der Handauflegungen Rasputins, der Patient war also empfänglich, hoffend und glaubend; zum anderen die Selbstsicherheit und Stärke, das Charisma des sibirischen Bauern, der in jenen kritischen Momenten eingriff, wo die Ärzte resignierten.

Der Widerstand gegen Rasputin wächst

Je höher Rasputin aufstieg, desto gefährlicher wurde es für ihn. Die Kirche konnte nicht zusehen, wie ein Ungeweihter bereits zu Lebzeiten quasi den Status eines Heiligen erreichte. Dazu kam, dass seine sexuellen Eskapaden nicht verborgen blieben. Andererseits wurde Rasputin mit Bestechungen überhäuft, die man ihm für Vermittlungen, Vorsprachen, Beförderungen, Begnadigungen, Versetzungen und vieles mehr anbot. Er hatte ja einen guten Draht zu den wichtigsten Persönlichkeiten und nützte dies auch eiskalt aus. Wer ihm einen Wunsch abschlug, musste damit rechnen, bei der Zarin denunziert zu werden. Und der Zar war Wachs in den Händen seiner Frau, daher auch sein legendärer Ausspruch: „Besser zehn Rasputins am Hof als ein hysterischer Anfall der Zarin!“

Die Hofschranzen und Aristokraten befürchteten einen nicht wieder gutzumachenden Schaden für das Ansehen der Zarenfamilie sowie eine Gefährdung der Monarchie. Das wiederum kam den Reformern und auch den noch im Untergrund agierenden Revolutionären sehr gelegen. Immer häufiger und immer offener wurde der schädliche Einfluss Rasputins angeprangert und auf die Schwäche des Zaren hingewiesen. Nach Ausbruch des Weltkrieges wurde Rasputins Machtposition noch mehr gefestigt, da der Zar im Generalstab oder an der Front war und die Zarin die innenpolitischen Entscheidungen traf. Dem Kriegsgegner Deutschland waren die Verhältnisse in Petersburg gut bekannt. In einem Bericht von 1916 an das Auswärtige Amt in Berlin hieß es:

„Dass Grigorij Rasputin der mächtigste Mann in Russland ist, wurde schon erwähnt. Einerseits gehört er zu den bestgehassten Leuten, was nicht erstaunt, andererseits hat er eine große, getreue Gefolgschaft von mehr als zweifelhaften Personen, die ihm Amt und Würden, Regierungs- und Lieferungsaufträge, Bewahrung vor Strafe oder sonst etwas verdanken. Sowohl die Hofgesellschaft wie die politischen Parteien streben fast ausnahmslos danach, ihn zu beseitigen, haben jedoch bisher keinen Erfolg … Die grenzenlose Liebe des Kaiserpaares zum schwächlichen Thronfolger dient Rasputin als Mittel zur Festigung und Erhaltung seiner Macht … Sein Einfluss beruht in erster Linie auf der geschickt von ihm aufrechterhaltenen Fiktion einer Einwirkung auf den Gesundheitszustand des Thronfolgers … Nebenbei hat er sich auch einem ziemlich wüsten Leben hingegeben, dem Alkohol und den Frauen ist er neuerdings sehr ergeben. Diese Liebhabereien kosten viel Geld, daher hört man in letzter Zeit, dass er für Geldzuwendungen empfänglicher sei als früher … Früher war Rasputin entschieden für baldigen Friedensschluss, jetzt betreibt er mehr die Fortsetzung des Krieges, weil er bei seinen kostspieligen Liebhabereien viel Geld ausgibt und die Prozente der Armeelieferanten ihn erst in die Lage versetzen, das wüste Leben fortzuführen."

Rasputin verdiente nicht nur an der Weiterführung des Krieges, sondern auch an den finanziellen Transaktionen der von Deutschland geförderten revolutionären Bewegung. Die Machtergreifung Lenins wurde bekanntlich von Deutschland mit einer Summe von umgerechnet etwa 500 Millionen Euro unterstützt; Rasputin war an diesen Geschäften beteiligt. Es ist eine geschichtliche Tatsache, dass es ohne deutsches Geld und ohne Rasputin keinen Lenin gegeben hätte.

Das war die Situation im Jahre 1916. Mehrere Attentate wurden auf Rasputin verübt, alles Fehlschläge. Dann nahmen drei konservative Monarchisten die Sache in die Hand.

Der Plan

Der 20-jährige Prinz Felix Jusupov war der Anführer, ein Großfürst – Dimitrij Pawlowitsch – und ein Parlamentsangehöriger – Wladimir Purischkjewitsch – bildeten den engeren Kreis. Es gab nur wenige andere Mitwisser. Jusupov ließ in seinem Palais eigens einen Kellerraum als erlesenes „Party-Zimmer" errichten. Dorthin sollte Rasputin mit dem Versprechen gelockt werden, die schöne Frau des Hausherrn, Irina, kennen zu lernen. Man plante, ihn durch mit Zyankali versetzte Süßigkeiten zu vergiften, zusätzlich standen mit Zyankali präparierte Weingläser bereit. Sobald Rasputin tot war, sollte die Leiche mit einem Automobil an den Stadtrand zur kleinen Njewka gebracht und dort in einem Eisloch versenkt werden.

Am 16. Dezember 1916 war es so weit. Das Fahrzeug, mit dem Rasputin abgeholt wurde, war umlackiert worden, damit es nicht gleich zu erkennen war, denn es gab damals ja nicht viele Autos in Petersburg. Der Wagen von Großfürst Pawlowitsch wurde zum Abtransport der Leiche bestimmt, denn die Adelsinsignien auf der Karosserie würden eine Polizeikontrolle verhindern.

Die Ausführung

Rasputin trifft kurz nach Mitternacht ein, es ist also bereits der 17. Dezember. Weingläser und Zucker sind mit Zyankali versehen, doch der Gast verlangt Tee. Endlich greift er zu den Süßigkeiten und isst alles auf. Nichts passiert. Dann trinkt er Wein, keine Reaktion. Nach fast zwei Stunden zieht Jusupov eine Browning 6,35 und schießt Rasputin aus kurzer Distanz in die Brust. Dieser fällt sofort um und rührt sich nach kurzer Zeit nicht mehr. Die Spuren werden beseitigt, das Auto geholt. Plötzlich richtet sich der totgeglaubte Rasputin auf und versucht zu fliehen. Der Parlamentarier Purischkjewitsch schießt ihm nach, zunächst zweimal daneben, dann trifft er. Ein Schuss in den Rücken, ein Schuss in den Kopf. Das spielt sich bereits im Freien ab, die Schüsse werden gehört, die Polizei kommt und wird zwangsläufig eingeweiht. Erst dann kann der leblose Körper abtransportiert werden. Er wird in dem dafür vorgesehenen Eisloch versenkt. Um 5 Uhr früh ist alles erledigt. Bereits am Vormittag breitet sich wie ein Lauffeuer das Gerücht aus, Rasputin sei ermordet worden, doch seine Leiche ist verschwunden. Die drei Täter werden sofort verdächtigt und verhört, streiten jedoch alles ab. Die Zarin verlangt deren standrechtliche Erschießung. Am 19. Dezember wird die Leiche Rasputins unter der Eisdecke der kleinen Njewka entdeckt.

Wie konnte es zu den Fehlschlägen bei dem Mordkomplott kommen?

Höchstwahrscheinlich war das Kaliumzyanid nicht mehr frisch und seine Wirkung daher sehr vermindert. Außerdem ist genügend Magensäure notwendig, um geschlucktes Kaliumzyanid in Blausäure umzuwandeln. Wenn nun Rasputin wenig Magensäure hatte – und das kommt gar nicht so selten vor –, so hat das Gift noch weniger gewirkt. Auch war sehr wahrscheinlich die Menge zu gering: Rasputin war 1,82 Meter groß, über 90 Kilogramm schwer und überdurchschnittlich stark. Was die Schussverletzungen betrifft, so hatten die Geschosse ein Kaliber 6,35, was sehr gering ist. Die Patronen waren schwach, denn kein Projektil war wieder aus dem Körper ausgetreten. Der Schuss in den Rücken hatte überhaupt keine nennenswerte Wirkung, der Schuss durch Brusthöhle, Magen und Leber führte lediglich zu einem kurzzeitigen Zusammenbrechen und der Schuss in den Kopf hatte offenbar keine gröberen Hirnverletzungen zur Folge. So kam es, dass Rasputin erst unter der Eisdecke ertrunken ist.

Nach der Tat

Der Mord an Rasputin brachte den Zaren in beträchtliche Schwierigkeiten. Die Täter gehörten zum Kreis seiner nächsten Verwandten und hatten aus Patriotismus und in Ergebenheit gegenüber der Dynastie gehandelt. So entschloss sich Nikolaus II., die Untersuchungen einstellen zu lassen, verfügte jedoch die Verbannung der Verdächtigen weit weg vom Hof.

Drei Monate später, im März 1917, musste der Zar nach der Februarrevolution zurücktreten, seine Familie wurde unter Hausarrest gestellt und später nach Sibirien deportiert. In einer Petersburger Tageszeitung erschien ein „offener Brief" an die Ex-Zarin:

„Nicht weil Sie Deutsche sind, hassen wir Sie. Katharina II. war auch eine Deutsche, aber sie hat sich mit der Elite des Landes umgeben, um Russland den größten Aufschwung in der Geschichte zu bescheren. Was haben Sie getan? Ein Muschik, Analphabet und Wüstling war Ihr einziger Freund und Berater, mit dem Sie sich anmaßten, Russland zu regieren."

Kurzer Abriss der Geschichte Russlands

Vom 6. bis 11. Jahrhundert überzogen skandinavische Kriegsscharen das noch ungefestigte Europa mit Beute- und Plünderzügen. Nach den Kriegern kamen wie üblich die Kaufleute, denn die wirtschaftlichen Interessen waren stärker als die militärischen. Ganz allgemein wurden diese Kriegskaufleute aus dem Norden als Wikinger bezeichnet. Die „Norweger" zogen nach Westen und kamen zu den britischen Inseln, nach Island, Grönland und sogar bis Nordamerika. Die „Dänen" wandten sich südwärts, überschwemmten ganz Kontinentaleuropa und gelangten bis in die Normandie („Normannen") sowie nach Spanien. Im Osten waren die „Schweden" aktiv, sie folgten den Flussläufen des Dnjepr bis zum Schwarzen Meer und der Wolga bis zur Kaspischen See. Damit war eine Nord-Süd-Handelsroute geschaffen, die sogar Byzanz erreichte. Bedeutende Handelszentren entstanden, wie Nowgorod am Ilmensee und Kiew. Für das Land und seine Bewohner setzte sich der Name „Rus" durch.

Der Zusammenschluss der einzelnen Stammesverbände schuf im 9. Jahrhundert den altrussischen Staat, das Reich von Kiew, die Kiewer Rus. Erster Herrscher, d. h. Großfürst, soll Rurik gewesen sein, jedenfalls kam die Dynastie der Rurikiden auf, die bis 1598 Bestand hatte. Entscheidend für das altrussische Reich waren die Übernahme der byzantinischen Kultur sowie das oströmische orthodoxe Christentum. Großfürst Wladimir der Heilige (978–1015) heiratete eine byzantinische Prinzessin, und Russland wurde christlich. Später zerfiel das Reich in Kleinfürstentümer, im Süden drangen die Mongolen ein, im Norden der deutsche Ritterorden.

Langsam bildete sich unter der Regentschaft der Moskauer Großfürsten wieder ein russischer Zentralstaat. Iwan III. der Große (1440–1504) nannte sich als Erster „Zar von ganz Russland". 1453 wurde Konstantinopel von den Osmanen erobert, 1472 heiratete Iwan die Nichte des letzten byzantinischen Kaisers und verkündete den Anspruch Moskaus, Erbe von Byzanz zu sein.

1547 wurde Iwan IV. zum „Zaren und Selbstherrscher des ganzen großen Russland" gekrönt; er erhielt den Beinamen „grosny", d.h. „der Furchgebietende", was später fälschlicherweise als „der Schreckliche" übersetzt wurde. Er konsolidierte den Staat und erweiterte ihn mit Hilfe der Händlerfamilie Stroganow nach Sibirien. 1547 heiratete Iwan Anastasia, die Tochter des Großgrundbesitzers Roman Jurjewitsch Sacharin. Die Familie Sacharin nannte sich in der Folgezeit nach dem Vornamen von Anastasias Vater „Romanow". Anastasia gebar den Thronfolger Iwan, den der Zar jedoch 1581 im Streit erschlug. Übrig blieb der zweite Sohn, der schwachsinnige Fjodor. Die

Regentschaft führte deshalb nach dem Tod von Iwan IV. der tüchtige Boris Godunov, nachdem Iwans letzter Sohn, Dimitri, 1591 achtjährig unter nie ganz geklärten Umständen ums Leben gekommen war. Diesem geheimnisvollen Dimitri ist Schillers letztes, unvollendetes Werk *Demetrius* gewidmet. Damit waren die Rurikiden ausgestorben.

1613 wurde Michail Fjodorowitsch Romanow zum Zaren gewählt. Mit ihm begann die Herrschaft des Hauses Romanow, die bis 1917 dauern sollte. Aber so einfach ging das nicht. Mit dem fünften Zaren, Peter I. dem Großen (1689 bis 1725), erreichte Russland den Aufstieg zur Großmacht, aber schon 1730 erlosch die Familie mit Peter II. im Mannesstamm. Die weibliche Linie starb 1762 mit Zarin Elisabeth I. aus. Anna, die Schwester Elisabeths, heiratete den deutschen Karl Friedrich von Holstein-Gottorp, die korrekte Familienbezeichnung müsste eigentlich von da an Holstein-Gottorp-Romanow lauten. Annas Sohn Peter III. wurde 1762 von seiner Gattin gestürzt und danach ermordet. Die junge Witwe, Sophie von Anhalt-Zerbst, wurde als Katharina II. die Große Zarin von Russland. Ihr folgten noch sechs weitere Zaren, von denen Paul I. im Jahre 1801 und Alexander II. 1881 ermordet wurden.

1894 bestieg Nikolaus II., der letzte Zar, den Thron. Er hielt krampfhaft am Prinzip der Autokratie, der absolutistischen Alleinherrschaft des Zaren, fest und das konnte an der Schwelle zum 20. Jahrhundert nicht gut gehen. Die Französische Revolution war zwar ohne Auswirkung auf Russland geblieben, doch nahm die Unzufriedenheit des unterdrückten Volkes ständig zu und äußerte sich in einer Reihe von Attentaten, Bauernaufständen, Streiks und Meutereien. Am 9. Januar 1905 kam es zum „blutigen Sonntag“: Ein durchaus zarentreuer Demonstrationszug wollte in Petersburg dem Herrscher eine Bittschrift um soziale Reformen übergeben. Das Militär schoss in die Menge, es gab mehrere hundert Tote.

Im Oktober 1905 genehmigte Nikolaus II. die Einberufung eines Parlaments, genannt „Duma". Die sozialistisch organisierten Arbeiter bildeten Soldaten- und Arbeiterräte, die so genannten „Sowjets". Als 1917 die Niederlage Russlands im Ersten Weltkrieg deutlich war, trat Nikolaus II. am 18. März 1917 zu Gunsten seines Bruders Michael zurück. Dieser verzichtete jedoch sofort auf den Thron. Nach 304 Jahren hatten die Romanows ihre zaristische Machtstellung verloren. Das Zarenpaar und seine Kinder wurden verhaftet und mit einigen Hofangestellten zuerst in Tobolsk und dann in Jekaterinenburg interniert. Dort wurden sie in der Nacht vom 16. auf den 17. Juli 1918 erschossen, die Leichen waren unauffindbar.

Das Ende vom Lied

In Jekaterinenburg wurden elf Menschen umgebracht, 1991 fand man nach langjähriger Suche neun Skelette und identifizierte sie mit modernsten erbbiologischen Methoden. Aber jetzt gingen die Streitereien erst richtig los!

Wer stritt mit wem?

1. Die Gerichtsmediziner und Anthropologen konnten sich nicht einigen, welche der Zarentöchter neben dem Zarewitsch Alexej fehlte. Die Russen sind der Ansicht, dass Maria fehlt, die Amerikaner sind überzeugt davon, dass Anastasia nicht dabei ist. Wer auch immer es war – mit sehr hoher Wahrscheinlichkeit wissen wir, wo die Leichenteile der beiden fehlenden Körper geblieben sind. Während eines Aufenthaltes des Leichentransportes wurden zwei Körper in einem Wald verbrannt. Laut Protokoll handelte es sich dabei um den Zarewitsch und eine Frau. Die Überreste dieser Verbrennung sind nicht wieder aufgetaucht.
2. Die Anthropologen stritten mit den Genetikern, wer zuerst

das richtige Ergebnis der Identifizierung erreicht hat. Hier waren Wissenschaftler am Werk, deren Ehrgeiz bekanntlich manchmal keine Grenzen kennt.

3. Die russisch-orthodoxe Kirche stritt die Richtigkeit der Identifizierung ab. Hätte die Kirche diese anerkannt, so wäre Nikolaus II. als Märtyrer heilig gesprochen worden. Das wollte man nicht riskieren, war dies doch die Zeit des Zerfalls der Sowjetunion, und niemand wusste, wie die Sache ausgehen würde.
4. Die Familie Romanow war untereinander zerstritten, wer der nächste Anwärter auf den Zarenthron sei. Dies ist ziemlich weltfremd, aber bei manchen ehemals regierenden Fürstenhäusern so üblich.
5. Drei Städte stritten um den Begräbnisort der Zarenfamilie: Jekaterinenburg wollte die Zarenreste behalten und ein Fremdenverkehrszentrum aufbauen, sozusagen ein Zaren-Disneyland; Moskau wollte als Hauptstadt bestätigt werden, obwohl es schon über 300 Jahre her ist, dass dort das letzte Zarenbegräbnis stattfand; und St. Petersburg verfügte mit der Peter-und-Paul-Kathedrale über die Familienkirche und traditionelle Begräbnisstätte der Romanow-Dynastie, man war sich aber nicht einig, was mit den sterblichen Überresten der Bediensteten geschehen sollte.
6. Gorbatschow war zum Begräbnis eingeladen, kam aber nicht, weil Jelzin zugesagt hatte.

Am 17. Juli 1998 wurden die Skelettreste aller in Jekaterinenburg ermordeten Personen in einem zu einer Gruft umgebauten Nebenraum der Peter-und-Paul-Kathedrale in St. Petersburg jeweils in kleinen Holzsärgen bestattet. Es gab nur 19 und nicht 21 Salutschüsse, weil der Zar ja abgedankt hatte und kein Herrscher mehr war. Das Oberhaupt der russisch-orthodoxen Kirche, Patriarch Alexej II., blieb der Zeremonie fern, denn die orthodoxe Auslandskirche hatte Nikolaus II. bereits 1981 heilig gesprochen. Die beiden Kirchen verkehren nicht untereinander.

Für ihn galten andere Maßstäbe

Die weit verbreitete Ansicht, er sei ein schlechter Schüler gewesen, ist falsch. Er war ein Spätentwickler, kein Schulversager. Er lernte sehr spät sprechen, beherrschte dies auch während der Grundschule nur stockend. Darum fürchteten die Eltern, er könnte etwas zurückgeblieben sein. In der Schule gefiel es ihm überhaupt nicht, er erhielt jedoch fast immer gute Noten. Gar nicht einverstanden war er mit dem autoritären Gehabe der Lehrer. Als er einmal bei der Exkursion in einen Steinbruch gefragt wurde: „Nun, wie verlaufen hier die Schichten, von unten nach oben oder von oben nach unten?" antwortete er: „Das ist mir ziemlich egal, Herr Professor!"

Von einem Land ins nächste

Der Gesuchte war von Geburt Württemberger und damit Deutscher. Als seine Eltern nach Italien übersiedelten, verließ der 15-Jährige das Gymnasium, gab kurz danach die deutsche Staatsbürgerschaft auf und kehrte auch der jüdischen Glaubensgemeinschaft den Rücken. Er blieb sechs Jahre staatenlos, holte aber in der Schweiz den Mittelschulabschluss nach und wurde schließlich Fachlehrer für Mathematik und Physik. Mehrere Jahre hindurch arbeitete er am Patentamt in Bern. 1901 wurde ihm das Schweizer Bürgerrecht zuerkannt, das er bis zu seinem Tode behielt. Seiner Wehrdienstpflicht kam er wegen Plattfüßen und Krampfadern nicht nach, da er untauglich war. Dafür studierte er an der Universität Zürich und promovierte 1906 zum Dr. phil.

Bereits 1909 erhielt er die Berufung zum außerordentlichen Professor für Theoretische Physik in Zürich. 1911 nahm er den

Ruf als ordentlicher Professor der Deutschen Universität in Prag an. Widerstrebend fügte er sich, österreichischer Staatsbürger zu werden, was erforderlich war, da ihn die neue Stellung zu einem österreichischen Staatsbeamten machte. Ausnahmsweise wurde ihm genehmigt, auch Schweizer bleiben zu dürfen, Kaiser Franz Joseph weigerte sich jedoch, den Ernennungsakt zu unterschreiben, solange der vorgesehene Professor keiner anerkannten Religionsgemeinschaft angehörte. Um auch diese Schwierigkeit zu überwinden, machte der Professor seinen Austritt aus der jüdischen Gemeinde in formloser Weise rückgängig. In Prag musste er zur Vereidigung als Universitätsprofessor entsprechend der gültigen Vorschriften eine goldverzierte Uniform sowie Dreispitz und Degen tragen, worüber er später sagte: „Ich sah aus wie ein brasilianischer Admiral!" Zu dem der Zeremonie nachfolgenden Empfang erschien er in einem blauen Arbeitsanzug, sodass die Bediensteten annahmen, es handle sich um den erwarteten Elektriker.

Nach einem Jahr in Prag kehrte der Physiker als ordentlicher Professor an die Technische Hochschule in Zürich zurück. Zwei Jahre später kam erneut eine Wende. Der Gesuchte war noch nicht einmal 35 Jahre alt, als er ein Angebot erhielt das er nicht ablehnen konnte: Mitglied der Preußischen Akademie der Wissenschaften, Professor ohne Lehrverpflichtung an der Universität Berlin und Direktor des (noch zu gründenden) Kaiser-Wilhelm-Institutes für Physik zu werden. Er nahm an und wurde wieder deutscher Staatsbürger. 1933 musste er Nazi-Deutschland verlassen, seine „Deutschen Ehrenbürgerrechte" wurden ihm aberkannt, er übersiedelte nach Amerika. Die Deutsche Regierung setzte für seine Ergreifung sogar eine Prämie von 50 000 Reichsmark aus. 1940 erhielt er die amerikanische Staatsbürgerschaft und war während des Krieges Berater im U.S. Navy Bureau of Ordonance, Abteilung „High Explosives and Propellants". Sein Kommentar dazu: „Ich bin zwar in der Navy, brauche aber keinen entsprechenden Haarschnitt." Da er seine Haare immer sehr lang trug, hätte ihn dann auch vielleicht niemand mehr erkannt.

Seine Freizeit gehörte neben der Musik dem Segeln, „weil das der Sport ist, der die geringste Energie beansprucht". Er war zweimal verheiratet, einmal geschieden, einmal verwitwet. Als 73-Jähriger schrieb er an einen Freund: „Mir geht es so weit gut, indem ich die Nazizeit sowie zwei Frauen siegreich überlebt habe."

– Wer war dieser Mann mit den vielen Staatsbürgerschaften? –

Albert Einstein (1879–1955)

Wie bei allen großen Naturforschern lagen auch bei Albert Einstein die Anfänge seines wissenschaftlichen Denkens im „Sich-Wundern", d. h. in seiner beständigen Neugier. Er war begierig, die oft wunderbaren Erscheinungen der Natur zu erforschen, zu verstehen. „Das Schönste, was wir erleben können, ist das Geheimnisvolle. Wer es nicht kennt und sich nicht mehr wundern, nicht mehr staunen kann, der ist sozusagen tot und sein Auge erloschen."

Einsteins Brotberuf am Patentamt in Bern war für ihn ein ausgesprochener Glücksfall. In der doch eher beschaulichen Ruhe des Amtes konnte er über seine Gedankenexperimente nachsinnen, um sie dann in seiner Freizeit auszuarbeiten und zu Papier zu bringen. Er selbst sagte immer, dass es nach acht Dienststunden noch acht Stunden der freien Beschäftigung gab und noch einen Sonntag. Es waren wirklich merkwürdige Fragestellungen, mit denen sich der junge Mann abmühte, wie er später erzählte: „Ich saß auf meinem Sessel im Berner Patentamt, als mir plötzlich folgender Gedanke kam: Wenn sich eine Person im freien Fall vom Dach eines Hauses befindet, dann spürt sie ihr eigenes Gewicht nicht! Ich war verblüfft. Dieser einfache Gedanke machte auf mich einen tiefen Eindruck. Er trieb mich in Richtung einer Theorie der Schwerkraft."

ALS EINSTEIN IM ÜBERMUT EIN SCHWARZES LOCH ÄRGERN WOLLTE, INDEM ER DIESEM DIE ZUNGE ZEIGTE ...

1905 war Einsteins großes Jahr. Er veröffentlichte fünf wissenschaftliche Arbeiten außergewöhnlichen Inhalts und von höchster geistiger Qualität. Eine war seine Dissertation, für die zweite erhielt er 17 Jahre später den Nobelpreis, und eine dritte enthält die Spezielle Relativitätstheorie. Sein Genie war plötzlich zum Durchbruch gekommen, und so drängt sich die Frage auf: Was ist eigentlich ein „Genie"? Wer viel weiß, ist nicht unbedingt gleich ein Genie; ein Genie vermehrt das Wissen. Ein Maß für die Genialität ist der durch schöpferische Originalität erreichte Fortschritt.

Einstein wurde innerhalb kurzer Zeit weltberühmt, mehrere Universitäten bemühten sich, ihn zu engagieren. Er unterrichtete aber nicht besonders gerne, war viel mehr Denker als Lehrer und schrieb auch seine wichtigsten Arbeiten allein. In seiner physikalischen Welt war er oftmals erstaunlich konkret und verfügte über eine größere Anzahl von Patenten für eigene Erfindungen; so erhielten Einstein und Leo Szilard 1930 ein Patent für einen geräuschlosen Haushaltskühlschrank.

Als Einstein 1914 nach Berlin ging, ließ er seine Frau Mileva und die Kinder Hans-Albert (zehn Jahre) und Eduard (vier Jahre) in Zürich zurück. 1919 wurde diese Ehe wegen „natürlicher Unverträglichkeit" geschieden. Dabei versprach er, Mileva jenes Geld zu geben, das er erhalten sollte, wenn sein Nobelpreis fällig wäre. Das hat er später auch gehalten. Vier Monate nach der Scheidung heiratete er seine Cousine Elsa Einstein, verwitwete Löwenthal. Er war 40, sie 43 und Mutter von zwei Töchtern, die Einstein adoptierte. Elsa umsorgte ihn aufmerksam, er war frei von den Dingen des Alltags, sie sonnte sich im Ruhm seiner Person. Elsa starb 1936 in Amerika, Mileva 1948 in Zürich.

Als Einstein 1922 der Nobelpreis verliehen wurde, befand er sich gerade auf einer Reise durch Japan. Er kam nicht nach Stockholm, den Preis nahm stellvertretend der deutsche Gesandte in Schweden entgegen. Dem ging voraus, dass sowohl Deutschland als auch die Schweiz ihn als Staatsbürger reklamierten; zu dieser Zeit hatte er beide Staatsbürgerschaften, seine Wohn- und Arbeitsstätte war Berlin.

Nach seiner Vertreibung aus Deutschland nahm das Institute for Advanced Studies in Princeton, New Jersey, Einstein auf. Zweck dieses Institutes war es, hervorragenden Wissenschaftlern ein freies Forscherdasein zu ermöglichen, ohne materielle Sorgen und Verpflichtungen. Dort, im selbst gewählten Exil, begann ein ganz neues Leben; Einstein wurde zum großen Weisen der Physik, zu einer Kultfigur, blieb aber selbstironisch: „Sie können sich nicht vorstellen, wie immer alle hinter mir her sind, besonders aber mit Briefen. Dazu kommt noch, dass ich unentwegt als Heiliger der Juden und der Gojim funktionieren und meine Segenssprüche ausstreuen muss. So muss ich mir die Zeit zum Denken und Arbeiten buchstäblich stehlen wie ein professioneller Dieb."

Irgendwo in Afrika ...

Tarzan, Jane, Louis und andere

Aufgrund einer Selbstbiografie wissen wir über ihr Leben, ihr Denken und ihre Taten Bescheid. Sie ist eine der großen Forscherpersönlichkeiten unserer Zeit, eine schlanke, zarte, charismatische Frau, die versucht, die Welt aufzurütteln. Ob es ihr gelingen wird, ist eine andere Frage. Vielleicht doch. So ungewöhnlich ihr Lebenslauf ist, so völlig neu ihre Studien waren, so könnte es auch sein, dass ihr Optimismus und ihre Hoffnung doch die Einstellung des Menschen zur Natur verändern.

Sie wurde am 3. April 1934 mitten in London geboren, war aber nie ein Stadtkind, sondern von Kindheit an von Tieren fasziniert und im Garten zu Hause. Noch heute besitzt sie das erste Geschenk ihres Vaters: einen großen Schimpansen aus Plüsch, der im Jahre 1935 angefertigt und verkauft wurde, als im Londoner Zoo erstmals in Gefangenschaft ein Schimpansenbaby zur Welt kam. Aber Tiere waren für sie kein Spielzeug. Als sie im Alter von eineinhalb Jahren im Garten einige Regenwürmer eingesammelt hatte und diese mit ins Bett nahm, sagte ihre Mutter: „Wenn du sie hier behältst, werden sie sterben. Sie brauchen die Erde.“ Sofort sammelte sie die Würmer wieder ein und brachte sie in den Garten zurück. Neben der Schimpansenpuppe hatte sie noch einen lebendigen ständigen Begleiter, den Hund Rusty. Wie es sich gehört, ein etwas zotteliger Mischling mit schwarzem Fell und einem weißen Fleck auf der Brust. Daneben gab es noch Katzen, Meerschweinchen, Goldhamster und mehrere Schildkröten sowie einen Kanarienvogel, der frei im Haus herumflog. Wie es gelang, den Vogel und die Katzen voneinander zu trennen, steht leider nicht in ihren Lebenserinnerungen. Dafür wissen wir, dass sie der Schule wenig Sympathie entgegenbrachte und sich viel lieber im Garten aufhielt. Und dieser Garten wurde größer, denn bei Ausbruch des Zweiten Weltkrieges zog der Vater in den Krieg und die Mutter mit dem Kind aufs Land, an die Südküste Englands nach Bournemouth. Dort gab es herrliche Dinge wie etwa ein kleines Gartenhaus und eine große Buche, in deren Geäst sich das junge Mädchen eine Lesestelle einrichtete. Da oben, in luftiger Höhe, verliebte sie sich zum ersten Mal, und zwar in den Herrn des Dschungels, Tarzan, und war furchtbar eifersüchtig auf Jane. Und wie das Leben so spielt, trug das kleine Fräulein denselben Vornamen wie das Urwaldmädchen ... Ob es stimmt, ist nicht so ganz geklärt, aber es hört sich jedenfalls sehr schön an, dass auf einem Baum in Kent der Entschluss reifte, nach Afrika zu gehen und mit Tieren zusammenzuleben.

Die Realität sah zunächst viel nüchterner aus. Nach Ende der Schulzeit war nicht genug Geld für ein Universitätsstudium vorhanden. Und so ging die junge Frau mit 19 Jahren zurück nach London, begann eine Ausbildung zur Sekretärin und besuchte Abendkurse in Journalismus und englischer Literatur. Zuerst wurde sie Assistentin einer Physiotherapeutin, dann Hilfskraft an der Universität Oxford und schließlich landete sie in einem kleinen Filmstudio, um dort die Begleitmusik für Dokumentarfilme auszusuchen. Keine Tiere, kein Tarzan, kein Afrika. Und plötzlich wurde alles ganz anders.

Eine unverhoffte Einladung

Am 18. Dezember 1956 kam ein Brief von einer ehemaligen Schulkollegin, deren Eltern gerade eine Farm in Kenia gekauft hatten. Das Mädchen schrieb, ob Jane sie nicht besuchen wolle. Sofort gab diese ihre Stelle im Londoner Filmstudio auf, kehrte nach Bournemouth zurück und wurde Kellnerin. Von Lohn und Trinkgeld sparte sie sich in fünf Monaten jene Summe zusammen, die gerade für die Hin- und Rückfahrt reichte. Sie war 23 Jahre alt, als sie das Schiff bestieg und die Reise nach Tarzans Afrika antrat.

Die Ferien auf der Farm nördlich von Nairobi verliefen traumhaft, aber alles geht einmal zu Ende. Die junge Frau kehrte jedoch nicht nach Europa zurück, sondern wurde wieder Sekretärin, und zwar beim Manager der kenianischen Filiale einer britischen Firma. Der Job war langweilig, brachte aber doch so viel ein, um in Afrika bleiben zu können. Nach einiger Zeit kam das Gespräch anlässlich einer Partygesellschaft auf ihre Zukunft. „Wenn Sie an Tieren interessiert sind", sagte einer der Gäste, „sollten Sie ihn kennen lernen."

Er war ein berühmter Anthropologe und Paläonthologe am Coryndon Museum in Nairobi. 54 Jahre alt, ein Hüne von einem Mann und der zu seiner Zeit erfolgreichste Ausgräber menschlicher Fossilien in Afrika. Grabungsort war die Olduvai-Schlucht in Tanganjika (heute Tanzania), ein tiefer Einschnitt in der Hochebene der Serengeti. Nach mehreren Gesprächen mit der Afrika-Urlauberin machte der Forscher Jane ein Angebot, und sie wurde seine Sekretärin. Das war ihr weiß Gott wievielter, aber sicher ihr wichtigster Sekretärinnenjob. Aus dem Zusammentreffen der Sekretärin aus England mit dem Fossilienforscher aus Kenia resultierte eines der bedeutendsten wissenschaftlichen Projekte zur Erforschung der Lebens- und Abstammungsgeschichte von Mensch und Tier.

– Wer traf wen in Afrika? –

Jane Goodall (geboren 1934) traf Dr. Louis Leakey (1903–1972), der als Erster darauf hingewiesen hatte, dass der Ursprung des Menschen höchstwahrscheinlich in Afrika liegt. Louis war jedoch nicht nur Ausgräber und Vergangenheitsforscher, ihn interessierte auch die gegenseitige Abstammung von Mensch und

Tier. Dabei ging es ihm vor allem um Schimpansen, unsere engsten lebenden Verwandten. Leakey ahnte es, heute wissen wir es mit Bestimmtheit: Unser Erbmaterial, der menschliche DNA-Code, unterscheidet sich von jenem der Schimpansen nur um ein wenig mehr als ein Prozent. Der Rest ist gleich, wie es sich für Verwandte gehört.

Dieser Louis Leakey wollte unbedingt eine Studie über Schimpansen, über ihr Verhalten im natürlichen Lebensraum durchführen, besteht doch ein gewaltiger Unterschied zwischen dem, was zu lebenslanger Haft im Zoo verurteilte Tiere machen, und dem, was sie in Freiheit in ihrer Heimat vermögen. Louis sprach immer wieder davon, dass man ja beobachten und lernen könne, ohne ein einziges Tier töten zu müssen. Und dann antwortete Jane endlich: „Ich wünschte, du würdest nicht immer nur davon reden, denn genau das würde ich für mein Leben gerne machen!" Und er darauf: „Ich habe ja nur darauf gewartet, dass du das endlich sagst!" Und so wurde die vielfache Sekretärin, die weder über eine entsprechende Ausbildung noch über einen akademischen Grad verfügte, zur Schimpansenforscherin.

Jane Goodall revolutioniert die Verhaltensforschung

„Tiere sind Viecher und Menschen die Krone der Schöpfung", so oder so ähnlich lautete die gängige Meinung, und es wurde daher als ziemlich sinnlos angesehen, Tiere längere Zeit hindurch in freier Wildbahn ungestört zu beobachten. Affen waren Affen und eben keine Verwandten, und das war es. Diese Ansicht sollte sich ändern.

Der Tag, mit dem alles begann, war der 16. Juli 1960, als Jane Goodall ihr Zelt in Gombe am Ostufer des Tanganjika-Sees aufschlug. Fünf Monate leistete ihr dort die nach Afrika nachgereiste Mutter Gesellschaft, dann gab es nur noch die Einheimischen und die Tiere. Vom ersten Tag an wusste sie, dass diese neue Welt ihr Platz war. Sechs Wochen nach der Ankunft erkrankten Mutter und Tochter an Malaria. Jeder andere wäre nach Hause zurückgekehrt, die beiden aber blieben. Das Leben der jungen Verhaltensforscherin hatte nach ihrer Genesung einen eigenen Rhythmus: Aufstehen um 5 Uhr 30, Kaffee und Brot; danach kletterte sie, noch im Dunklen, auf einen Hügel, 150 Meter über dem See. Von dort aus überblickte sie zwei Täler und wartete auf die Schimpansen. Diese kamen einzeln oder in Gruppen, aber keineswegs jeden Tag. Und es sollte fast ein Jahr dauern, bis diese Schimpansen den seltsamen weißen Affen, der sie durch das Fernglas beobachtete, näher als 100 Meter an sich heranließen. Eigentlich war es frustrierend, aber Jane schaute, notierte, sammelte, überprüfte die Essensreste der Tiere und wurde allmählich mit dem Terrain und den Lebensgewohnheiten seiner Bewohner vertraut. Sie lernte die einzelnen Schimpansen zu unterscheiden und gab ihnen Namen.

Und eines Tages kam das erste Erfolgserlebnis: Sie begegnete einem einzelnen Schimpansenmann, der weniger furchtsam war als die anderen und den sie seiner hellen Barthaare wegen David Greybeard nannte. Er saß auf einem Termitenbaum und stieß immer wieder einen Grashalm in ein Erdloch. Dann zog er den Halm vorsichtig heraus und lutschte ihn ab. Nach einiger Zeit riss er einen neuen Grashalm aus. Als er fortging, inspizierte Jane, was dort passiert war. Sie steckte ebenfalls einen Halm in ein Loch des Termitenbaues, und als sie ihn wieder herauszog, hatten sich einige Termiten daran festgebissen und diese hatte der Schimpanse verspeist. Einige Tage später beobachtete sie, wie der Schimpanse einen belaubten Zweig von einem Busch abknickte, die Blätter abstreifte und dieses Holz dann benützte. David Greybeard hatte ein Werkzeug hergestellt und verwendet. Es handelte sich also um die absichtliche Veränderung eines Gegenstandes, seine Umformung zu einem brauchbaren Werkzeug. Diese Beobachtung stellte die Einzigartigkeit des Menschen in Frage, und es folgte ein gewaltiger Aufschrei von Seiten der Wissenschaft und der Theologie. Das war gut so, denn dadurch gelang es Louis Leakey, bei der National Geographic Society eine finanzielle Unterstützung der Forschungsarbeit zu erwirken. Und diese Arbeit brachte Erkenntnisse, die bis dahin für lächerlich und unmöglich gehalten worden waren.

Jane lebte 25 Jahre mit und unter Schimpansen, bekleidet mit Leinenhemd, Hose und Plastiksandalen, wobei ihre Ausrüstung lediglich aus Notizbuch, Feldstecher und Fotoapparat bestand. Es dauerte lange, bis sie Anerkennung fand. Wie konnte man Beobachtungsobjekten Namen geben? Tiere sind doch Objekte, nicht Subjekte und bekommen daher Nummern, nicht Namen. Es besitzen doch nur Menschen Persönlichkeit – wieso sollten Schimpansen Gefühle haben können, wo doch an den Universitäten gelehrt wurde, nur Menschen hätten Geist und könnten denken? Jane hatte an keiner Universität studiert und wusste nichts davon. Und das war gut so. Dank ihrer Unvoreingenommenheit erkannte sie, dass Schimpansen Emotionen haben, fähig sind sich zu freuen, aber auch zu trauern, neidisch sind, aber auch fürsorglich bemüht, streitlustig sind und Freundschaften schließen. Beim Wiedersehen und Wiedererkennen umarmen sie einander, sie führen aber auch organisierte Kriege zwischen einzelnen Gruppen. Sie verfügen über eine hoch entwickelte soziale Kommunikation, es gibt Anführer, Helden und Feiglinge, natürlich auch sehr gescheite und daneben einfältigere Exemplare. Jeder Schimpanse hat seine ausgeprägte Persönlichkeit und damit sein individuelles Leben.

Der Feind lauert

Aber diese Tiere haben übermächtige Feinde. Sie werden getötet und gegessen, werden gejagt und gefangen, in kleinste Boxen eingesperrt und in kahlen Kellern von Forschungsanstalten jahrelang gequält. Unzählige landen auf Operationstischen, und wenn sie nicht mehr aus der Narkose – wenn überhaupt eine solche

DIANE FOSSEY TRAUTE IHREN AUGEN NICHT, ALS SIE DEN SILBERRÜCKEN "JOE" BEI DER LEKTÜRE VON KAFKAS "DIE AEROPLANE IN BRESCIA" BEOBACHTETE.

verabreicht wird – erwachen, so haben sie eigentlich Glück. Sonst landen sie hinter Gittern im Zoo oder in bunte Kleider gezwängt im Zirkus. Einige werden dressiert und müssen Kunststücke vorführen, wobei ihre Quälerei kein Ende nimmt, denn die Dreharbeiten einer Fernsehserie dauern lang und es werden immer mehrere Tiere dabei „verbraucht". Armer Charlie!

In ihrer ursprünglichen Heimat wurden in der Zwischenzeit die Wälder gerodet, die Buschlandschaft in Siedlungsgebiet umgestaltet und der ursprüngliche Bestand an Schimpansen auf weniger als ein Zehntel reduziert. Gegen die Gewalttaten der Menschen sind die Schimpansen wehrlos.

Das Unglück für die Schimpansen ist, dass sie dem Menschen von allen Lebewesen am nächsten stehen. In der genetischen Struktur, im Immunsystem, in der Anatomie des zentralen Nervensystems, in der Zusammensetzung des Blutes usw. sind die Unterschiede gering. Sie können fast alle menschlichen Infektionskrankheiten bekommen und sind daher ideale Testobjekte für die experimentelle Medizin und die Pharmaforschung. Da werden ihre Ähnlichkeiten mit den Menschen anerkannt; völlig ignoriert hingegen wird, dass auch Intellekt, Freude, Schmerz und Verzweiflung vergleichbar sind.

Jane Goodall hat ein Vierteljahrhundert mit Schimpansen gelebt und wurde 1965 in Cambridge ohne reguläres Studium zum Dr. phil. im Fach Zoologie promoviert. Sie erhielt zahlreiche Ehrungen und ist heute Universitätsprofessorin. Nach 25 Jahren in Gombe gründete sie verschiedene Institute und Organisationen, die sich um den Schutz und die Freilandhaltung von Schimpansen kümmern. Sie reist unermüdlich durch die Welt, um mit Vorträgen und Diskussionen Geld aufzutreiben und um Sympathie für ihre Objekte zu werben. Mehrmals im Jahr kehrt sie nach Gombe zurück, wo inzwischen eine große Forschungsstelle entstanden ist. Sie selbst sagt jedoch: „Ich wohne jetzt nur noch im Flugzeug."

Diane Fossey und ihre Berggorillas

Sechs Jahre nach Jane Goodall kam eine 31-jährige Amerikanerin zu einer Safari nach Zentralafrika. Sie war Beschäftigungstherapeutin für Kleinkinder in Kentucky, ihre Liebe jedoch gehörte den Tieren in Afrika. Die beiden Hauptziele ihrer Reise waren die Berggorillas im damaligen Kongo und die Ausgrabungen von Dr. Louis und Mary Leakey in der Olduvai-Schlucht. Die Gespräche mit Louis verliefen so angeregt, dass dieser schließlich vorschlug, die junge Frau sollte Freilandbeobachtungen von Berggorillas machen. Die Unterhaltung endete mit seiner Mahnung, dass sie sich unbedingt den Blinddarm herausnehmen lassen müsse, bevor sie es wagen könnte, in die abgeschiedene Wildnis des hoch gelegenen Verbreitungsgebietes der Gorillas aufzubrechen. Die angehende Forscherin hätte so ziemlich allem zugestimmt und traf sofort Vorkehrungen für eine Blinddarmoperation. Als sie sechs Wochen später ohne Blinddarm aus dem Krankenhaus kam, fand sie einen Brief von Louis Leakey vor, der mit den Worten begann: „Eigentlich ist es nicht dringend erforderlich, dass Sie Ihren Blinddarm herausnehmen lassen. Das ist nur meine Art, die Entschlossenheit eines Bewerbers zu testen!"

Und Diane Fossey (1932–1985), die junge Amerikanerin, war fest entschlossen, das von Leakey gesuchte „Gorilla-Mädchen" zu werden. Am 6. Januar 1967 schlug sie ihr Lager im Regenwald der Virunga-Vulkane auf und gründete später eine Forschungsstelle in Ruanda. 18 Jahre lebte sie bei und mit den Berggorillas, diesen kraftstrotzenden, unheimlich anzusehenden Riesen, die in Wirklichkeit sanfte Vegetarier, geduldige Familienväter, liebevolle Mütter und fröhlich spielende Kinder sind. Insgesamt gibt es noch etwa 200 Berggorillas. Sie haben keine Feinde im Wald, ihr einziger Feind ist der Mensch. Dem sind sie allerdings wehrlos ausgeliefert.

Der Fang von Jungtieren der Gorillas bedeutet meistens die Ausrottung der gesamten Familie, da diese ihre Kinder heftig verteidigen. Dem Abschuss eines Gorillas folgte häufig ein Ansteigen der Spenden und staatlichen Zuwendungen, sodass es immer wieder vorkam, dass auch Hilfskräfte der Forschungsstelle von Diane Fossey selbst ein Tier umbrachten. Manchmal tauchten auch Trophäenjäger auf, die große Tiere töteten und ihnen Kopf und Hände abschnitten. Wie professionell – damals wie heute – dabei vorgegangen wird, erkennt man daran, dass die Mörder die Projektile aus den Tierleibern schneiden, um nicht identifiziert zu werden. Die Tragödie der Berggorillas wird durch die uneinsichtige, korrupte Bürokratie in den noch ziemlich jungen zentralafrikanischen Staaten vervollständigt.

Diane Fossey kämpfte ihr Leben lang um die Erhaltung der Berggorillas. Sie persönlich hat diesen Kampf verloren. Am 26. Dezember 1985 wurde sie tot in ihrer Hütte aufgefunden, den Schädel von einer Machete gespalten. Vom Mörder fehlte jede Spur.

Handelsware Elfenbein

Richard Leakey, der mittlere der Söhne von Louis und Mary, kam 1944 in Kenia zur Welt. Er absolvierte die Oberschule, verweigerte eine akademische Ausbildung und wurde Fremdenführer für Safari-Gäste. Später half er seinen Eltern bei den Ausgrabungen menschlicher Fossilien in der Olduvai-Schlucht und erzielte selbstständig spektakuläre Erfolge. Nach dem Tod seines Vaters übernahm er dessen Stelle als Direktor des Nationalmuseums in Nairobi, 1989 ernannte ihn der Staatspräsident von Kenia, Daniel arap Moi, zum Direktor der kenianischen Naturschutzbehörde. Ab diesem Zeitpunkt begann der Kampf von Richard Leakey gegen den Massenmord an Elefanten. 1979 gab es in Kenia 85.000 Elefanten, 1989 waren es nur mehr 22.000. Gut organisierte Banden von Wilderern rückten mit Geländefahrzeugen und Maschinengewehren in die Nationalparks ein, wo eigentlich Tierschutz herrschte. Es ging vor allem um das Elfenbein der Stoßzähne, daneben auch um grauenvolle Trophäen wie etwa Elefantenfüße, aus denen Sitzhocker gefertigt wurden. Kein Zweifel besteht daran, dass Seilschaften von Beamten bis in höchste Regierungskreise die Geschäftemacherei deckten und mitkassierten. Es war keine Elefantenjagd, es war ein Schlachten.

Dazu muss man wissen, dass Elfenbein in Afrika seit jeher eine wichtige Handelsware war. Seit dem 11. Jahrhundert reisten arabische Kaufleute in das Innere Ostafrikas, um Elfenbein und Sklaven zu beschaffen. Im 19. Jahrhundert kamen die Engländer, 500 Tonnen Elfenbein gingen pro Jahr nach Großbritannien, 250 Tonnen nach Amerika. Man erzeugte daraus Billardkugeln, Kämme und Besteck, Klaviertasten und Schmuck. Im 20. Jahrhundert kam das örtliche Kunstgewerbe für den Tourismus hinzu, desgleichen der Handel nach Japan und Hongkong. Der Bedarf war groß, jeden Monat starben an die tausend Elefanten. Ein Wilderer bekam 50 Dollar je Stoßzahn, das Jahreseinkommen in Kenia betrug damals 450 Dollar pro Kopf.

Die Strategie von Richard Leakey war eine zweifache: Einerseits inszenierte er eine weltweite Kampagne, um Elfenbein für Schmuck und Figürchen in Europa und Amerika gesellschaftlich inakzeptabel zu machen, andererseits unterstrich er die Entschlossenheit der kenianischen Regierung, indem er beschlagnahmtes Elfenbein öffentlich verbrannte. Die erste Verbrennung fand am 18. Juli 1989 im Nairobi-Nationalpark statt. Dafür wurde ein Fachmann für Spezialeffekte aus Hollywood engagiert, denn zum einen musste der Scheiterhaufen auch wirklich brennen, zum anderen aber durfte es keine Explosion oder Sonstiges geben. Die Inszenierung gelang perfekt. Ein Großteil der Stoßzähne wurde zunächst mit einem leicht brennbaren Kunst-

MEIN <u>UR-UR-GROSSVATER</u> WAR SCHON EIN ERECTUS, WÄHREND <u>SEIN</u> UR-GROSSVATER NOCH EIN HABILIS WAR, DER SEINERSEITS EINE BOISEI VERGEWALTIGT HATTE. ABER <u>MEIN</u> URGROSSVATER, EIN PRACHTKERL VON EINEM ERECTUS, HAT EINE SAPIENS VERGEWALTIGT, UND VON DA AN GAB'S IN MEINER LINIE NUR NOCH SAPIENS.

AHNENFORSCHUNG BEIM FRÜHEN HOMO SAPIENS
(SPÄTES PLEISTOZÄN)

stoff überpinselt, dann türmte man Stroh und Brennholz auf, und als die Sache richtig brannte, wurden noch Benzin und Kerosin hineingepumpt. Fernsehen und Presse aus der ganzen Welt waren zur Stelle, als Präsident Moi das Feuer mit den folgenden Worten entzündete: „Damit den Wilderern Einhalt geboten werden kann, muss auch den Händlern Einhalt geboten werden. Und damit den Händlern Einhalt geboten wird, muss der Endverbraucher davon überzeugt werden, dass er kein Elfenbein kaufen soll. Ich appelliere an die Menschen in der ganzen Welt, kein Elfenbein mehr zu kaufen!“ Der Haufen brannte fast drei Tage lang, er hatte einen Handelswert von drei Millionen Dollar. Aber jetzt wusste die ganze Welt von der Bedrohung der afrikanischen Elefanten und von der Profitgier des Elfenbeinhandels. Vier Jahre später, am 2. Juni 1993, wurde Richard Leakey beim Absturz seines Privatflugzeuges schwer verletzt, sodass ihm beide Beine amputiert werden mussten. Die Ursache des Motordefektes konnte nie aufgeklärt werden.

Ein letztes Beispiel dafür, mit welcher Brutalität in Zentralafrika gegen Tierschützer vorgegangen wird, ist das Schicksal der Adamsons. George und Joy Adamson hatten im Norden Kenias eine „Löwenstation“ eingerichtet. Joy, eine gebürtige Altösterreicherin aus Tschechien, ist durch die Aufzucht der Löwin Elsa weltbekannt geworden. 1980 wurde sie ermordet; vermutlich war es ein Lagerkoch, den sie gekündigt hatte. George wurde 1989 von Wilderern erschossen.

Wie schrieb Richard Leakey in seiner Biografie? „Es gibt auf der Erde keine heimtückischere Gefahr als die Armut. Wir müssen uns mit der Tatsache auseinander setzen, dass immer mehr Menschen unterhalb des Existenzminimums leben. Auf globaler Ebene mag die Bewahrung der biologischen Vielfalt eine unverzichtbare Notwendigkeit sein, aber für große Teile der Weltbevölkerung ist die Frage, wie man sich sauberes Wasser und einmal am Tag eine richtige Mahlzeit verschafft, von grundlegenderer Bedeutung für das Überleben. Wenn wir andere Spezies schützen wollen, müssen wir Mittel und Wege finden, um für unsere eigene zu sorgen."

Vorfahren und Verwandte

Der Mensch stammt nicht vom Affen ab. Das ist richtig. Menschen und heutige Affen haben gemeinsame Vorfahren, wir sind daher Verwandte. Die großen Weltreligionen erzählen, der Mensch sei in einem letzten Schöpfungsakt als Ebenbild Gottes erschaffen worden. Das ist falsch. Der Mensch ist das Produkt eines natürlichen Entwicklungsprozesses in einer langen Abfolge von Generationen. Aufgrund der großen anatomischen Ähnlichkeit reihte der schwedische Naturforscher Carl von Linné (1707–1778) Affen und Menschen in die Gruppe der Primaten, der „Herrentiere". Das ist immerhin etwas. In dieser Gruppe hatten die Menschen ihre Vorfahren, und die Affen hatten ihre Vorfahren, und vor langer Zeit gab es gemeinsame Vorfahren.

Was sind nun Primaten? Die Bezeichnung „Herrentiere" ist ziemlich arrogant und unangebracht. Aus dem Lateinischen übersetzt bedeutet Primaten „die dem Rang nach Ersten". Die uns nächstverwandten heutigen Primaten sind die Menschenaffen Afrikas, die entferntesten die Lemuren von Madagaskar. Derzeit leben 225 Primatenarten, fast ebenso viele sind bereits ausgestorben. Die Primaten haben sich aus am Boden lebenden Insektenfressern, wie etwa den Spitzhörnchen, entwickelt. Sie wurden Baumbewohner und kehrten dann teilweise wieder zum Bodenleben zurück. Die gesamte Entwicklung bis heute dauerte etwa 65 Millionen Jahre.

Woran erkennt man Primaten? Sie haben ein auffallend großes Gehirn im Verhältnis zum Körpergewicht. Die Augen sind von der Seite nach vorn verlagert, was ein dreidimensionales

Sehen ermöglicht. Die Greifhände und (mit Ausnahme des Menschen) Greiffüße tragen Nägel, keine Krallen. Alle Primaten besitzen ein Schlüsselbein und einen Blinddarm. Ferner fällt auf, dass die Primaten sehr lange trächtig sind und ihre Neugeborenen ungewöhnlich lange betreut werden müssen. Das ist aber auch ein Vorteil, da die lange Entwicklungszeit ein intensives Lernen ermöglicht, also die Übernahme der Erfahrungen der Eltern. Primatenkinder können erzogen werden.

Die afrikanischen Menschenaffen Gorilla, Schimpanse und Bonobo (Zwergschimpanse) bilden zusammen mit den Menschen die Familie der Hominiden. Gorillas und Schimpansen sind mit dem Menschen enger verwandt als mit den anderen Menschenaffen, etwa dem Orang-Utan. Die Gorillas sind Vegetarier, Schimpansen und Bonobos fressen zwar hauptsächlich Früchte, Blätter und Nüsse, zusätzlich aber Termiten und Ameisen und dazwischen gerne auch Fleisch von jungen Antilopen und kleineren Affen. In der Entwicklungsgeschichte trennten sich die Linie der Menschen und jene der Schimpansen vor mindestens sechs Millionen Jahren. Die Schimpansen von damals haben dabei keineswegs so ausgesehen wie heute, auch bei ihnen ging die Evolution genauso wie beim Menschen weiter, nur eben in eine andere Richtung.

Wann begann die Menschwerdung? Ganz klar ab dem Zeitpunkt, als sich unsere Vorfahren von jenen der Schimpansen und Gorillas trennten. Und dann dauerte es noch einige Millionen Jahre, bis der aktuell-moderne Mensch entstand. Während die Affen sich spezialisierten, war das entscheidende Merkmal des Phänomens Mensch, dass er sich zum Alleskönner hin entwickelte. Spezialisten sind nur beschränkt überlebensfähig, denn wenn sich die Umweltbedingungen ändern, ist der Spezialist nicht mehr zur Anpassung geeignet. In der Entwicklungslinie zum Menschen trat dann etwas völlig Neues auf: das Bewusstsein, das Denken, das Wissen und vor allem die willentliche Weitergabe von Wissen an die Nachkommen. Entscheidend für das Phänomen Mensch war die nicht-genetische „Vererbung“ erlernter Fähigkeiten. Das war eine Revolution in der Biologie, denn man musste nicht mehr warten, dass die Evolution Körper, Gehirn und Intelligenz veränderte. Bis dieser Mechanismus in Gang kam und gelernt wurde, dauerte es lange, weshalb es keinen definierten Zeitpunkt für den Übergang vom Tier zum Menschen gibt. Aber es gibt entscheidende Schritte, die dabei getan werden mussten:

aufrechter Gang – vor etwa fünf Millionen Jahren
Werkzeugherstellung – vor etwa 2,5 Millionen Jahren
Feuerstellen bewahren – vor etwa 700.000 Jahren
Ackerbau zur Produktion von Nahrung
Bevorratung, das Lernen einer Vorsorge
Leichenbestattung, Jenseitsglaube
Sprache, wichtige Kommunikation untereinander
Schrift, Kontakte über Entfernungen und Generationen

Das Biologie-Verständnis allzu vieler Menschen ist ziemlich simpel. Man geht einmal davon aus, der Planet Erde beherberge Pflanzen, Tiere und Menschen. Und dann wird gedacht, vom Bandwurm bis zum Schimpansen sei alles Tier, der Mensch dagegen eine Sonderspezies. Aber auch andere Tiere stellen Werkzeuge her, geben Erfindungen an die Verwandtschaft weiter, haben Bewusstsein, sind mitfühlend und hilfsbereit, teilen sich durch bestimmte Laute ihrer Umgebung mit und haben Verhaltensregeln von Moral und Anstand. So besonders herausragend sind wir Menschen eben doch nicht.

Die wichtigsten Funde zur Geschichte der Menschwerdung

Der Stammbaum der Entwicklung der Menschen wurde nach Fossilfunden erstellt, die in den vergangenen 150 Jahren entdeckt wurden. Die wichtigste Erkenntnis daraus ist, dass während einiger Jahrmillionen mehrere Vor- und Frühmenschenarten nebeneinander existierten und auch wieder ausstarben. Nur eine Linie, und zwar jene, die zum Homo sapiens führte, blieb erhalten. Es handelte sich also nicht um eine kontinuierlich auf den modernen Menschen zulaufende Entwicklung, sondern um ein breites Geflecht mit vielen Verzweigungen. Vieles wurde von der Evolution ausprobiert, aber nur wenig hat sich bewährt und wurde weiterentwickelt.

Die Fußspuren von Laetoli

Laetoli liegt im Norden Tanzanias, einem Fundort vieler Vormenschenfossilien. Dort fand das Team von Mary Leakey (1913–1996), der Ehefrau von Louis Leakey, 1978 eine in Vulkanasche gehärtete Fußspur von drei aufrecht gehenden Individuen. Das Alter der Fußabdrücke konnte mit Hilfe der Radioaktivitätsmethode bestimmt werden, und das Ergebnis war sensationell: Vor dreieinhalb Millionen Jahren wanderten mehrere Vormenschen aufrecht über feuchte Vulkanasche und hinterließen ihre Spuren.

Lucy

Eine Gruppe amerikanischer und französischer Paläontologen fand 1973 in Nordäthiopien ein Kniegelenk, das von einem aufrecht gehenden Primaten stammte. Im Jahr darauf wurde das fast vollständige Skelett einer Vormenschenfrau entdeckt, die nach dem damals aktuellen Beatles-Song *Lucy in the Sky with Diamonds* „Lucy" genannt wurde. Die Spezies, der Lucy angehörte, war derselbe Vormenschentyp, der die Fußstapfen von Laetoli hinterlassen hatte. Der aufrechte Gang gab die Hände frei, die für andere Zwecke verfügbar wurden. Das Skelett von Lucy, etwa drei Millionen Jahre alt, verrät uns allerdings nicht den Zeitraum, der für die Entwicklung des aufrechten Ganges nötig war. Sicher waren dazu ein oder zwei Millionen Jahre erforderlich.

Homo habilis, der Werkzeugmacher

Louis und Mary Leakey entdeckten zwischen 1950 und 1960 in der Olduvai-Schlucht in Tanzania eine Menge von Steinwerkzeugen. Erst zehn Jahre später fanden sie Skelettfossilien der dazugehörigen Individuen. Ihr Sohn Richard Leakey stieß Anfang der 1970er-Jahre auf zwei fast vollständig erhaltene Schädel, etwa 1,8 Millionen Jahre alt. Obwohl als „Homo“ bezeichnet, ist man sich nicht einig, ob es sich um „Spätaffen“ oder „Frühmenschen“ handelt. Jedenfalls erzeugten und verwendeten sie Werkzeuge aus Basaltsteinen zum Schaben, Schlagen, Schneiden und Kratzen. Aus Kadavern toter Tiere ließ sich damit Fleisch herausschneiden, Knochen und Schädel konnten aufgeschlagen werden, um Gehirn und Knochenmark herauszuholen. Der Übergang zum Menschen war nicht mehr weit entfernt.

Die Neandertaler

Der Fund von 1856 im Neandertal bei Düsseldorf erregte großes Aufsehen. Man hatte damals von einer wissenschaftlichen Paläoanthropologie noch nicht sehr viel Ahnung, daher sprachen die einen von missgebildeten Menschen mit Rachitis und die anderen von krummbeinigen Kosaken aus den Napoleonischen Kriegen. Heute wissen wir, dass die Neandertaler eine eigene Unterart und Abzweigung des menschlichen Stammbaumes waren, die zwischen 100 000 und 40 000 Jahre vor unserer Zeitrechnung lebte und dann verschwand. Die Neadertaler besaßen ein insgesamt größeresGehirn als die heutigen Menschen, allerdings waren die Stirnlappen relativ klein, und dort soll ja ein Großteil der Intelligenz sitzen. Nichtsdestotrotz konnten sie unter schwierigen klimatischen Bedingungen überleben, hielten sich in Höhlen auf und hatten Feuerstellen. Wir wissen von Gräbern mit Beigaben von Werkzeug, Nahrungsmitteln sowie Blumen. Sie betrieben also einen Totenkult und hatten Jenseitsvorstellungen. Die Neandertaler waren eine Sackgasse der Evolution, abzweigend von der Linie zum modernen Menschen; sie gehören nicht in unsere Ahnenreihe.

Der Übergang zum modernen Menschen, der sich bis in die Gegenwart fortsetzt, erfolgte vor 200 000 bis 100 000 Jahren. Ob der Ursprung in Afrika liegt und der Homo sapiens sich von dort über die ganze Welt ausbreitete oder ob es sich um eine multiregionale Entwicklung in verschiedenen unabhängigen geografischen Regionen handelte, ist noch umstritten. 100 000, ja 200 000 Jahre sind eine gewaltige Zeitspanne. Wir sollten nur daran denken, dass unsere Zeitrechnung erst 2000 Jahre dauert. Niemand kann sich nur annähernd vorstellen, was in 100 000 oder 500 000 Jahren mit den Menschen geschehen sein wird. Biologisch gesehen wäre es keine Sensation und keineswegs ausgeschlossen, wäre die Menschheit dann schon wieder ausgestorben.

Ein öffentliches Ärgernis

Gewiss, der 22-jährige junge Mann hatte nicht den besten Ruf. Er galt als Jugendverderber, ja als Sittenstrolch. Sein Lebenswandel erregte Anstoß. Seit etwa einem Jahr lebte er mit einem knapp 17-jährigen Mädchen zusammen, darüber hinaus wurde gemunkelt, dass er sich den Kindern, die ihn häufig besuchten, unsittlich näherte. All das geschah in einem kleinen Provinzort im westlichen Wienerwald, 40 km von der Hauptstadt entfernt. Unter den Gästen in der beliebten Urlaubsgegend befand sich auch ein gerade noch nicht 14 Jahre altes Mädchen mit ihren Eltern. Dieses frühreif-raffinierte Kind suchte die Begegnung mit dem jungen Mann, ja, es lief ihm nach und war eigentlich lästig. Das war im März 1912. Innerhalb kürzester Zeit spitzten sich die Ereignisse zu und entwickelten sich zu einem Kriminalfall.

Eines Abends stand das kleine Mädchen – sie hieß Tatjana – vor der Tür des Häuschens, wo der junge Mann mit seiner Geliebten wohnte. Sie war von zu Hause ausgerissen, „weil sie es bei ihren Eltern unmöglich länger aushalten könne. Sie begann zu weinen und beteuerte, dass sie von ihren Leuten missverstanden, gequält, eingeschränkt, kurzum alles mögliche Unangenehme ihr angetan werde, sodass sie es einfach nicht mehr aushalte und lieber in die weite Welt und zu Freunden fliehe oder gar sterben wolle, als daheim bleiben ... Sie sagte, dass sie am nächsten Morgen zu ihrer Großmutter nach Wien fahren wolle, und bat uns, sie wenigstens diese einzige Nacht im Hause behalten zu wollen, da sie unter keinen Umständen zu ihren Eltern zurückkehre.“ So weit die Version des jungen Mannes.

Was sich dann im Detail abgespielt hat, ist ungeklärt. Tatsache ist: Das Mädchen blieb über Nacht, die Eltern hatten in der Zwischenzeit eine Vermisstenanzeige erstattet, am nächsten Tag fuhren die drei jungen Leute nach Wien und am Morgen danach wieder zurück, da die Geschichte mit der Großmutter nicht stimmte. Wieder in dem Dorf angekommen, wurde Tatjana von ihrem Vater abgeholt, wobei es zu einem hysterischen Auftritt des Kindes kam.

Nachdem sich die Aufregung gelegt hatte und der Vater mit seiner Tochter wieder abgezogen war, hielten der junge Mann und seine Freundin die Sache für erledigt. Das war ein schwerer Irrtum. Die Vermisstenanzeige beinhaltete den Verdacht des Verbrechens der Entführung und musste von Amts wegen weiter verfolgt werden. Man spricht in diesem Fall von einem Offizialdelikt, ein Zurückziehen der Anklage ist nicht möglich. Es musste also weiter ermittelt werden, und die Beteiligten waren über den Vorfall zu vernehmen; dies war gemäß § 96 des Strafgesetzes erforderlich, „wenn ein Kind seinen Eltern … List oder Gewalt entführt wird, die Absicht des Unternehmens mag erreicht worden sein oder nicht". Die Strafandrohung lautete auf schweren Kerker für die Dauer von fünf bis zehn Jahren. Dazu kam als weiteres Delikt, dass in der Wohnung des jungen Mannes Bilder von nackten Mädchen zu sehen seien. Dazu hieß es im § 516 des Strafgesetzes: „Wer durch bildliche Darstellung oder durch unzüchtige Handlungen die Sittlichkeit oder Schamhaftigkeit gröblich und auf eine öffentliches Ärgerniserregende Art verletzt, macht sich einer Übertretung schuldig und soll zu strengem Arrest von acht Tagen bis zu sechs Monaten verurteilt werden."

Die leidige Affäre sah nach der Gesetzeslage für den jungen Mann ziemlich kritisch aus.

– Wer waren die Beteiligten an dieser zum „Sexualdelikt" aufgebauschten Affäre? –

Der Maler und das Mädchen

Egon Schiele (1890–1918) hatte seit 1910 eine Lebensgemeinschaft mit dem Modell Wally Neuzil (1894–1917), die er bei Gustav Klimt kennen gelernt hatte. Fast ein halbes Jahr lang lebten die beiden in Krumau an der Moldau, der Heimatstadt von Egons Mutter. Wally suchte und fand unter den Mädchen Krumaus solche, die bereit waren, Schiele als Aktmodelle zu dienen. Das ging auf Dauer in dem kleinen Städtchen nicht gut. Bevor die Gerüchte allzu intensiv wurden, zogen Egon und Wally fort. Am Rande von Neulengbach im Wienerwald fanden sie ein kleines Häuschen, von dem sie einen Teil mieteten. Hier war das Leben billig, ruhig und doch lag der Ort verkehrsmäßig günstig, um rasch nach Wien zu gelangen.

Schiele wurde oft als mittelloser Künstler, als Hungerleider dargestellt; das ist grundfalsch. Er hatte wohl manchmal mit finanziellen Schwierigkeiten zu kämpfen, fand jedoch immer wieder Käufer für seine Arbeiten. Er lebte vom Verkauf seiner Aktzeichnungen und je eindeutiger diese waren, desto leichter nahmen gewisse Kunden sie ihm ab. Schiele schuf erotische Bilder, zur Pornografie wurden sie nur durch jene Betrachter, die anderes herauslasen, als der Künstler zeigen wollte.

Es ist unbestritten, dass Egon Schiele eine Vorliebe für junge Mädchen in der Entwicklungsphase hatte. Seine halbwüchsigen Modelle kamen aus dem Großstadtproletariat, sie waren neugierig und lüstern. Für ein paar Heller zogen sie sich in der extravaganten Atmosphäre des Künstlerateliers gerne aus, und Schiele stellte ihre Erotik ohne symbolische Verhüllung dar.

Der Vorfall mit dem von zu Hause ausgerissenen Mädchen Tatjana von Mossig (geb. am 23. Juni 1898) ereignete sich am 23. März 1912. Sie war die Tochter des k. u. k. Marineoffiziers Ritter Theobald von Mossig und wohnte mit ihren Eltern im Schloss Neulengbach. Nach der Vermisstenanzeige begannen die Ermittlungen und wurden fortgesetzt, obwohl das Mädchen bereits längst wieder zu Hause war. Ein Gendarm und ein Gemeindebediensteter kamen in das von Schiele gemietete Haus, um „Nachschau zu halten", was im damaligen Amtsdeutsch einer Hausdurchsuchung entsprach. Die Beamten mussten zwangsläufig an einer an der Wand hängenden erotischen Zeichnung Anstoß nehmen, die sie zufällig sahen. Schiele protestierte, erklärte die Sache für harmlos und sagte in seiner Naivität, dass er ja noch viel mehr solche Zeichnungen hätte. Das war sein entscheidender Fehler, denn dies führte dazu, dass 125 Zeichnungen konfisziert wurden.

Die Anschuldigungen

Am 13. April 1912 wurde Egon Schiele zur Vernehmung in das Bezirksgericht Neulengbach geladen, wo man ihn nach eineinhalbstündigem richterlichem Verhör verhaftete; die Anordnung dafür kam von der Staatsanwaltschaft St. Pölten. Schiele blieb 21 Tage in Untersuchungshaft. Der Strafakt ist verloren gegangen, es lässt sich jedoch rekonstruieren, dass es aufgrund dreier Anschuldigungen zu einer gerichtlichen Untersuchung kam:

Erstens: Die Anzeige wegen der angeblichen Entführung einer Minderjährigen. Es wurde geklärt, dass die kleine Tatjana durch die Angabe, ihre Großmutter in Wien besuchen zu wollen, Schiele und Wally getäuscht hatte. Die Untersuchung wegen Entführung wurde eingestellt.

Zweitens: Wegen des Deliktes der Schändung, weil eines seiner Modelle noch nicht 14 Jahre alt war und er das Mädchen „unzüchtig berührt" haben soll. In der Hauptverhandlung im Kreisgericht St. Pölten am 3. Mai 1912 wurde dieser Anklagepunkt fallen gelassen, weil das Mädchen seine frühere Aussage bei der Voruntersuchung „in einem entscheidenden Punkt abgeschwächt hatte".

Drittens: Angeklagt wurde Schiele schließlich auch der Zurschaustellung einer Aktzeichnung in einem für Minderjährige zugänglichen Raum. In diesem Punkt, also wegen ungenügender Verwahrung eines erotischen Aktes, wurde Schiele schuldig gesprochen. Dieses Blatt, das bei ihm aufgehängt war, ließ der Richter vernichten; dass die Zeichnung im Gerichtssaal öffentlich verbrannt wurde, ist eine Legende. Was aus den übrigen 124 bei der Hausdurchsuchung beschlagnahmten Zeichnungen geworden ist, wissen wir nicht genau, sie scheinen Schiele zurückgegeben worden zu sein.

Nach 21 Tagen in Untersuchungshaft wurde Schiele bei seiner Verhandlung zu weiteren drei Tagen Arrest verurteilt und somit nach 24 Tagen Haft am 7. Mai 1912 aus dem Gefangenenhaus St. Pölten entlassen. Während dieser Zeit schuf Schiele 13 aquarellierte Zeichnungen.
Objektiv und aus der Distanz betrachtet, muss man sagen, dass Egon Schiele mit einem blauen Auge davongekommen ist, denn das Strafausmaß für die angeschuldigten Delikte betrug damals fünf bis zwanzig Jahre.

– Was geschah mit Wally Neuzil? –

Sie war die Tochter eines Lehrers, wurde 1894 geboren und war schon sehr jung Modell bei Gustav Klimt. Noch nicht 17 Jahre alt, zog sie zu Egon Schiele und blieb vom Sommer 1911 bis zu seiner Heirat am 17. Juni 1915 in Lebensgemeinschaft bei ihm. Sie wurde von ihm oft gemalt und gezeichnet. Edith Harms, die Braut Schieles, bestand auf einer strikten Trennung, worauf sich Wally 1915 als Rotkreuzschwester zum Heer meldete. Sie starb am 25. Dezember 1917 im Marinespital bei Split in Dalmatien an Scharlach. Wally Neuzil ging als eine der bedeutendsten Musen in die Kunstgeschichte der Moderne ein.

Die letzte Begegnung zwischen Egon Schiele und Gustav Klimt

Gustav Klimt war für Egon Schiele ein väterlicher Malerfreund. Die beiden Künstler hatten regelmäßig Kontakt und tauschten sogar gegenseitig Zeichnungen aus.

Am 11. Januar 1918 erlitt Gustav Klimt im Alter von 56 Jahren einen Gehirnschlag und starb am 6. Februar im Wiener Allgemeinen Krankenhaus. Das Grundleiden dafür war zweifellos ein stark erhöhter Blutdruck. Aus Gründen der Gesichtspflege hatte man ihm seinen charakteristischen Bart abrasiert. Egon Schiele kam in die Totenkammer im Keller des Institutes für Pathologische Anatomie und fertigte dort mehrere Zeichnungen des toten Klimt an. Das Gesicht Klimts erscheint auf diesen Blättern wegen des fehlenden Bartes ungewohnt.

Schiele selbst starb am 31. Oktober desselben Jahres an Grippe.

Nicht nur Eintänzer

Zwei durchaus ehrenwerte Herren hatten zwar einen völlig unterschiedlichen Lebensweg, für kurze Zeit übten sie jedoch den gleichen Beruf aus. Sie betätigten sich als Gigolos, also Eintänzer. Vor allem in den Zwanzigerjahren des vorigen Jahrhunderts gab es solche Männer, heute findet man den Beruf „Eintänzer" nicht einmal mehr in einem großen Lexikon.

Was war nun also ein Eintänzer? Mehr oder weniger gut aussehende Männer, die natürlich alle Modetänze beherrschen mussten, wurden von Tanzlokalbesitzern als Partner für weibliche Besucher engagiert. Es war ein harter Beruf, denn getanzt wurde täglich von 17 bis 19 Uhr und dann noch in der Nacht von halb zehn bis eins. Nachmittags im dunklen Anzug, abends im Smoking. Das Essen im Lokal war frei, es gab eine fixe Gage und vor allem Trinkgelder. Besonders an Samstagen hatten die Eintänzer eine schwere Zeit, nicht selten verloren sie ein bis zwei Kilo an Gewicht, denn, so erinnerte sich einer, „es war nicht leicht, schwergewichtige Damen herumzuschwenken, die das Rhythmusgefühl eines Nilpferdes hatten". Dazu kam noch die Konversation. Man erzählte den Damen immer wieder dasselbe – was hätte man sonst auch tun sollen? Sobald der Tanz aufhörte, war es rationell, der nächsten Dame denselben Satz zu sagen, um bei der übernächsten wieder dort anzufangen, wo man aufgehört hatte. Dazu gehörten Routine und ein gutes Gedächtnis.

Der Journalist und Filmemacher

Der ältere unserer beiden gesuchten Herren stammte aus einer Familie von Gastwirten und Hoteliers, er wurde 1906 geboren und hatte ein langes Leben vor sich. Die Großmutter betrieb ein koscheres Bahnhofsrestaurant in Galizien, der Vater erwarb bereits eine Hotelkette entlang der Bahnlinie von Wien nach Lemberg. Einer alten jüdischen Tradition folgend, wurden die Kinder nach den Großeltern benannt und so hieß unser gesuchter junger Mann Samuel und sein älterer Bruder Wilhelm. 1910 zog die Familie nach Wien, ihre Hotels brachen während des Ersten Weltkrieges zusammen und es begann für sie wie für viele andere auch eine wirtschaftlich sehr schlechte Zeit. Aber es gab in der Großstadt etwas, das den Jungen faszinierte: einige Kinos. Trotz mancher Schwierigkeiten absolvierte er das Gymnasium, aber dann kam die Entscheidung der Berufswahl. Die Eltern hatten einen fixen Plan für ihre zwei Söhne: Der eine sollte Arzt werden und der andere Rechtsanwalt. Daraus wurde nichts. Der Ältere landete als Fabrikant von Damenhandtaschen in New York, der Jüngere begann in Wien mit jener Tätigkeit, die er sich immer gewünscht hatte: als Journalist und Reporter. Das war im Jahr 1924.

Der Journalismus passte sehr gut zu ihm, er war selbstbewusst, frech, hatte Charme und Humor, dazu verstand er es, treffend zu formulieren. Nach zwei Jahren nahm er die Einladung des Jazz-Kapellmeisters Paul Whiteman, den er interviewt hatte, an und fuhr nach Berlin. Außer für einige Kurzbesuche bei seiner Mutter kam er nicht mehr nach Wien zurück. Seine Zeitungsartikel schrieb er unter den Pseudonymen „Richard Wiener“, „Robert“ oder „der“. Vom 15. Oktober bis 15. Dezember 1926 war er Eintänzer im Eden-Hotel in Berlin. Er benützte dies als Milieustudie für eine Artikelserie in der *Berliner Zeitung am Mittag* mit dem Titel „Herr Ober, bitte einen Tänzer. Aus dem Leben eines Eintänzers“. Er arbeitete aber nicht nur für die Presse, sondern zunehmend auch als Drehbuchautor für den Film. 1933 flüchtete er vor den Nazis nach Amerika und wurde weltberühmt.

Der schillernde Vogel

Der zweite Mann, den wir suchen, entstammte einem gänzlich anderen Milieu. 1907 in eine unermesslich reiche altösterreichische Industriellenfamilie hineingeboren, besuchte er die Wiener Nobelschule Theresianum und sollte dann studieren. Aber da fingen die Schwierigkeiten seiner extravaganten und exaltierten Persönlichkeit bereits an. Als ihn der Religionsprofessor im Gymnasium fragte, ob er an Gott glaube, antwortete er: „Ich glaube an Richard Wagner und den *Parsifal*." Beim Jusstudium fiel er bei der ersten Prüfung durch, als er nach zwei Semestern ein Mathematikstudium aufgab, erklärte ihm sein Vater, das sei geistige Hochstapelei. Nach väterlichem Willen sollte er in die Eisenindustrie der Familie einsteigen, aber da kam es zum großen Krach. Der junge Mann widersetzte sich heftig, prozessierte um sein Erbteil und verließ schließlich Ende der Zwanzigerjahre die Familie. Er wurde zum Aussteiger, ging nach Brüssel und danach nach Ostende. Dort war er zwei Jahre lang Eintänzer. Dann kam der erste Nervenzusammenbruch, und es entwickelte sich eine eigenartige, skurrile Persönlichkeit.

Von der großbürgerlichen, immer noch unermesslich reichen Familie nach Wien zurückgeholt, steckte man ihn zunächst einmal in eine Nervenheilanstalt. Er war tatsächlich ein psychiatrischer Fall, maßlos exaltiert, aber harmlos. Sein Leben spielte sich in Kaffeehäusern und Nachtlokalen ab, daneben in der Oper. Als stadtbekannte Figur in Wien erzählte er stundenlang und ungebremst vor sich hin sprudelnd, was er für so wichtig hielt: Opernaufführungen, Mao, Jesus, Buddha, Sigmund Freud, Einstein und so fort. Dazu betonte er immer wieder, dass er doch der Neffe eines bekannten Philosophen sei und demnächst selbst ein Buch herausbringen werde. Als ein Teil des Manuskriptes fertig war, schenkte er es nach einer Opernpremiere Birgit Nilsson; die Aufzeichnungen sind später verschwunden. Phasenweise steigerte sich sein psychischer Zustand zur Manie, dann kam er wieder für einige Zeit in ein Sanatorium, und das tat ihm gut. Die reiche Familie ließ ihn jedoch fallen, er bekam kein Geld mehr, und da der Gesuchte das nicht eingesehen wollte, nahm letztlich alles ein tragisches Ende.

Einmal stieg er in Wien in ein Taxi und sagte, nach dem Ziel der Fahrt gefragt, lediglich: „Paris.“ Kurz vor seinem 60. Geburtstag ergriff er zum ersten Mal in seinem Leben einen geordneten Beruf, er arbeitete in der Registratur einer großen Versicherungsanstalt. Vom Industriellensprössling zum Katalogisieren von Versicherungspolicen war es ein weiter Weg gewesen. In der Wiener Szene blieben seine Extravaganzen noch viele Jahre nach seinem Tod in Erinnerung. Ein Motto seiner überschäumenden Lebensweise wandelte er aus einem Zitat seines berühmten Onkels ab, indem er sagte: „Worüber man nicht schweigen kann, darüber soll man sprechen.“

– Wer sind die beiden ehrenwerten Herren und Eintänzer? –

Billy Wilder

Der Ältere lebte von 1906 bis 2002, wurde also 96 Jahre alt. Seine Mutter war als junges Mädchen in Amerika gewesen und liebte alles Amerikanische. So änderte sie auch die Vornamen ihrer beiden Söhne. Aus Wilhelm machte sie Willie und den kleinen Samuel nannte sie Billie. Als dieser später selbst nach Amerika kam, machte er aus den Endbuchstaben „ie“ ein „y“ und der Name war fertig: Billy Wilder. Dieser körperlich kleine Mann brachte es fertig, dem amerikanischen Film seinen ganz persönlichen Stempel aufzudrücken, und dafür bekam er sechs Oscars.

Über seine Filme zu lesen, ist sinnlos, man muss sie gesehen haben. Dazu nur einige kurze Hinweise: Für *Ninotschka* mit Greta Garbo schrieb er 1939 das Drehbuch, 1931 arbeitete er Erich Kästners *Emil und die Detektive* für den Film um. Nach dem Buch und unter der Regie von Billy Wilder entstanden *Sunset Boulevard* (William Holden, Gloria Swanson), *Sabrina* (Audrey Hepburn, Humphrey Bogart), *Zeugin der Anklage* (Marlene Dietrich, Charles Laughton), *Manche mögen's heiß* (Marilyn Monroe, Tony Curtis, Jack Lemmon), *Das Mädchen Irma la Douce* (Shirley Mac Laine) und viele andere.

Die letzten zwei Jahre seines Lebens verbrachte Billy Wilder im Rollstuhl. Über den Tod sagte der Hochbetagte: „Ich habe vor dem Sterben keine Angst. Das Einzige ist, dass ich dort drüben viele treffen werde, die ich nicht mag."

Paul Wittgenstein

Um ein Jahr jünger, geboren 1907 in Linz, entstammte Paul Wittgenstein der um 1900 wahrscheinlich reichsten Industriellenfamilie des alten Österreich. Sein Großonkel Karl Wittgenstein (1847–1913) hatte in einer beispiellosen Karriere ein Firmenimperium der Stahlindustrie aufgebaut. Die Wittgenstein waren das österreichische Pendant der deutschen Krupp. Da das Familienvermögen in amerikanischen Aktien angelegt wurde, blieb der Wohlstand auch nach der Inflation im Gefolge des Ersten Weltkrieges erhalten. Davon hatte das *enfant terrible* Paul allerdings nur in seiner Jugendzeit etwas. Hochintelligent, weltgewandt, aber nicht anpassungsfähig schlitterte er aus der Welt des Großbürgertums in das Zwielicht mondäner Bars und Nachtkaffees. Er wurde zur stadtbekannten Figur, zum Original, zum Narren der damaligen Schickeria. „Narr" einerseits im Sinne des unterhaltenden Hofnarren, andererseits aber auch als echt psychiatrischer Fall.

Anfälle von manischer Persönlichkeitsstörung brachten ihn immer wieder in Nervenheilanstalten und Sanatorien, sein agitierter Wahn wurde mit Elektroschocks behandelt. Er plante eine Aufführung von *Ariadne auf Naxos* in Gmunden auf einer

Seebühne des Traunsees, sammelte Tausende von Opernprogrammen und nahm diese als einziges Gepäck mit, als er 1945 aus dem umkämpften Wien nach Oberösterreich floh. Mühelos konnte er eine ganze Nacht lang reden, erzählen und fantasieren. Während eines manischen Anfalles überfiel er das Juweliergeschäft seiner Familie mütterlicherseits und versuchte, goldene Manschettenknöpfe an sich zu bringen. Thomas Bernhard, ein anderer Exzentriker aus Österreich, schrieb ein Buch über Pauls Leben: *Wittgensteins Neffe*.

Der Philosoph Ludwig Wittgenstein (1889–1951), ein zweitgradiger Onkel von Paul, war die geistig dominierende Persönlichkeit der Familie. Paul wollte ihn nachahmen, vermochte dies jedoch nicht. Trotzdem hatten die beiden erstaunliche Parallelen in ihrer Lebensauffassung, wie etwa das völlige Ignorieren des realen Daseins. Beide konstruierten ein abstraktes Denkgebäude und hielten sich darin auf: Ludwig in der Welt seiner logischen Traktate und Paul eingesponnen in seine Narrheit. Verarmt, einsam und an den Folgen einer Krebserkrankung starb Paul Wittgenstein 1979 in einer Linzer Anstalt.Ein solcher Paradiesvogel ist seither im Wiener Nachtleben nicht wieder aufgetreten.

Die große Zeit der Wittgensteins

Moses Meier arbeitete als Gutsverwalter bei dem deutschen Adelsgeschlecht Sayn-Wittgenstein. Gemäß einem Dekret Napoleons von 1808, wonach auch Juden einen Familiennamen tragen mussten, wählte er den Namen seiner Arbeitgeber. So entstand die Familie Wittgenstein. Sie brachen die Verbindung zur jüdischen Gemeinde ab, zogen um 1850 nach Wien und wurden assimilierte Protestanten. Der Begründer der Industriellendynastie wurde Karl Wittgenstein (1847–1913), verheiratet mit

Leopoldine Kalmus. Nach einer wilden Jugend, in der er von zu Hause ausriss und nach New York ging, studierte er Ingenieurwissenschaften und begann als technischer Zeichner in der Firma von Karl Kupelwieser in Böhmen. Er machte eine atemberaubende Karriere, war nach fünf Jahren leitender Direktor und wurde zum geschicktesten Industriellen Österreich-Ungarns. Einerseits sicherte er seiner Firma ein Monopol auf die Herstellung von Eisenbahnschienen, andererseits vervielfachte er durch harte Aktienstrategie sein Vermögen. 1898 zog er sich als Chef eines gigantischen Stahlkonsortiums und als einer der reichsten Männer Österreichs ins Privatleben zurück. Die Familie lebte im Stil der Aristokratie, das Angebot, in den Adelsstand erhoben zu werden, lehnte Karl jedoch ab.

Karl Wittgenstein hatte zehn Geschwister, zwei Brüder und acht Schwestern. Sein Bruder Paul wurde der Großvater des oben geschilderten Wiener Exzentrikers. Die acht Kinder von Karl erlitten ein unterschiedliches Schicksal.

1. *Hermine*, genannt „Minning“ (1874–1950), war die künstlerisch Begabteste, trieb Musik und Malerei, widmete sich wohltätigen Werken und blieb unverheiratet.
2. *Hans* (1877–1902), ein hoch begabter Musiker, sollte nach dem Willen des Vaters Karriere in der Industrie machen. Er flüchtete nach Amerika, sprang dort von einem Segelboot ins Meer und wurde nicht mehr gefunden.
3. *Kurt* (1878–1918) war ziemlich unbegabt, trat jedoch auf Wunsch des Vaters in die Firma ein. Er erschoss sich Ende des Ersten Weltkriegs.
4. *Helene*, genannt „Lenka“ (1879–1956), heiratete einen tüchtigen und erfolgreichen Mann, mit dem sie die Ärztefamilie Salzer begründete.
5. *Rudolf* (1881–1904) sollte in die Firma eintreten, er wollte jedoch zum Theater, außerdem war er homosexuell. Er vergiftete sich in Berlin.

6. *Margarete*, genannt „Gretl" (1882–1958), heiratete den New Yorker Fabrikantensohn Jerome Stonborough, lebte jedoch später getrennt von ihrem Mann. Gustav Klimt schuf 1905 ein lebensgroßes Porträt von ihr.
7. *Paul* (1889–1951) wurde zunächst ein erfolgreicher Pianist. Im Ersten Weltkrieg verlor er dann den rechten Arm, durch enorme Willenskraft gelang es ihm jedoch, nur mit der linken Hand zu spielen. Für ihn schrieb Maurice Ravel das berühmte „Konzert für die linke Hand".
8. *Ludwig* (1889–1951) wurde zunächst von Privatlehrern erzogen und besuchte dann die Realschule in Linz. Dort saß zwei Klassen unter ihm ein Jahr lang auch Adolf Hitler, der dann aber wegen ungenügender Leistungen abgehen musste. Nichts spricht dafür, dass die beiden je miteinander zu tun hatten.

„Onkel Luki"

Paul Wittgenstein, der Exzentriker im Kaffeehaus, schwärmte immer wieder vom „Onkel Luki", dem Exzentriker im Denken und Philosophieren Ludwig Wittgenstein.

Dieser Ludwig war – wie bereits erwähnt – der Jüngste unter fünf Brüdern und drei Schwestern. Als Sohn eines protestantisch getauften Juden und einer Katholikin wurde er katholisch erzogen, was zur frühzeitigen Entwicklung eines kritischen Skeptizismus gegenüber jeder Form von Dogma und Ideologie führte. In seiner Jugend zeigte Ludwig großes technisches Interesse, als Zehnjähriger baute er eine funktionierende Nähmaschine. Er wollte bei dem Physiker Boltzmann in Wien studieren, als dieser jedoch 1906 Selbstmord beging, entschied sich Wittgenstein für das Ingenieurstudium in Berlin und danach in Manchester. Er war 24 Jahre alt, als sein Vater starb und ihm ein riesiges Vermögen zufiel. Sofort verteilte er 100 000 Kronen (umgerechnet etwa 250000 Euro) an förderungswürdige Schriftsteller und Künstler, darunter Georg Trakl, Rainer Maria Rilke, Oskar Kokoschka und Adolf Loos. Um diese Geste richtig zu bewerten, muss man wissen, dass seine jährlichen Einkünfte damals das Dreifache dieser Summe ausmachten. Vor dem Krieg ging Wittgenstein ziemlich großzügig mit Geld um, wobei er sagte, es sei das Geld seines Vaters und nicht sein eigenes. Auch während des Krieges spendete er für den Bau eines 30-cm-Mörsers eine Million Kronen.

Der Sprach-Logiker

In der Kriegszeit verfasste Ludwig als Soldat eine „logisch-philosophische Abhandlung", in deren Vorwort der berühmt gewordene Satz steht: „Man könne den Sinn des Buches etwa in die Worte fassen: Was sich überhaupt sagen lässt, lässt sich klar sagen; und wovon man nicht reden kann, darüber muss man schweigen." Diese Abhandlung erschien 1922 unter dem Titel *Tractatus Logico-Philosophicus* und begründete den Ruhm des Autors.

Nach seiner Rückkehr aus der Kriegsgefangenschaft verschenkte Ludwig sein gesamtes ererbtes Vermögen an seine Geschwister und begann eine Ausbildung zum Volksschullehrer. Nebenbei arbeitet er als Gärtnergehilfe im Stift Klosterneuburg. Bis 1926 war er Lehrer an Volks- und Hauptschulen im südlichen Niederösterreich, er schrieb ein *Wörterbuch für Volksschulen*, neben dem *Tractatus* das zweite und letzte zu seinen Lebzeiten veröffentlichte Buch. Als Ludwig einen Schüler ohrfeigte, führte dies zu einer Beschwerde bei der Schulaufsichtsbehörde. Trotz Freispruchs quittiert er in der Folge den Schuldienst. Für seine Schwester Margarete gestaltet er als Amateurarchitekt ein Haus aus Beton, Glas und Metall, das in Wien als Architekturdenkmal erhalten ist.

1929 verließ Ludwig Wittgenstein Österreich endgültig und

ging zunächst zu dem Mathematiker und Philosophen Bertrand Russell nach Cambridge. Dort wurde sein *Tractatus* als Doktorarbeit anerkannt, und er konnte Vorlesungen halten. Er hat nichts mehr publiziert, jedoch einen Schwarm von Schülern angezogen, mit denen er diskutierte.

Eine Kostprobe

Um einen kurzen Einblick in Wittgensteins Werk zu geben, seien hier die ersten beiden Sätze des *Tractatus* analysiert:

> *1. Die Welt ist alles, was der Fall ist.*
> *1.1 Die Welt ist die Gesamtheit der Tatsachen, nicht der Dinge.*

These 1 behauptet, die Welt sei alles, was ist. Es gibt Sätze, die wahr oder falsch sind, je nachdem, ob sie wohl oder nicht darstellen, was der Fall ist. Daraus folgt, dass die Welt alles ist, was durch die Gesamtheit wahrer Sätze dargestellt wird.

These 1.1 besagt, dass die Welt nicht die Summe von Dingen ist, die in ihr existieren. Sie ist keine Sammlung von Gegenständen wie etwa Atome, Steine, Essbesteck und vieles andere, sondern die Gesamtheit der Tatsachen. Tatsachen sind, dass bestimmte Gedanken zu einem bestimmten Zeitpunkt gedacht werden, Worte niedergeschrieben werden, der Himalaja das höchste Bergmassiv ist und unsere Erde sich um die Sonne dreht.

Man sieht, dass es nicht immer geradlinig und einfach ist, Wittgensteins Gedankengängen zu folgen.

Ludwig Wittgensteins Leben war und blieb extravagant: Er weigerte sich, Radio zu hören oder Zeitung zu lesen, anstatt der Lektüre von philosophischen Werken verschlang er Cowboy-Geschichten. In seinen Vorlesungen besprach er die Bemerkungen des Stubenmädchens, und wenn ihm danach war, brach er alle Kontakte ab, um in einem Blockhaus in Norwegen zu meditieren. Sein Innenleben bedeutete ihm mehr als seine Arbeit und seine Freunde. Intime Beziehungen zu Frauen sind nicht bekannt, eine homosexuelle Komponente steht bei Ludwig außer Zweifel. In den Mittelpunkt seiner Philosophie stellte er das Verhältnis zwischen Sprache und Welt, zwischen „Sagbarem" und „Unsagbarem". Er wurde zum Sprach-Logiker. 1939 ernannte ihn die Universität Cambridge zum Professor für Philosophie, und er erhielt die englische Staatsbürgerschaft.

Wittgenstein ist am ehesten als Protesterscheinung gegen die Sorglosigkeit der großbürgerlichen Wohlstandsgesellschaft zu verstehen, aus der er kam, Protest gegen jede Form von Establishment und erstarrter Tradition. Legendär wurde der Eklat vom 26. Oktober 1946, als Karl Popper in Cambridge einen Vortrag über philosophische Probleme hielt. Bei dieser Gelegenheit kam es zu einem lebhaften Wortwechsel zwischen diesem und Wittgenstein, wobei die Diskussion schließlich mit Schürhaken in der Hand zu Ende geführt wurde.

1949 wurde bei Wittgenstein ein Prostatakarzinom diagnostiziert, eine Operation lehnte er ab. Am 29. April 1951, drei Tage nach seinem 62. Geburtstag, starb Ludwig Wittgenstein in Cambridge. „Sagen Sie ihnen, dass ich ein wundervolles Leben gehabt habe", waren seine letzten Worte, auszurichten an seine noch lebenden Geschwister.

Zwei Filmstars, wie sie gegensätzlicher nicht sein könnten …

Babe

Er wurde 1892 als jüngstes von sechs Kindern einer Rechtsanwaltsfamilie im US-Bundesstaat Georgia geboren. Man war wohlhabend und gehörte der „upper class" der Südstaaten an. Der Junge galt als ausgesprochen schönes Kind und wurde von seinen älteren Schwestern angebetet. Sein Spitzname, den er privat bis an sein Lebensende trug, lautete „Babe". 1910 erwarb er eines der ersten Kinos in der Gegend und erkannte beim Betrachten der flimmernden, albernen Komödien, dass er eigentlich Schauspieler werden wollte. Und so kam es auch: Er ging nach Jacksonville in Florida, sang in Nachklubs und drehte tagsüber Filme. Sein Typ war der Schurke, wenngleich der komischen Art. Bei einer Körpergröße von 188 cm brachte er 125 kg auf die Waage, war also ein Schwergewicht. Jeden, der seine Filme gesehen hat – und das sind wir alle –, erstaunt seine überraschende Beweglichkeit und Leichtfüßigkeit. Außerdem war er ein ausgezeichneter Tänzer. In den Anfangszeiten spielte er kleine Rollen in kurzen Komödien und erwarb sich schauspielerische Routine.

Als Babe 1918 nach Kalifornien ging, kam die große Wende. Hier traf er mit einem Partner zusammen, der wie für ihn geschaffen war, obwohl er den genau gegenteiligen Typ darstellte. Von nun an drehten die beiden 15 bis 20 Kurzfilme pro Jahr und wurden als Komikerduo des frühen Kinos weltberühmt.

Die Stummfilmzeit war zu Ende, viele der damaligen Stars hatten keine entsprechende Stimme, das Kino brauchte neue Darsteller. Da tauchte plötzlich ein Typ auf, der hatte das richtige Gesicht zur rechten Zeit am richtigen Ort. Mit seinen zu großen Ohren, den riesigen Händen und seinem rüpelhaften Benehmen konnten sich die Männer der Dreißigerjahre identifizieren, für die Frauen war er der Inbegriff von Sex. Noch bevor eine andere Generation den Begriff „cool" prägte, erfand er ihn. 1924 drehte er seinen ersten Film (mit Pola Negri), 1960 seinen letzten (mit Marilyn Monroe). Seine Eltern hatten beide deutsche Vorfahren, was im damaligen Hollywood vertuscht werden musste, und so erfand man eine holländisch-irische Abstammung. Er hieß mit seinem ersten Vornamen William, genannt wurde er „Billie". Als er mit einer fahrenden Schauspielertruppe durchs Land zog, änderte er seinen Namen und spielte Shakespeare. Letzteres ist für uns unvorstellbar, da wir ihn ganz anders kennen. Für uns Filmzuseher ist er in seinen bekanntesten Rollen in Erinnerung: als Fletcher Christian, Rhett Butler oder Großwildjäger an der Seite von Vivien Leigh, Ava Gardner, Grace Kelly u. a. Er war fünfmal verheiratet und wurde von Douglas Fairbanks sen. das „zahnlose Wunder" genannt.

– Wen verkörperte der 125-Kilo-Mann Babe im Kino? –

Der Amerikaner Oliver Norvell Hardy (1892–1957) wurde mit seinem Filmpartner und Freund, dem Engländer Stan Laurel (1890–1965), der eigentlich Arthur Stanley Jefferson hieß, als Filmduo „Dick und Doof" weltberühmt. Sie schafften spielend den Übergang vom Stummfilm zum Tonfilm und kreierten unvergessliche Komikertypen.

Zwei Aussprüche von Oliver Hardy charakterisieren seine Persönlichkeit:

„Ich beobachte gern Menschen. Manchmal fragt mich jemand, wo Stan und ich die vielen Charaktere erdacht haben, die wir in unseren Filmen verkörpern. Die Leute scheinen zu glauben, dass unsere Figuren im richtigen Leben gar nicht vorkommen, aber es laufen jede Menge Laurels und Hardys da draußen herum."

Und zu seinem Gewichtsproblem meinte er:

„Ich habe es niemals ernsthaft mit Abnehmen versucht, und nachdem Stan und ich einmal als Dick und Doof bekannt geworden waren, wäre jegliche Gewichtsreduzierung unratsam gewesen."

– Wer war Billie der Frauenheld? –

Clark Gable (1907–1960) hieß eigentlich William – daher „Billie" Clarke Gabel. Er ließ das „e" bei Clarke weg und machte aus Gabel Gable, um amerikanischer zu wirken. Seine berühmtesten Filme *Meuterei auf der Bounty* (1935), *Vom Winde verweht* (1939), *Mogambo* (1953) und *Misfits – nicht gesellschaftsfähig* (1960) werden wieder aufs Neue gezeigt. 1934 erhielt er einen Oscar.

Der Spruch von Douglas Fairbanks über das „zahnlose Wunder" bezieht sich auf das wunderschöne strahlend-weiße künstliche Gebiss, das Gable schon in jungen Jahren trug. Als er wieder einmal wegen seines Lächelns bewundert wurde, nahm er das Gebiss in aller Öffentlichkeit heraus.

Der Reliquienstreit

Von Mödling nach Salzburg

Am 6. Oktober 1901 übergab Joseph Schöffel, Kurator der Hyrtl'schen Waisenhausstiftung, in Mödling bei Wien dem Salzburger Gemeinderat feierlich einen Skelettschädel. Es handelte sich dabei um den im Nachlass des weltberühmten Anatomen Joseph Hyrtl (1810–1894) aufgefundenen, bereits seit vielen Jahrzehnten bekannten so genannten „Mozart-Schädel".

Schon lange war allgemein im Gespräch, dass Hyrtl in seiner umfangreichen anatomischen Sammlung einen Schädel besaß, von dem er erzählte, er hätte ihn von seinem Bruder Jakob und dieser wieder von einem Totengräber des Friedhofes St. Marx bei Wien erhalten. Joseph Hyrtl war überzeugt, es handle sich um den Totenschädel von Wolfgang Amadé Mozart.

Unmittelbar nach dem Tod Joseph Hyrtls am 17. Juli 1894 wurde vergeblich nach dem Schädel gesucht. Alle, d. h. die Witwe und seine Freunde, erklärten, dass dieser Schädel existiere – aber niemand wusste, wohin er gekommen war; und so blieb er sieben Jahre verschollen.

Am 24. September 1901 traf beim Gemeindeamt von Salzburg dann völlig überraschend ein Brief von Joseph Schöffel aus Mödling ein, in dem dieser mitteilte, dass sich der nach dem Ableben Hyrtls mysteriös verschwundene Schädel in einer aus dem Nachlasse übernommenen Kiste vorgefunden habe. Da zunächst zweifelhaft erschien, wem er auszufolgen war, sei derselbe erst nach Durchführung eines größeren Zubaues zum Waisenhaus dortselbst nebst verschiedenen von Hyrtl der Mödlinger Krypta entnommenen anderen Totenschädeln aufgestellt worden. – Diese Darstellung ist durchaus glaubhaft, da Hyrtl die Waisenanstalt zu seinem Universalerben eingesetzt hatte und auch die Schädelsammlung in den Besitz des Waisenhauses überging. Die Angaben Schöffels bestätigt auch eine Eintragung des Pfarrers von Perchtoldsdorf in der Pfarrchronik 1895: „In diesem Museum sind aufbewahrt … jedenfalls auch der Todtenschädel, von dem Hyrtl fest behauptete und auch bewies, dass es der Schädel des Wolfgang Amadeus Mozart sei."

Ferner teilte Schöffel mit, dass auch ein Zettel entdeckt worden sei, auf dem Hyrtl mit blauem Farbstift schon am 30. November 1891 vermerkt habe: „Zum Mozart-Schädel! Was ich über die Schicksale des Mozart-Schädels weiß, enthält ein Aufsatz des angeschlossenen Zeitungsblattes. Den Schädel selbst vermache ich hiermit der Stadt Salzburg. Joseph Hyrtl."

Damit begann eine spannende, aufgrund von Widersprüchen und Unstimmigkeiten verwirrend ablaufende Geschichte, die um die entscheidende Frage kreiste: Ist der an Salzburg übergebene Skelettschädel tatsächlich jener aus der Sammlung Hyrtl, den der Anatom als Mozart-Schädel bezeichnete?

Die Verwirrung begann mit dem von Hyrtl beschriebenen Zettel. Dieser stammt vom November 1891, bezieht sich aber auf einen Zeitungsartikel, der erst im September 1892 erschien. Da es sich eindeutig um Joseph Hyrtls Handschrift handelt, muss wohl ein Schreibfehler des fast erblindeten 82-jährigen Mannes vorliegen und die Jahreszahl sollte 1892 lauten.

Die Salzburger jedenfalls nahmen das Geschenk dankend an. Ab März 1902 wurde der Schädel unter einem Glassturz im ehemaligen Wohnzimmer der Familie Mozart, Getreidegasse 9, öffentlich zur Schau gestellt. Da lag nun der Schädel auf einem Samtpolster hinter Glas und Tausende von Mozart-Verehrern haben ihn gesehen. Viele Skeptiker betrachteten ihn kritisch, manch Empfindsame waren zu Tränen gerührt. Es gab aber auch Besucher, die über die sichtbare Aufstellung des Totenschädels

DIE ECHTHEIT DES SCHÄDELS WIRD ALLERLEI PRÜFUNGEN UNTERZOGEN.

empört waren und dies Ekel erregend oder entwürdigend fanden. Aus diesem Grunde wurde der Schädel „als ein Stein des Anstoßes" weggeräumt und schließlich 1940 aus Mozarts Geburtshaus ins Mozarteum übertragen. Dort war er nur mehr legitimierten Forschern zugänglich.

– Wie sieht der ominöse Schädel aus? –

Obwohl immer von einem Schädel gesprochen wird, handelt es sich eigentlich um eine „Calva", d. h. einen Schädel ohne Unterkiefer und Schädelbasis. Der natürliche Erhaltungszustand ist sehr gut. Die äußere Knochenschicht ist glatt, was auf eine Liegezeit in einem Erdgrab von höchstens etwa zehn Jahren hinweist; eine nähere zeitliche Eingrenzung ist unmöglich. Am ersten linken oberen Backenzahn befindet sich eine kariöse Veränderung, auf dem Röntgenbild ist die Eröffnung der Pulpa erkennbar – die Person, zu der dieser Schädel gehört, hatte zu Lebzeiten sicherlich Zahnschmerzen.

Die Alters- und Geschlechtsmerkmale ergeben, dass es sich um einen Mann im Alter von 25 bis 40 Jahren mit zierlichem Körperbau handelte.

Quer über der Stirne ist ein rechteckiger orangeroter Papierstreifen aufgeklebt, der die folgende sechszeilige, mit schwarzer Tinte und in lateinischen Buchstaben geschriebene Inschrift enthält:

> „Vom Todtengräber Jos. Rothmayer, welcher
> sich die Stelle merkte, wo er Mozarts Sarg
> einscharrte, bei der Leerung der Gemein-
> grube 1801 gerettet und von seinem Nach-
> folger Jos. Radschopf meinem Bruder
> Jacob geschenkt. 1842.“
> Hyrtl

Auf der rechten Schädelseite ist eine Lyra gezeichnet und darunter die folgende Inschrift auf den Knochen geschrieben:

> Wolfgang Amadeus
> Mozart
> † 1791, geboren
> 1756

Über dem rechten Schläfenbein stehen gleichfalls mit schwarzer Tinte geschrieben folgende Worte aus Horaz:

> „Musa vetat mori!“
> Horaz

Der 28. Vers der 8. Ode des Horaz lautet als vollständiger Hexameter: „Dignum laude virum musa vetat mori" („Einen des Lobes würdigen Mann lässt die Muse nicht sterben"). Die Schrift ist nur mehr auf historischen Bildern erkennbar, denn in der Zwischenzeit ist sie durch Verblassen und Wegreiben völlig verschwunden.

Jeder, der mit der Person Hyrtls vertraut ist, erkennt an diesem Zitat sofort die unverwechselbare Persönlichkeit des klassisch gebildeten Anatomen, der nicht nur die alten Sprachen perfekt beherrschte, sondern seine Lehrbücher, Aufsätze und Reden mit ausgefallenen, aber typischen Zitaten schmückte. Kein anderer als Hyrtl hätte diesen Halbvers auf den Schädel geschrieben.

An dem unvollständigen Schädel fehlt – wie schon gesagt – der Unterkieferknochen und die Schädelbasis wurde abgesägt, und zwar anatomisch ganz genau dort, wo sich die Felsenbeine mit dem Mittel- und Innenohr herauslösen lassen, ohne dass die gesamte Schädelkapsel zerstört wird. Eine solche Schnittführung setzt genaue anatomische Kenntnisse voraus und vor allem auch Erfahrung, was mit einem Schädel passiert, wenn man denselben so ansägt. Wäre der Sägeschnitt nämlich nur wenige Millimeter höher angelegt worden, hätte dies zur Zerstörung und damit zwangsläufig zum Auseinanderfallen der einzelnen Schädelknochen geführt. Die Schnittführung stammt also von jemandem, der ganz genau wusste, was er tat. Und Joseph Schöffel äußerte sich dazu in dem schon erwähnten Brief an den Salzburger Gemeinderat: Hyrtl klagte im höheren Alter wiederholt, „dass seine Augen und Hände sich nunmehr untauglich zur Herstellung von anatomischen Präparaten erweisen, und so sei ihm, als er den Gehörgang am Mozartschädel, der ungewöhnlich groß gewesen, präparieren wollte, dieses Präparat gänzlich misslungen". (Die Sehschwäche in seinem letzten Lebensjahrzehnt hat Hyrtl zunehmend behindert, mehrere Operationen vermochten sein Augenleiden nicht zu beheben.) Nachdem die Schädelbasis abgesägt worden war, verlor der früher noch vorhandene Unterkiefer seine Gelenksfläche, wurde abgetrennt und blieb verschollen.

Der erhalten gebliebene Schädel sieht gelbbraun, teilweise dunkelerdfarbig aus und ist im Innern mit einer dünnen Schicht von staubartiger Erde überzogen. Interessant ist, dass man an einzelnen Stellen der Nähte sowie an Gefäß- und Nervenlöchern noch Reste von faserigem Gewebe findet, die sich, wie die mikroskopische Untersuchung ergibt, als Bindegewebsreste erweisen. Damit ist jedenfalls das Vorhandensein von noch nicht völlig verwestem organischem Gewebe, und zwar von Resten der Kopfschwarte, erwiesen.

Diese Befunde sprechen für einen aus der Erde exhumierten Schädel, woran noch natürliche Weichteilreste befindlich sind. Keinesfalls handelt es sich um ein präpariertes, geputztes und gebleichtes Museumspräparat.

Eine Reihe von Kontroversen

Die Geschichte des „Mozart-Schädels" hat sich im Laufe der Zeit völlig zur Legende umgestaltet. Dies ist gar nicht so verwunderlich, warf doch der frühzeitige, unerwartete Tod Mozarts eine Vielzahl von Fragen auf, die immer noch Gegenstand heftiger Diskussionen sind:

1. *Frage:* Wurde Mozart nicht doch vergiftet? Die Vergiftungshypothese ist historisch und medizinisch endgültig widerlegt. Uneinsichtige spekulieren aber immer noch damit.
2. *Frage:* Ging es bei der Bestellung des Requiems wirklich geheimnisvoll-mysteriös zu? Keineswegs, der Auftraggeber, Graf Walsegg zu Stuppach, wollte nur unerkannt bleiben, um das Werk als eigene Komposition ausgeben zu können.
3. *Frage:* Wurde Mozart tatsächlich in einem Armengrab bestattet? Nein! Das „gemeinschaftliche Grab" stellte damals den Normalfall dar.

4. *Frage:* Was ist mit der von Graf Deym abgenommenen Totenmaske passiert? Der Streit um Mozarts Totenmaske ist genauso abenteuerlich wie die „Schädelfrage".
5. *Frage:* Ist der uns erhaltene Schädel in Salzburg tatsächlich der Skelettschädel Mozarts?

Bei der letzten Frage ging es zunächst erstaunlicherweise gar nicht so sehr darum, ob Joseph Hyrtl den echten Mozart-Schädel besessen hat – an diesem historischen Faktum wurde kaum gezweifelt –, Gegenstimmen behaupteten vielmehr, der an Salzburg übergebene Schädel sei ein untergeschobenes Objekt. Den Hintergrund der Anfeindungen bildete das Misstrauen gegenüber der Person von Joseph Schöffel, der sich als Politiker und Waldschützer viele Feinde gemacht hatte und zweifellos eine schillernde Persönlichkeit war. Man schlug den Sack und meinte den Esel, wobei der Streit in gegenseitige persönliche Empfindlichkeiten ausartete und die Sache immer verwirrender wurde.

Aus Gründen der Objektivität ist es notwendig, dabei zwei Gesichtspunkte zu überdenken:

Schöffel meldete sieben Jahre nach Hyrtls Tod die Wiederauffindung des Schädels. Dies tat er ohne zwingende Notwendigkeit, niemand bedrängte ihn, die Angelegenheit war schon halb vergessen. Warum sollte Schöffel so spät einen falschen Schädel unterschieben? Hier fehlt das Motiv.

Warum sollte Schöffel überdies einen teilweise defekten Schädel präsentieren, der ja direkt zum Widerspruch herausforderte? Jemand, der gemeinsam mit Hyrtl die vielen Schädel des Mödlinger Karners durchmustert hatte, ging bestimmt nicht so dilettantisch vor. Im Gegenteil: Joseph Schöffel war stolz und zeigte daher auch kurz nach seinem Fund den Mitgliedern der Wiener Anthropologen-Gesellschaft am 12. Mai 1901 den Schädel. Er hätte doch einem Expertengremium keinen defekten und untergeschobenen Schädel präsentiert.

Die Folge waren eine Menge Zeitungsartikel für und gegen die Echtheit, völlig unterschiedliche Abbildungen in Wiener Zeitungen sowie die ersten persönlichen Angriffe gegen Schöffel. Was die Abbildungen betrifft, so ist anzumerken, dass es sich um laienhafte Zeichnungen von Zeitungsillustratoren handelte, nicht um Fotografien bzw. anatomisch korrekte Bilder.

– Wer war Joseph Schöffel? –

Allgemein wird Joseph Schöffel (1832–1910) als der „Retter des Wienerwaldes" bezeichnet. Das war er, dafür muss ihm gedankt werden. Und das kam so: Nach dem verlorenen Krieg gegen Preußen verkaufte Österreich ab 1867 zur Sanierung des Budgets Staatsgüter; heute sagt man zu solchen Aktionen „Privatisierung". So wurden mit dem Wiener Holzhändler Moritz Hirschl Verträge abgeschlossen, die diesen zu umfangreichen Abholzungen im Wienerwald ermächtigten. Schöffel entfachte eine massive Pressekampagne dagegen, die Bevölkerung war auf seiner Seite und schließlich mussten die Staatsbeamten nachgeben. Alle Verträge wurden annulliert, die verantwortlichen Beamten frühpensioniert. Der Bestand des Wienerwaldes war gerettet.

Es handelt sich dabei um ein über 1000 km^2 großes Waldgebiet westlich von Wien, das unmittelbar an der Stadtgrenze beginnt. Da in dieser Gegend Westwinde vorherrschen, kommt auf diese Weise frische Waldluft in die Großstadt. Außerdem ist der Wienerwald ein wichtiges Naherholungsgebiet für die Wiener Bevölkerung.

In der heutigen Politikernomenklatur könnte man Schöffel als „Grünen" einstufen.

– Wer waren die Brüder Hyrtl? –

Professor Dr. Joseph Hyrtl (1810–1894) war in der Wissenschaft ein genialer, weltberühmter Anatom, ein Medizinhistoriker und Sprachwissenschaftler hohen Grades. Sich selbst seines Wertes und seiner Autorität bewusst, konnte er in der Diskussion sehr scharf werden, im privaten Umgang blieb er eher zurückgezogen. Schon zu Lebzeiten stiftete er ein Millionenvermögen für ein Waisenhaus in Mödling. Das Geld hatte er durch die Anfertigung kunstvoller anatomischer Präparate verdient, die er in die ganze Welt verkaufte. Außerdem schrieb er Anatomielehrbücher, die Bestseller wurden, 20 Auflagen erreichten und in alle lebenden Kultursprachen übersetzt wurden. Als er 1874 sein Amt als Universitätsprofessor wegen zunehmender Sehschwäche niederlegte, zog er sich nach Perchtoldsdorf bei Mödling zurück, wo er sich im Südturm der Burg eine Arbeitsstätte einrichtete. Hier waren seine Sammlung von Tausenden Skelettschädeln sowie eine umfangreiche Bibliothek untergebracht. Hyrtl setzte das Waisenhaus in Mödling als seinen Universalerben ein, allein an vorhandenem Bargeld betraf das eine Summe von umgerechnet über 5 Millionen Euro. Der bekannteste Zögling der Hyrtl'schen Anstalt war der Lyriker Josef Weinheber.

Die Hauptperson in der Geschichte des Mozart-Schädels aber ist Joseph Hyrtls elf Jahre älterer Bruder *Jakob* (1799– 1868). Dieser Kupferstecher, Maler und Bildhauer wird als skurriler Junggeselle mit einer Zimmer-Küche-Wohnung in der Jägerzeile (heute: Praterstraße im 2. Wiener Gemeindebezirk) beschrieben. Bedürfnisse hatte er wenige, weder für seine Behausung noch für Kleider oder Nahrung. Er war ein großer Könner seines Faches, schuf zu verschiedenen Kunst- und Geschichtsbüchern die Illustrationen und gab die Wappentafeln für die „fürstlichen, gräflichen und freiherrlichen Familien des österreichischen Kaiserstaates" heraus. So hinterließ er ein beträchtliches Vermögen, von dem niemand etwas geahnt hatte. Dieser Jakob Hyrtl soll von einem Totengräber des St. Marxer Friedhofes nach 1842 –

damals starb seine Mutter und er wurde täglicher Friedhofsbesucher – den Totenschädel Mozarts bekommen haben. Das war allgemein bekannt und wurde in den Wiener Zeitungen kommentiert.

Eine fruchtbare Zusammenarbeit

Joseph Hyrtl hatte es durch seine Präparierkunst und seine Lehrbücher zum Multimillionär gebracht, was für einen Arzt ohne zahlende Patienten die Ausnahme ist. Persönliche Bedürfnislosigkeit und humanitäre Lebensanschauung machten ihn zum Wohltäter. Dass er sich dabei vor allem der Jugend annahm, wurde sicherlich durch die eigene Kinderlosigkeit mitbestimmt. Ausschlaggebend für seine private Spendentätigkeit war ein Ereignis anlässlich seines 50-jährigen Doktorjubiläums im Jahr 1885.

Zu diesem Anlass kam der Rektor der Wiener Universität mit einer Abordnung des Professorenkollegiums zu ihm, um ihn als Jubeldoktor zu beglückwünschen. Die lateinische Gegenansprache Hyrtls war von der Übergabe von 40 000 Gulden begleitet, deren Zinsen alljährlich vier armen Studenten der medizinischen Fakultät zugute kommen sollten. Es verging ein Jahr und Hyrtl glaubte den Zeitpunkt für die erstmalige Verleihung der von ihm errichteten Stipendien gekommen. Groß war seine Empörung, als er vom Rektor erfahren musste, dass die Zinsen vom Staate eingezogen worden waren und noch drei weitere Jahre vergehen müssten, ehe die dafür vorgeschriebene Staatsgebühr entrichtet sein würde. Von diesem Zeitpunkt an wurde Hyrtl zum privaten Mäzen und wollte mit staatlichen Institutionen nichts mehr zu tun haben, was wohl jeder verstehen kann.

Hyrtls Freundschaft mit Joseph Schöffel begann jedoch schon acht Jahre zuvor, 1877. Schöffel, der zwischen 1873 und 1882 das Amt des Bürgermeisters von Mödling innehatte, ließ in diesem Jahr den alten Karner neben der Pfarrkirche räumen, wobei man auf einen missgebildeten Schädel stieß, dessen linker Ober- und Unterkiefer ohne Gelenk fest knöchern verwachsen war. Dieser Mensch hatte zu Lebzeiten seinen Mund nicht öffnen können und man hatte ihm die vorderen Zähne herausbrechen müssen, damit er wenigstens flüssige Nahrung zu sich nehmen konnte. Schöffel sandte diesen Schädel an Hyrtl, der darüber seine berühmte Monografie *Cranium cryptae Metelicensis* schrieb und sie dem Bürgermeister widmete. Schöffel und der Anatom besuchten einander wechselseitig und aus dieser durch einen Totenschädel vermittelten Bekanntschaft entwickelte sich mit der Zeit ein Freundschaftsverhältnis.

In seinen Lebenserinnerungen berichtete Schöffel später, wie es weiterging, nachdem Hyrtl von der Steuereinbehaltung in Bezug auf seine Studentenstiftung erfahren hatte:

> „Diese Nachricht traf Hyrtl wie ein Blitz aus heiterem Himmel. Er war konsterniert und zog sich mehrere Tage hindurch in seinen Turm zurück, in den niemand zugelassen wurde. Als ich einige Tage darauf nach Perchtoldsdorf kam, um ihn zu besuchen, ließ er mich in seinen Turm rufen, reichte mir den Brief des Rektors und sprach in großer Erregung: ‚Was sagst du dazu? Das ist ja Raub, begangen an armen Menschen, denen ich helfen wollte, und ein Betrug, begangen an mir, dem Geber! Hätte ich gewusst, dass ich in einem Seeräuberstaate wohne, dessen Zweck es ist, Beute um jeden Preis zu machen, wäre es mir niemals eingefallen, mein Vermögen oder auch nur den geringsten Teil desselben der Gefahr der Beraubung auszusetzen. Der Staat, in dem ich lebe, beraubt auf Grund von Gesetzen, die er sich zu diesem Zweck geschaffen, die Aermsten der Armen, die sich nicht wehren können und nicht wehren dürfen, um einen Teil der ihnen gespendeten Almosen! Dieser Staat steht in meinen Augen sittlich tiefer als die Seeräuberstaaten, deren Zweck offen der Raub war.‘ “

Hyrtl wollte sein Vermögen nun an Universitäten in Deutschland vererben, aber es gelang Schöffel, ihn davon abzubringen – „nicht des durch den furor bureaucraticus verkommenen Staates wegen, sondern der Armen und Elenden wegen, die in diesem Staate leben müssen und durch derartige hirnrissige fiskalische Maßregeln um Unterstützung betrogen werden, die ihnen von Wohltätern zugedacht waren".

Hyrtl ließ sich umstimmen und stiftete ein Waisenhaus in Mödling. Zunächst gründete man einen Verein für den Bau und den Erhalt eines Waisenhauses; das war steuerfrei. Im Jahr des 40-jährigen Regierungsjubiläums Kaiser Franz Josephs (1888) wurde der Verein dann aufgelöst und in eine Stiftung umgewandelt, denn anlässlich des Kaiserjubiläums gab es Gebührenfreiheit für Stiftungen – der Fiskus war ausgetrickst. Schöffel wurde auf Lebenszeit zum Kurator bestellt, und das war gut, denn sonst wäre die Anstalt unter geistliche Leitung gestellt worden, und das wollte Hyrtl nicht.

Nachdem Hyrtl die Waisenhausstiftung zu seinem Universalerben eingesetzt hatte, dauerte die Abwicklung der Verlassenschaft einige Jahre, und so kam auch der gut verpackte „Mozart-Schädel" erst so spät wieder zum Vorschein.

Einige Pressestimmen zum Mozart-Schädel

Am 24. Oktober 1875, also 19 Jahre vor Hyrtls Tod, berichtete das *Wiener Fremdenblatt*:

> „Von befreundeter Seite kommt uns die interessante Mitteilung zu, dass der Schädel Mozarts, dessen Ruhestätte authentisch bisher noch nicht festgestellt werden konnte, und es wahrscheinlich auch in der Zukunft nicht werden wird, sich im Besitze des Hofrates Prof. Hyrtl befinde, der denselben wie ein Heiligtum auf einem silbergestickten samtenen Polster unter einem Glassturz bewahrt und bisher von seinem Schat-

ze deshalb nichts an die Öffentlichkeit dringen ließ, um nicht von Neugierigen überlaufen zu werden. Nun klingt es zwar paradox, wenn es heißt, dass man Mozarts Grab nicht kenne, aber dass jemand trotzdem dessen Schädel besitze, allein man erlaube uns mitzuteilen, wie Prof. Hyrtl, nach eigener Erzählung, in den Besitz dieser hochinteressanten Reliquie gelangt ist. Er erbte nämlich den Schädel von seinem Bruder und dieser hatte ihn von einem früheren Totengräber des St. Marxer Friedhofs erhalten."

Es folgt dann eine rührselige Geschichte über Jakob Hyrtl, den Totengräber und beider Liebe zur Musik Mozarts. Gegen Ende des Zeitungsartikels kommt noch ein bemerkenswerter Absatz:

> „Nach des Anatomen Hyrtls Ausspruch, der den Schädel, wie erwähnt, nach seinem Bruder geerbt, entspricht derselbe vollständig der Todtenmaske so zwar, dass Hyrtl, der sich überdies auch im Besitze von bezüglichen Dokumenten befindet, für die Authentizität desselben einsteht. Hyrtl gedenkt diese theure Reliquie einst dem Mozarteum in Salzburg zu vermachen; einstweilen bildet sie für ihn einen unverkäuflichen Schatz."

In dieser Zeitungsmeldung wird von einer Totenmaske Mozarts geschrieben, als wäre deren Existenz allgemein bekannt. Das ist insofern unerklärlich, als wir keinerlei andere veröffentlichte Nachrichten aus jener Zeit über eine Totenmaske besitzen (wir wissen heute davon nur aus der Familienkorrespondenz). Es sei ausdrücklich darauf hingewiesen, dass diese Zeitungsmeldung von niemandem angezweifelt oder dementiert wurde.

In der *Bohemia* vom 30. Dezember 1879 schrieb Josef von Helfert, Direktionsmitglied der Gesellschaft der Musikfreunde in Wien, unter dem Titel „Mozarts Schädel", dass im November 1865 bei ihm Andreas, der jüngste Bruder Franz Schuberts, vorgesprochen hätte, „dass er schon lange etwas auf dem Herzen habe. Der Schädel Mozarts befinde sich in den Händen des Kupferstechers Hyrtl und es sei dringend geboten, dafür Sorge zu tragen, dass diese teure Reliquie gerettet und vielleicht von der Gesellschaft der Musikfreunde in bleibende Aufbewahrung genommen würde." Auch erzählte er eine ziemlich dubiose Geschichte, nämlich dass der Totengräber Mozarts Sarg mit einer „eisernen Klammer" gekennzeichnet, diesen später, bei der Umgrabung des Friedhofes, wieder erkannt und „den Schädel als kostbare Reliquie herausgenommen" habe.

Höchst bemerkenswert sind in diesem Zusammenhang auch die von Jakob Hyrtl vorgenommenen vorsichtigen Anfragen und Erkundigungen, „ob eventuell den Besitzer dessen, was etwa einem Grabe entnommen wurde, die Strenge des Gesetzes treffen könne". Er hatte sogar beim Wiener Magistrat angefragt und wurde durch den dort ausgesprochenen schroffen Bescheid ziemlich verstört.

Das war in groben Zügen der Wissensstand, als der Schädel in Salzburg ankam. Die Echtheit konnte weder bewiesen noch widerlegt werden. Es kam dann die Idee auf, den „Mozart-Schädel" in einem Ehrengrab am Wiener Zentralfriedhof zu verwahren. Der Salzburger Gemeinderat beschloss jedoch, den Schädel nicht mehr nach Wien abzugeben und argumentierte am 13. Januar 1933: „Ist er echt, so verbietet es das Geschick und der Anstand an das Andenken Mozarts, ihn abzugeben, ist er aber nicht echt, so hat es erst recht keinen Zweck, ihn auszuleihen."

Einer ähnlichen Logik folgend meinte ein Beamter des österreichischen Bundesdenkmalamtes anlässlich des Hyrtl-Symposiums in Perchtoldsdorf am 11. Mai 1991: „Wenn der Schädel falsch ist, kann man damit machen, was man will, ist er dagegen echt, so steht er unter Denkmalschutz."

Totenschädel zur Zeit Mozarts

Das Sammeln von Knochen und insbesondere Schädeln hat eine uralte Tradition. Zwiespältig hiezu war das Verhalten der Kirche: Einerseits bewahrten und verehrten Katholiken die Reliquien christlicher Märtyrer, andererseits verstanden sie es als Leichenschändung, wenn Skelettschädel aus Gräbern entnommen und untersucht wurden. Aber das war ein Vorhalt, den sich die Anatomie schon lange sagen lassen musste.

Die Frage nach dem Totenschädel steht mit der Art der Bestattung und dem weiteren Schicksal der Grabstätte in engem Zusammenhang. Mozart wurde genau gemäß den damals gültigen Vorschriften bestattet; von einem „Armenbegräbnis“ ist keine Rede. Die Beerdigung erfolgte in einem „allgemeinen einfachen Grab“, das war ein Schachtgrab, das in der Regel mit vier Särgen übereinander belegt wurde. Ein Trauerkondukt war nicht üblich, der Totengräber übernahm die Särge vom Leichenwagen und führte die Eingrabung allein durch. Von diesem Zeitpunkt an hatte ein Totengräber ungestört Zugriff zu einer Leiche. Nach etwa zehn Jahren wurden die „Gemeinschaftsgräber“ geleert und neu belegt. Die vorgefundenen Knochen wurden gesammelt und erneut vergraben. War eine Grabstelle markiert oder gemerkt, so war es bei der Umgrabung leicht möglich, Skelettteile zu bergen.

Unter dem Einfluss der Schädellehre des Dr. Franz Joseph Gall (1758–1828) wurde auch beim breiten Publikum das Interesse an Totenschädeln geweckt. Vor allem waren es die Köpfe bekannter und berühmter Leute, die Gall selbst für seine Schädelsammlung erwarb. Der *Neue Teutsche Merkur* veröffentlichte 1798 eine Liste der Erwerbungen Galls und kommentierte dies so:

> „Wenn die Überreste geschätzter und geliebter Personen als Reliquien ihren Verehrern teuer sind, so können diese sich

wenigstens damit trösten, die Crania der genannten mit vielen anderen ebenso wichtigen in der interessanten Schädelsammlung des Dr. Gall zu finden, wo ihre Köpfe nicht nur vor dem Zahne des Moders gesichert werden, sondern auch nach ihrem Tode noch lehrreich und nutzbar werden."

– Kann Mozarts Schädel überhaupt erhalten geblieben sein? –

Die Totengräber spielten bei der Beschaffung von Skelettschädeln in Wien sicherlich eine große Rolle. Der Anatom Karl Rudolphi aus Berlin (1771–1832) schrieb nach seinem Wien-Besuch im Jahre 1802, „dass man von den Totengräbern des großen Spitals in Wien schön gebleichte Knochen, gesprengte Köpfe usw. äußerst wohlfeil kaufe, da dergleichen bei dem Anatomiewärter in Berlin sehr teuer ist". Die Wiener Totengräber hatten diesen Nebenverdienst dringend nötig, denn ihr Gehalt betrug im Jahre 1800 lediglich acht Gulden. Um einen Gulden bekam man zwei Kilo Butter bzw. fünf Kilo Rindfleisch.

Was nun die Totengräber am St. Marxer Friedhof betrifft, so kennen wir folgende Personen:

Simon Preuschl: war von 1786–1802 Amtsinhaber; in seine Dienstzeit fallen das Begräbnis Mozarts und auch die „Leerung der Gemeingrube" nach zehn Jahren.

Josef Rothmayer: von 1802–1809 hauptamtlich, sehr wahrscheinlich schon früher als Gehilfe tätig. Er könnte also durchaus im Jahre 1801 beim Umgraben der Schachtgräber dabei gewesen sein, was jedoch urkundlich nicht belegt ist. Joseph Hyrtl nannte seinen Namen allerdings auf dem berühmten orangeroten Zettel, der auf der Stirne des Schädels klebt.

Josef Löffler: von 1810–1828 tätig, war mit der Witwe seines Vorgängers verheiratet.

Johann Radschopf: von 1828–1850 im Amt, soll laut dem Zettel von Joseph Hyrtl den Schädel 1842 an seinen Bruder Jakob verschenkt haben. Die Tochter Radschopfs heiratete Sebastian Braun sen., deren Sohn war Franz Braun jun., der zum Nachfolger seines Großvaters Radschopf wurde.

Franz Braun jun.: von 1850–1855 hauptamtlich tätig, war mit Sicherheit schon früher am Friedhof beschäftigt und könnte ebenfalls der Übergeber des Schädels gewesen sein.

An dieser Genealogie der Totengräber von St. Marx ist zu beachten, dass sowohl Rothmayer und Löffler als auch Radschopf und Braun miteinander verwandt waren. Die Weitergabe eines Totenschädels, der unverkäuflich war, innerhalb der Familien ist durchaus möglich, auch der gegenseitige Schutz durch Stillschweigen.

Die Frage, ob es zur Zeit nach Mozarts Tod überhaupt möglich war, an den Schädel eines Verstorbenen heranzukommen, ist also eindeutig zu bejahen. So wurde ja auch der Kopf Joseph Haydns (1732–1809) abgetrennt, und für den Schädel Beethovens (1770–1827) wurden 1000 Gulden geboten.

Wie auch immer sich die Sache im Detail zugetragen haben mag, es ist absolut glaubhaft, dass Mozarts Schädel beiseite geschafft worden sein könnte.

Ist es Mozart oder ist er es nicht?

Eine historische Beweisführung zur Echtheit des „Mozart-Schädels“ ist aufgrund der lückenhaften Quellenlage schwierig. Zwischen 1791 und 1858 konnte es keine Berichte über den Verbleib des Mozart-Schädels geben, denn so lange lebten noch die unmittelbaren Angehörigen. Die Witwe Constanze starb 1842, die beiden Söhne Franz Xaver Wolfgang und Carl Thomas 1844 bzw. 1858. Bis zum Tode Joseph Hyrtls im Jahr 1894 wurde zwar immer wieder über den Schädel gesprochen und geschrieben, aber nur sehr wenige Menschen haben ihn tatsächlich gesehen, und keiner hat eine wissenschaftlich fundierte Beschreibung oder Begutachtung verfasst.

Von 1894 bis 1901 wissen wir über den Schädel gar nichts. 1901 taucht er dann aus dem Nachlass Hyrtls auf, wird sofort als untergeschobenes, falsches Objekt bezeichnet und bis in die Gegenwart kamen keine entscheidenden neuen Informationen hinzu. Auch bei den medizinischen Untersuchungen kamen die Durchführenden immer wieder zu unterschiedlichen Schlüssen. Um aus dieser Sackgasse herauszukommen, erschien es zwingend notwendig, neue Wege der Indiziensicherung und Beweisführung zu gehen.

Neue Befunde am „Mozart-Schädel"

1989 entdeckte man erstmals – obwohl der Schädel seit 1905 vielfach untersucht worden war – einen verheilten Bruch des Schädeldaches an der linken Schläfenregion. Es handelt sich um eine sieben Zentimeter lange, knöchern verheilte Impressionsfraktur. Das bedeutet einen Einbruch des Knochens durch direkte Gewalteinwirkung. Die Heilung solcher Schädelknochenwunden erfordert viele Monate, daher muss das Ereignis lange vor dem Tod eingetreten sein.

Bezüglich der Symptome einer solchen Schädelfraktur ist bekannt, dass das primär auslösende Trauma zumeist überhaupt keine Folgen – außer dem Schmerz – haben muss; es können eventuell Erscheinungen einer leichten Gehirnerschütterung bemerkbar sein. Wenn der auftretende Bluterguss gering bleibt und das Hirn nicht komprimiert wird, so sind lediglich Kopfschmerzen als subjektiv wahrnehmbare Folgen zu erwarten. Ein Zusammenhang zwischen der Fraktur und dem Tod bzw. einer längeren Krankheit des betroffenen Individuums bestand mit Sicherheit nicht.

Zur Entstehung dieser Fraktur lässt sich sagen, dass eine umschriebene stumpfe Gewalteinwirkung, von seitlich vorne und etwa in der Verlaufsrichtung der vorgegebenen Fraktur kommend, einen entsprechenden Impressionsbruch in der Schläfengegend erzeugen kann. Dies bedeutet: Ein gewöhnlicher Sturz unter Auffallen auf die Schläfenregion, ein Gegenrennen mit dem Kopf auf einen harten Gegenstand bzw. ein Schlag mit einem stumpfen Gegenstand können zu einer derartigen Fraktur führen. Aus der persönlichen Erfahrung eines Pathologen sei noch hinzugefügt, dass die Lokalisation einen typischen Ort für eine Hufschlagverletzung durch ein Pferd darstellt.

Die Rekonstruktion eines Gesichts

Im Zuge der Vorbereitungen zum Mozart-Gedenkjahr 1991 anlässlich seines 200. Todestages wurden Anthropologen und Gerichtsmediziner in Wien von der Internationalen Stiftung Mozarteum beauftragt, ein Gutachten über den „Mozart-Schädel" abzugeben. Das wurde getan. Vor allem wurde die Frage gestellt, ob gerichtsmedizinische und anthropologische Untersuchungsmethoden neue Erkenntnisse zur Identifizierung bringen könnten.

In der Gerichtsmedizin ist die plastische Weichteilrekonstruktion eines Gesichts aus einem aufgefundenen Skelettschädel eine etablierte Methode. Es wird dabei mit Hilfe bekannter, standardisierter Beziehungen zwischen Skelettform und Knochendicke einerseits sowie Konfiguration und Stärke der darüber liegenden Weichteile andererseits das individuelle Gesicht aufgebaut. Dieses kann dann mit authentischen Porträts verglichen werden. Die Zuverlässigkeit dieser Methode wurde nicht nur in Kontrollrekonstruktionen bekannter Personen, sondern insbesondere durch eine breite kriminalistische Praxis bestätigt. Vielfach wurde bereits aus aufgefundenen Skelettschädeln das Gesicht rekonstruiert und auf diese Weise die Person identifiziert.

Das auf diese Weise mit Hilfe einer Weichteilrekonstruktion von den Wiener Anthropologen Univ.-Prof. Dr. Johann Szilvassy und Dr. Herbert Kritscher aus dem „Mozart-Schädel" rekonstruierte Gesicht wurde mit dem Mozartporträt von Doris Stock verglichen. Diese Zeichnung des Gesichtsprofils aus dem Jahre 1789 gilt als der Natur am ähnlichsten. Bei einer fotografischen Projektion des rekonstruierten Gesichtes auf die Porträtzeichnung konnte eine völlige Deckungsgleichheit erzielt werden. Gleiches geschah mit dem Skelettschädel, auch hier ergab sich eine weit gehende Übereinstimmung mit dem Porträt. Daraus konnte der Schluss gezogen werden, dass es sich um ein- und dieselbe Person handelt. Damit war das Gesicht Mozarts gefunden und der Schädel mit an Sicherheit grenzender Wahrscheinlichkeit identifiziert.

Chronologie der Ereignisse rund um den so genannten „Mozart-Schädel"

1791	Begräbnis Mozarts in einem „allgemeinen einfachen Grab".
1801 (?)	Leerung der „Gemeingrube" und Bergung der Knochen.
1842 (?)	Jakob Hyrtl erhält von einem Totengräber aus St. Marx den Schädel.
1865	Andreas Schubert: „Der Schädel Mozarts befindet sich in den Händen des Kupferstechers Hyrtl."
1868	Tod von Jakob Hyrtl; den Schädel erbt sein Bruder Joseph.
ab 1875	Erscheinen diverser Presseartikel über den im Besitz von Joseph Hyrtl befindlichen Schädel.
1891 (1892)	Notiz Hyrtls: „Den Schädel selbst vermache ich hiermit der Stadt Salzburg."

1894	Tod Joseph Hyrtls; der Schädel bleibt sieben Jahre verschollen.
1901	Übergabe des Schädels durch Joseph Schöffel an den Salzburger Gemeinderat.
1902	Aufstellung des Schädels in Mozarts Geburtshaus.
1905	Erste medizinische Untersuchung des Schädels durch Dr. Franz Minnich (Salzburg).
1940	Der Schädel wird „als Stein des Anstoßes" in die Bibliothek des Mozarteums übertragen.
1957	Prof. DDr. Gustav Sauser (Universität Innsbruck): „Der Schädel ist nicht von Mozart."
1957	Doz. Dr. Ämilian Kloiber (Linz): „Der Schädel ist echt."
1963	Dr. Carl Bär (Schweiz): „Der Schädel kann unter keinen Umständen von Mozart stammen."
1989	Prof. Dr. Gottfried Tichy (Salzburg): „Der Mozart-Schädel ist authentisch."
1991	Prof. Dr. Johann Szilvassy und Dr. Herbert Kritscher (Wien): „Wenn man naturwissenschaftliche Beweisführungen als Methode akzeptiert, so müsste es sich um den Schädel Mozarts handeln."

Geschichten von Mozarts Totenmaske

Es steht fest, dass von Mozarts Gesicht eine Totenmaske abgenommen wurde. Dies entsprach der damaligen Sitte, und es gibt mehrere Berichte darüber.

Am 17. Februar 1802 schrieb die Witwe Constanze an den Musikverlag Breitkopf und Härtel in Leipzig: „Ich gebe Ihnen die Nachricht, dass der hiesige k.k. Kämmerer Graf v. Deym, der sich vor einigen Jahren Müller nannte und eine Kunstgalerie aus eigener Arbeit eingerichtet hat, den Kopf Mozarts gleich nach seinem Tod in Gips abgeformt hat ..."

Es handelte sich dabei um Joseph Graf Deym von Stritetz (1752–1804), der unter dem Pseudonym Müller in Wien eine Kunstgalerie mit einem Wachsfigurenkabinett betrieb. Die Sammlung umfasste Gipsabgüsse antiker Statuen, (meist kopierte) Bilder, erotische Darstellungen, aber auch Orgeln, Uhren und mechanische Musikinstrumente. Mozart kannte diesen Panoptikumsbesitzer und schrieb sogar Kompositionen für seine Musikautomaten.

Auch in einem Brief von Sohn Franz Xaver Wolfgang an Breitkopf und Härtel vom 20. Februar 1812 heißt es: „Eine zwar angefangene aber nicht vollendete Büste meines Vaters befindet sich in Wien in dem bekannten Müllerschen Kunstkabinette ..."

Sophie Haibl, die jüngste Schwester von Mozarts Frau Constanze, verheiratet in Diakovar (Slavonien), berichtete am 7. April 1825 in einem langen Brief an den Mozart-Biografen und zweiten Mann von Constanze, Georg Nikolaus Nissen: „Nun kam gleich Müller aus dem Kunst Cabinett und Trükte sein Bleiges erstorbenes Gesicht in Gips ab." Mozarts Schwägerin war mit Sicherheit Augenzeugin.

– Was geschah mit Mozarts Totenmaske? –

Zunächst fällt auf, dass Constanze im Jahre 1802 nichts davon schrieb, selbst einen Abguss zu besitzen, sondern den interessierten Verlag an Deym verwies. In der Wiener Lokalhistorie wird die Geschichte erzählt, dass die Gipsmaske einmal auf den Boden gefallen und zerbrochen sei. Die Bruchstücke seien weggeworfen worden. Es fällt schwer, sich vorzustellen, dass die sonst überaus tüchtige Geschäftsfrau Constanze ein Andenken von solchem Wert einfach entsorgt haben soll. Mit dieser Anekdote verliert sich die Spur der Maske mit Ausnahme jener bereits erwähnten Zeitungsmeldung aus dem Jahre 1875, wo vermerkt ist, dass Joseph Hyrtl die Totenmaske gekannt haben muss. Danach geschieht erstaunlicherweise nichts. Es ist kaum vorstellbar, dass Mozarts Totenmaske 1875 eine bekannte und geläufige Angelegenheit war – von der keine dokumentarischen Belege erhalten geblieben sein sollten. Die Sache ist mysteriös. Genauso wie beim „Mozart-Schädel" stehen wir vor einer gewaltigen „historischen Lücke".

Im Jahre 1947 kaufte der Wiener Jakob Jelinek in einem Trödlerladen eine Buntmetallmaske zum Preis von 5 Schilling. Damals kostete ein Kilogramm Äpfel 2,80 Schilling und eine Tageszeitung 30 Groschen. Der Altwarenhändler Anton Vorreith hatte keine Ahnung, woher die Maske stammte, die nach dem Krieg mit verschiedenem Gerümpel in seinen Laden gekommen war.

Nach einigen Versuchen, die Maske vorteilhaft weiterzuverkaufen, geriet Jelinek schließlich an den Dokumentarplastiker Willy Kauer (1898–1976). Dieser fertigte Porträtplastiken, Totenmasken, medizinische Nachbildungen sowie Masken für Schauspieler an. Kauer erwarb die Maske im März 1948 um 100 Schilling und trat kurz darauf mit der Mitteilung an die Öffentlichkeit, dass er „die seit 157 Jahren gesuchte Totenmaske Amadé Mozarts" vor sich hätte. Er wandte sich an Bundeskanzler Figl, Bundespräsident Renner und Unterrichtsminister Hurdes, wollte einen Kulturfilm drehen und weltweit vermarkten und auch die Maske dem österreichischen Staat um einen hohen Preis verkaufen. Das Unterrichtsministerium trat in Verhandlungen ein, jedoch sollte zunächst die Echtheit der Maske von einer Expertenkommission beurteilt werden. Auf die Frage nach seinen Beweisen gab Kauer am 12. Februar 1949 zu Protokoll:

> „Ich habe mich seit April 1948 mit der Erforschung der Echtheit der von mir durch Kauf erworbenen Totenmaske Mozarts befasst. Ich habe mir alle irgendwie zugänglichen Unter-

> lagen verschafft und alle irgendwie möglichen Untersuchungen angestellt und bin auf Grund dieser zur Überzeugung gekommen, dass es sich um das lang gesuchte Exemplar der Totenmaske Mozarts handelt."

Bessere Argumente hatte Kauer nicht vorzubringen.

Als aber die einberufene hochrangige Untersuchungskommission an der Echtheit der Maske zweifelte, zog Kauer dieselbe zurück. Die wesentliche Schlussfolgerung der Experten lautete:

> „Die durch chemische und metallographische Untersuchung gefundenen Legierungsbestandteile bzw. Verunreinigungen lassen als Entstehungsdaten die Zeit nach 1830 vielleicht sogar nach 1869 als wahrscheinlich annehmen."

Nebenbei war Kauer auch von Herrn Jelinek „wegen Verdacht des Betruges" angezeigt worden, aber da man die Maske als unecht ansah, erfolgte eine Niederschlagung des Verfahrens. Nach dieser negativen Expertise fühlte sich Kauer unverstanden, betrogen und verfolgt. Er begann mit wilden Spekulationen über die vermeintlichen Gründe der Ablehnung und vermutete „die Freimaurer" hinter dieser Angelegenheit.

1956, im Jahre des 200. Geburtstages von Mozart, beauftragte die Internationale Stiftung Mozarteum den Anthropologen Doz. Dr. Ämilian Kloiber mit einer neuerlichen Untersuchung der Maske. Dieser erstellte als Erster ein anerkennendes Gutachten, dessen wichtigste Passage hier wiedergegeben sei:

> „Die eingehende Beschäftigung mit der Maske und ihre Untersuchung unter verschiedener Beleuchtung zu den verschiedensten Zeiten zeigt zweierlei: einen fast noch jugendlichen Menschen, ferner keine Elemente der Abzehrung, sondern im Gegenteil einer beträchtlichen Spannung vor allem der Wangen-, der Lippen- und der Kinngegend. Wüsste man nicht, in welchem Alter und an welcher Krankheit und in welcher Seelenverfassung Mozart gestorben ist, so würde man, abgesehen

vom technischen Befunde des Maskenabdruckes, nicht auf eine Totenmaske schließen können. Nun ist jedoch Mozart im 36. Lebensjahr gestorben, seine Krankheit, die zum Tode führte, dauerte nur wenige 15 Tage, besonders wichtig ist jedoch, dass, wie die neuesten Arbeiten zeigen, mit der gegebenen Nierenkrankheit eine Auffüllung des Unterhautgewebes verbunden war, wozu noch die Bildung von Ödemen kommt. Wenn also die zu überprüfende Maske eine gewisse Fülligkeit zeigt, so entspricht dies durchaus dem bekannten Krankheitsbilde."

Die Schwachstelle der Argumentation ist klar: Kloiber schloss von der Krankheit Mozarts auf die Maske – allerdings ging er von einer falschen Krankheitsdiagnose aus, denn er glaubte an die längst widerlegte Hypothese einer Nierenkrankheit.

Willy Kauer nutzte die Situation und erklärte, die Totenmaske dem Mozarteum für 250 000 Schilling verkaufen zu wollen. Daraufhin verlangte die Stiftung ein zweites Gutachten. Der Anatom Univ.-Prof. DDr. G. Sauser erklärte in einem solchen am 25. Februar 1957, dass die Maske nicht Mozart zuzuschreiben sei, und der Vorstand des I. Chemischen Laboratoriums der Universität Wien, Univ.-Prof. Dr. A. Bruckl, stellte am 15. Juli 1957 fest, dass der Guss der Maske mit größter Wahrscheinlichkeit im 20. Jahrhundert erfolgt sei. Daraufhin lehnte die Internationale Stiftung Mozarteum einen Ankauf ab, da „die Maske nicht als Totenmaske Mozarts angesehen werden kann".

Schließlich geriet Kauer, mit Österreich unzufrieden, an den Mediziner Dr. Gunther Duda aus Dachau in Bayern. Dieser war und ist heute noch ein unbedingter Verfechter der längst widerlegten Vergiftungslegende Mozarts und anerkannte sofort die Echtheit der Maske. 1968 vermachte Willy Kauer die Bronzeguss-Maske testamentarisch an Dr. Duda, in dessen Besitz sie sich seit 1976 befindet.

Maske und Schädel: ein Vergleich

Legt man mittels Superprojektionsverfahren die Maske und den Skelettschädel in der Profilansicht übereinander, so ist es unmöglich, eine auch nur annähernde Ähnlichkeit zu erzielen. Stirnkontur, Nasenwurzel und Augenhöhlen passen überhaupt nicht zusammen. Aus Sicht der vergleichenden Morphologie gibt es keinen Hinweis, dass Maske und Schädel zu ein und demselben Individuum gehören könnten. Es kann also – wenn überhaupt – nur eines der beiden Objekte Mozart zuzuordnen werden.

Dies steht mit den Aussagen aller früheren Untersucher in Einklang, führte aber zu einer Spaltung in zwei Gruppen: die „Anhänger" der Maske, die den Schädel für unecht erklärten, und die Befürworter der Authentizität des Schädels, welche die Echtheit der Totenmaske ablehnten.

Literatur

Amelunxen, C.: *Der Clan Napoleons. Eine Familie im Schatten des Imperators.* Siedler, Berlin 1995.

Bankl, H.: *Viele Wege führten in die Ewigkeit. Schicksal und Ende außergewöhnlicher Menschen.* Maudrich, Wien 1992.

Bankl, H. und J. Szilvassy: *Die Reliquien Mozarts. Totenschädel und Totenmaske.* Facultas, Wien 1992.

Bauer, J.: *Geschichte der Aderlässe.* Fritsch, München 1966.

Berg, St., R. Rolle und H. Seemann: *Der Archäologe und der Tod. Archäologie und Gerichtsmedizin.* Buchen, München 1981.

Bernhard, Th.: *Wittgensteins Neffe. Eine Freundschaft.* Suhrkamp, Frankfurt 1987.

Böttiger, K. A.: *Literarische Zustände und Zeitgenossen. Begegnungen und Gespräche im klassischen Weimar.* Aufbau Verlag, Berlin 1998.

Bonis, L. de: *Vom Affen zum Menschen. Teil I: Evolution der Primaten. Teil II: Evolution des Menschen.* Spektrum der Wissenschaft. Heidelberg 2002.

Breitner, B.: *Die Bluttransfusion.* Springer, Wien 1926.

Carter, H. und A. C. Mace: *Tut-ench-Amun. Ein ägyptisches Königsgrab.* Brockhaus, Leipzig 1924.

Ceram, C. W.: *Götter, Gräber und Gelehrte.* Rowohlt, Hamburg 1949.

Clayton, P. A.: *Die Pharaonen. Herrscher und Dynastien im Alten Ägypten.* Weltbild, Augsburg 1998.

Conte Corti, E. C.: *Nelson kämpft um Lady Hamilton.* Knaur, München 1983.

Czihak, G.: „Johann Gregor Mendel." In: *Österreichische Porträts* (Hg. J. Jung), Residenz, Salzburg 1985.

Deutsch, O. E.: *Admiral Nelson und Joseph Haydn.* ÖBV, Wien 1982.

Druick, D. W. und P.K. Zegers: *Van Gogh und Gauguin. Das Atelier des Südens.* Belser, Stuttgart 2002.

El Mahdy, Ch.: *Tutenchamun. Leben und Sterben des jungen Pharao.* Blessing, München 2000.

Ewald, G.: *Die Stigmatisierte von Konnersreuth. Untersuchungsbericht und gutachterliche Stellungnahme.* J.F. Lehmann, München 1927.

Fossey, D.: *Gorillas im Nebel. Mein Leben mit den sanften Riesen.* Kindler, München 1989.

Fuhrmann, H.: *Von Petrus zu Johannes Paul II.* C.H. Beck, München 1980.

Gläser, St.: *Frauen um Napoleon.* Pustet, Regensburg 2001.

Goodall, J. und P. Berman: *Grund zur Hoffnung. Autobiographie.* Goldmann, München 1999.

Grayling, A. C.: *Wittgenstein.* Herder, Freiburg 1999

Henig, R. M.: *Der Mönch im Garten. Die Geschichte des Gregor Mendel und die Entdeckung der Genetik.* Argon, Berlin 2000.

Herresch, E.: *Alexandra. Tragik und Ende der letzten Zarin.* Langen Müller, München 1993.

Herresch, E.: *Alexej, der Sohn des letzten Zaren.* Langen Müller, München 1997.

Herresch, E.: *Nikolaus II. Leben und Ende des letzten Russischen Zaren.* Langen Müller, München 1992.

Herresch, E.: *Rasputin. Das Geheimnis seiner Macht.* Langen Müller, München 1995.

Hoche, A. E.: *Die Wunder der Therese Neumann von Konnersreuth.* J. F. Lehmann, München 1933.

Karasek, H.: *Billy Wilder. Eine Nahaufnahme.* Hoffmann und Campe, Hamburg 1992.

Kramer v. Reisswitz, C.: *Die Papstmacher. Die Kardinäle und das Konklave.* Pattloch, München 2001.

Krumbiegel, J.: *Gregor Mendel und das Schicksal seiner Vererbungsgesetze.* Wiss. Verlagsges., Stuttgart 1967.

Kurth, P.: *Anastasia, die letzte Zarentochter.* Bastei Lübbe, Bergisch-Gladbach, 1988

Leakey, R. und V. Morell: *Wildlife. Ein Leben für die Elefanten.* S. Fischer, Frankfurt 2002.

Leuschner, L. und H. Herrlich: *Berühmte Biologen und Mediziner.* Klett, Stuttgart 1995.

Massie, R. K.: *Die Romanows. Das letzte Kapitel.* Berlin Verlag, Berlin 1995.

Melloni, A.: *Das Konklave. Die Papstwahl in Geschichte und Gegenwart.* Herder, Freiburg 2001.

Nagai, T., G. Dobrotka und O. Prokop: *Über Blutmystizismus.* Hohe Warte, Pähl 1995.

Nedo, M. und M. Rancketti: *Ludwig Wittgenstein. Sein Leben in Bildern und Texten.* Suhrkamp, Frankfurt, 1983.

Nichols, M. und J. Goodall: *Verwandte.* Zweitausendeins, Frankfurt a. Main, 2000.

Oepen, I. und R. Scheidt: *Wunderheiler heute. Eine kritische Literaturstudie.* W. Zuckschwer, München 1989.

Prokop, O.: *Medizinischer Okkultismus. Paramedizin.* G. Fischer, Jena 1964.

Racek, M.: *Die nicht zu Erde wurden. Kulturgeschichte der konservierenden Bestattungsformen.* Böhlau, Wien 1985.

Schaefer, C.: *Wittgensteins Größenwahn. Begegnungen mit Paul Wittgenstein.* Jugend und Volk, Wien 1986.

Schipperges, H.: *Arzt im Purpur.* Springer, Heidelberg 1994.

Schott, H.: *Franz Anton Mesmer und die Geschichte des Mesmerismus.* Steiner, Stuttgart 1985.

Speiser, P. und F.G. Smekal: *Karl Landsteiner.* Hollinek, Wien 1975.

Starr, J.: Blut. *Stoff für Leben und Kommerz.* Gerling, München 1999.

Thorwald, J.: *Blut der Könige. Das Drama der Bluterkrankheit in den europäischen Fürstenhäusern.* Droemer Knaur, München 1977.

Winstone, H. V. F.: *Howard Carter und die Entdeckung des Grabmals von Tut-ench-Amun.* vgs, Köln 1993.

Wischin, F.: *Egon Schiele: „Ich Gefangener, schuldlos gestraft, gereinigt!"* Ch. Brandstätter, Wien 1998.

Zweig, St.: *Die Heilung durch den Geist.* S. Fischer, Frankfurt 1982.